KB168285

도올의 중국일기

제3권

고구려재즈

Doh-ol's Diary in China Vol.3

Goguryeo Jazz

통나무

영파
항주
상해
소주
태호
양자강
남경
회하
사수
서주
곡부
태산
제남
황하
청도
등주
교오토
나고야
후쿠오카
제주도
부산
광주
경주
부여
독도
동해
황해
백두대간
서울
해주
평양
원산
대련
발해
백두대간
초산
안시성(해성)
흘승골성
나진
백두산
집안
백암성
산해관
갈석산
난하
천진
탁주
요동성(요양)
심양
통화
신성
(무순)
요하
대릉하
조양
(용성, 영주)
우하량
승덕
베이징
불라디보스톡
훈춘
연갈
동모산
경박호
우수리스크
상경용천부
흥개호
목단강
길림
송화강
장춘
통요
만리장성
시라무렌강
우수리강
하얼삔
동강
가목사
하바로프스크
아무르강
대경
눈강
치치하얼
소흥안령
황강량
2029m
대흥안령
大興安嶺
애훈
흑하
스바보드니
제야강
만주리
호륜호
울란바토르
아르군강
흑룡강
(아무르강)
네르친스크
치타
바이칼호
이르쿠츠크

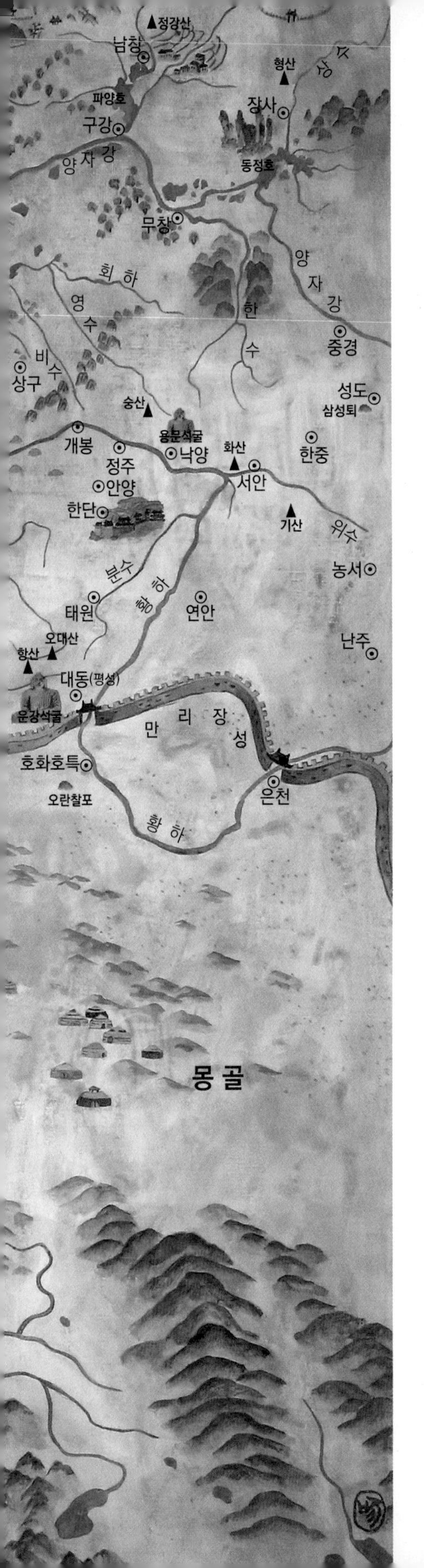

— **고구려패러다임 지도** —

고조선의 사람들,
그리고 고구려인이 인식한 세계질서를
깨닫게 해주는 지도.
현재 우리가 알고 있는
태평양중심의 걸개지도는 세상을
도착적으로 바라보게 강요한다.
그리고 민족이동이나 문화전래에 관하여
터무니없는 가설들을 회의적 시각이 없이
수용하게 만든다.
이 지도는 통나무 출판사(박진숙 화백이 가장 큰 수고를
하였다)에서 나의 새로운 세계인식을 바탕으로 특별히
제작한 것이다.
이 책을 읽는 사람들은 이 지도를 놓고
우리 역사의 흐름을 생각해야만
고조선—고구려패러다임의
바른 인식에 도달할 수 있다.
『삼국유사』에 말하는
환웅이 하강한 신시神市는
바이칼호 주변이었을 수도 있다.

고구려역대군왕재위계통표

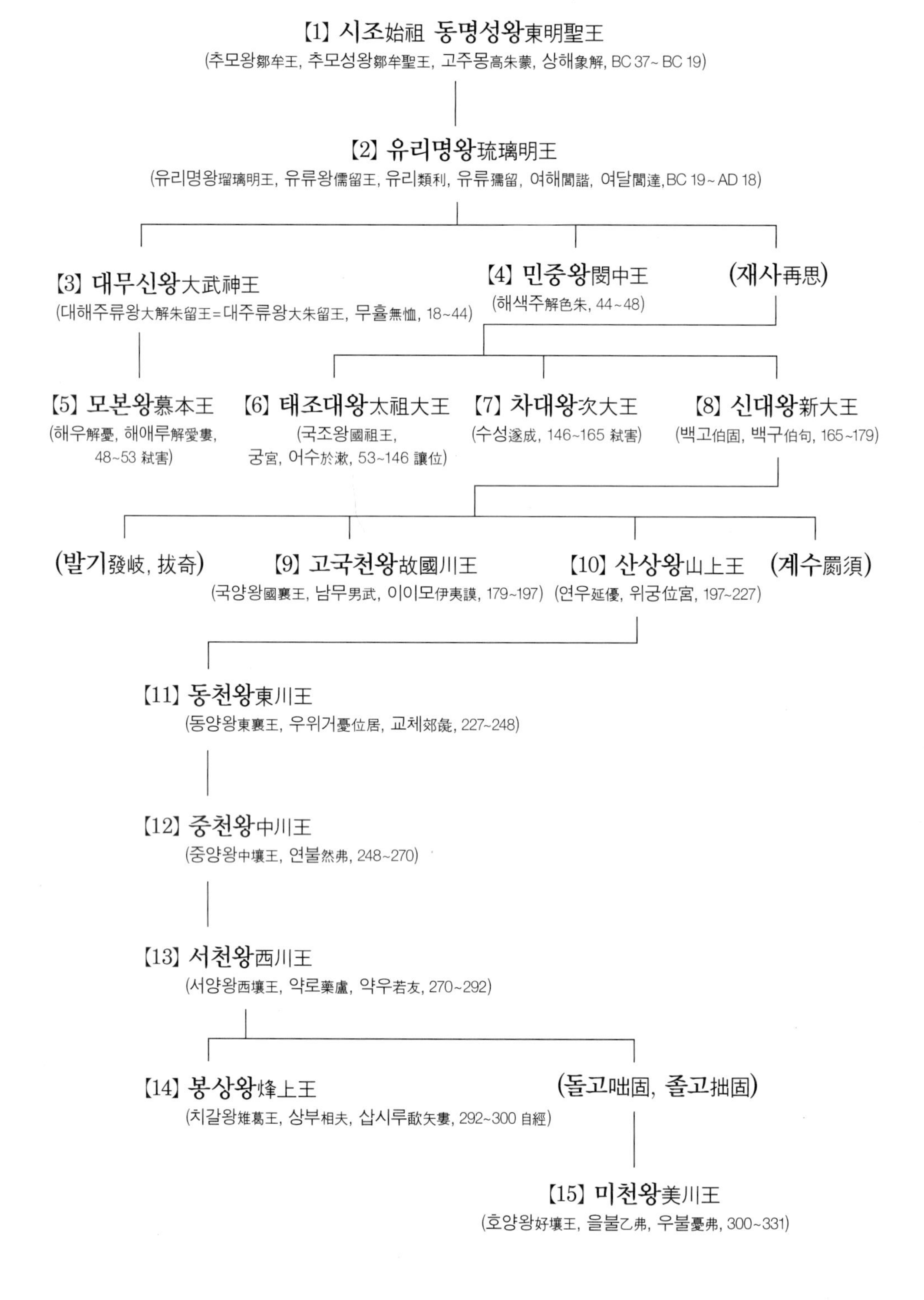

高句麗歷代君王在位系統表

- 【15】 **미천왕**美川王
  - 【16】 **고국원왕**故國原王 (소열제昭烈帝, 국강상왕國岡上王, 사유斯由, 쇠釗, 331~371 戰死)
    - 【17】 **소수림왕**小獸林王 (소해주류왕小解朱留王, 구부丘夫, 371~384)
    - 【18】 **고국양왕**故國壤王 (이련伊連, 어지지於只支, 384~391)
      - 【19】 **광개토대왕**廣開土大王 (국강상광개토경평안호태왕國岡上廣開土境平安好太王, 담덕談德, 391~412)
        - 【20】 **장수왕**長壽王 (거련巨連, 거련巨璉, 413~491)
          - (조다助多)
            - 【21】 **문자명왕**文咨明王 (명치호왕明治好王, 나운羅雲, 492~519)
              - 【22】 **안장왕**安臧王 (흥안興安, 519~531)
              - 【23】 **안원왕**安原王 (보연寶延, 531~545)
                - 【24】 **양원왕**陽原王 (양강상호왕陽崗上好王, 평성平成, 545~559)
                  - 【25】 **평원왕**平原王 (평강상호왕平崗上好王, 양성陽成, 탕성湯成, 559~590)
                    - 【26】 **영양왕**嬰陽王 (평양왕平陽王, 원元, 대원大元, 590~618)
                    - 【27】 **영류왕**榮留王 (건무建武, 건성建成, 618~642 弑害)
                    - (대양왕大陽王)
                      - 【28】 **보장왕**寶藏王 (장臧, 보장寶臧, 642~668 失國)

현재 광개토대왕비는 유리 속에 갇혀있다. 풍화에 의한 부식을 생각하면 잘된 일이다. 1970년대 후반 한동안 대왕비는 하늘을 마음껏 쳐다볼 수 있었다. 1928년에 건립된 비각이 하도 낡아서 붕괴될 우려가 있어 철거하였고, 아직 새 누각을 짓지 않았기 때문이었다. 참으로 보기좋은 광경이다. 吉林省集安市文物局, 『世界遺產叢書-高句麗王城王陵及貴族墓葬』.

광개토대왕 비문과 왕릉

다음 우리의 행선지는 광개토대왕의 능과 그 비각이었다. 호태왕비에 관해서는 우선 그것이 그의 아들 장수왕에 의하여 호태왕 사후 2년만인 갑인년(414)에 세워진 것이며 우리가 이 비를 방문한 것이 꼭 1600년만이라는 사실을 다시 한번 상기할 필요가 있다. 광개토대왕비문에 관해서 광범위한 학문적 논의를 하게끔 그 새로운 시단을 제공한 사람은 뭐니뭐니 해도 재일교포학자 이진희李進熙, 1929~2012였다. 그의 연구서적 『광개토대왕릉비의 연구』는 일본의 육군참모본부가 1883년 가을, 대륙침공을 앞두고 지리정지地理政誌를 살피고, 병모병략兵謀兵略을 확실케 하기 위하여 파견한 간첩 사코오 카게아키酒匂景信(1850년 8월 시마즈번島津藩에서 출생. 어려서부터 번교에서 공부, 한학조예 깊음)를 통하여 획득한 최초의 비문탁본인 쌍구가묵본雙鉤加墨本(1884년 2월 이전에 사코오가 일본에 가지고 옴) 그 자체가 탁본과정에서 이미 변조, 개찬되었다는 것을 고발하고 있다.

사코오는 단순한 군사스파이가 아니라 한학의 소양이 깊은 인물이었으며,

④ ③

이것이 그 유명한 일본육군참모본부의 사코오 카게아키酒勾景信 중위가 1884년에 일본으로 가지고 온(2월 이전) 쌍구가묵본을 토대로 구성된 전문이다. 현재 동경국립박물관에 소장되어 있다. 이것은 요코이 타다나오橫井忠直가 중심이 되어 해독되어 『회여록會餘錄』 제5집(1889년 6월)에 공표되었다. 1890년 10월 30일에는 『교육칙어』가 발표되었으니 그 분위기를 알 수 있다. 탁본이라 말할 수 없는 깨끗한 그림이며, 12~20자가 ↗

② ①

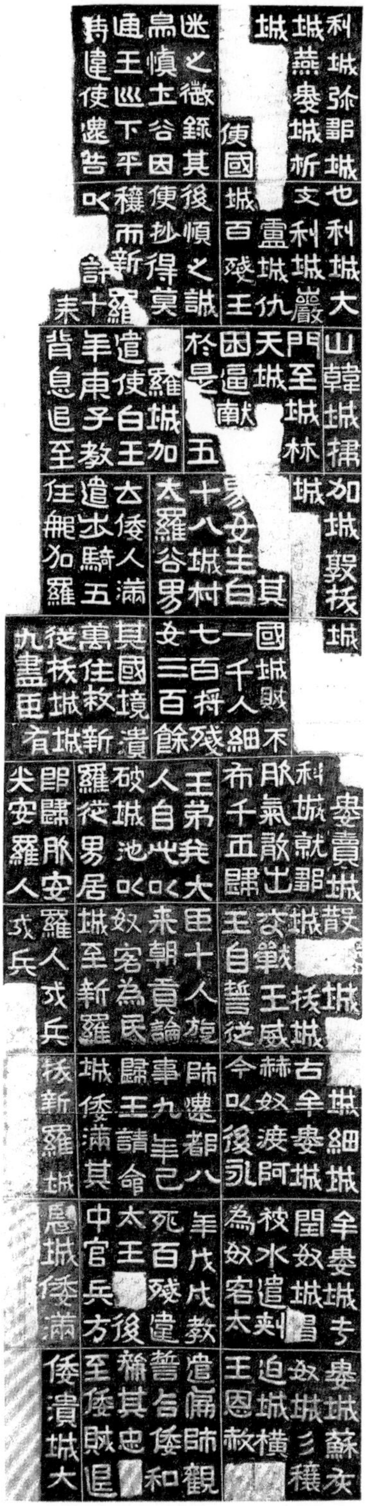

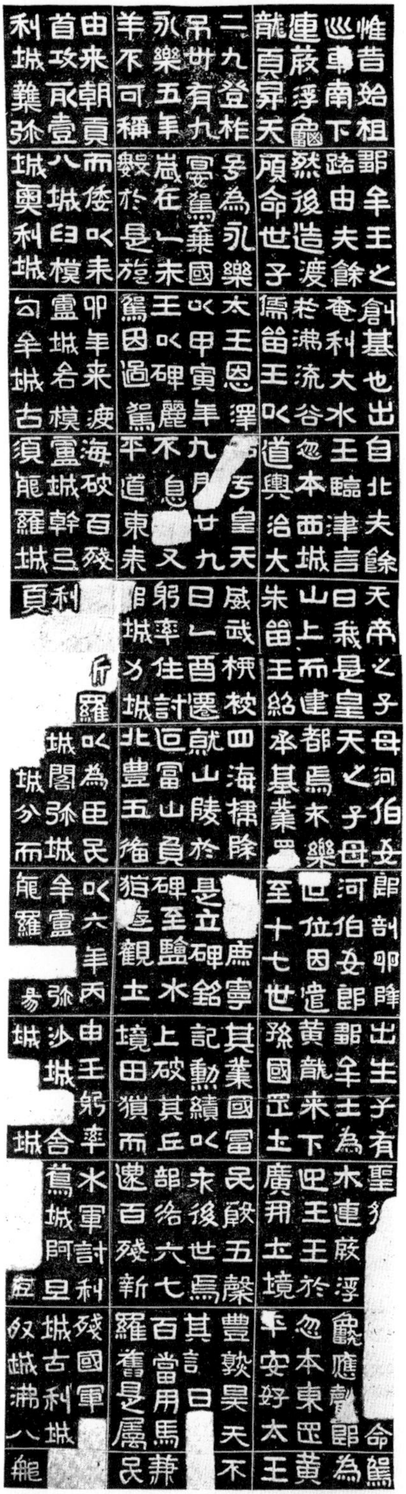

들어가는 조각으로 맞추어져 있다. 현재 이 쌍구가묵본보다 오래된 어떠한 판본도 존재하지 않는다. 따라서 진실여부에 관해서 문제가 많은 가묵본이지만 그럼에도 불구하고 호태왕비문 연구에 빼놓을 수 없는 주요판본이다.

그 거대한 석비의 가치를 알아차렸기 때문에, 실제 탁본과정에 직접 개입을 했고, 또 그가 만든 탁본을 일본에서 해독하는 과정에도 참여했다고 이진희는 주장한다. 그리고 일본육군참모본부는 사코오의 탁본에서 생기는 여러 가지 문제를 개선·수정하기 위하여, 비석 자체에 석회를 발라서 비면을 판판하게 만들어놓고 그 위에 글씨를 원석의 홈에 따라 파서 탁본을 뜨는 소위 "석회도부작전石灰塗付作戰"을 감행했는데, 대체적으로 1900년 전후로 광개토대왕비는 석회로 완전히 덮여 있었다는 것이다. 석회도부작전의 유리한 점은 글씨를 마음대로 조작해도 탁본에 그 조작이 드러나지 않는다는 것이다. 석회도말 이후로도 여러 차례 석회도말의 가공加工이 있었다는 것이다.

이것은 이진희씨가 경도대학京都大學 인문과학연구소 소장所藏의 나이토오 토라지로오 구장사진內藤虎次郎舊藏寫眞(1866~1934, 경도대 교수. 동양사학자)을 공개한 것이다. 나이토오 코난內藤湖南(토라지로오의 자字)이 이 사진을 찍은 것은 석회도말 직후의 사건이다. 1899년, 그리고 1902년에 만주를 시찰하고 청국 학자들과 교류하였던 것이다. 이 사진을 보면 비면의 글자구획선이 완전히 사라졌고 글씨는 같은 굵기로 선명하게 새겨져 있다. 이것은 완전히 불가능한 사태이다. 어떤 곳은 석회가 2cm 두께로 올라와 있고 그 위에 글씨를 쓴 것이다. 석회도말의 실태를 알 수 있게 하는 결정적 사진이다.

1918년 여름, 동경대학 조교수 쿠로이타 카쯔미黑板勝美, 1874~1946(일본 고문서학을 체계화한 역사학자. 동경대 국사학 교수)는 조선인 청년 2인의 통역·호위를 받으며 호태왕비를 정사精査했는데 그는 논문을 쓰지 않았으며, 일본역사지리학회에 보고한 기록만 남겼다(『역사지리』 32권 5호). 그는 광개토대왕비신 아래를 파보고 기석의 구조를 밝히고 비가 한 번 쓰러진 적이 있다고 말했으나 그것은 낭설이다. 하여튼 그때 찍은 사진(제1면 상부)인데 동양문고에 소장되어 있다. 이 사진을 보면 글씨 주변으로 먼저 석회를 발라 요철을 없애는 방법을 썼다는 것을 알 수 있다. 그가 데리고 갔던 조선청년 2명이 납치되는 불상사가 발생했는데 당시 집안은 조선독립운동의 주요기지였다. 따라서 이 사건 이후 십여 년 동안 일본학자들은 집안을 갈 생각을 못했다. 그러다가 만주사변 이후에 다시 편하게 가기 시작했다.

많은 사람들이 글씨가 명료하게 보이는 탁본이 고탁본이고 나중에 뜬 것일수록 훼손된 것인 양 착각했으나, 기실 명료한 탁본일수록 석회도말탁본에 가까운 조작적인 불순한 판본이라는 것이다. 후대의 탁본일수록 석회가 벗겨져 그 원양이 드러나게 되었다는 것이다. 그러니까 후대의 탁본에서 오히려 전대의 탁본에 있었던 글자가 사라지기도 하고, 없었던 글자가 생겨나기도 하고, 또 행간의 선이 드러나는 요상한 현상이 있게 되는 것이다.

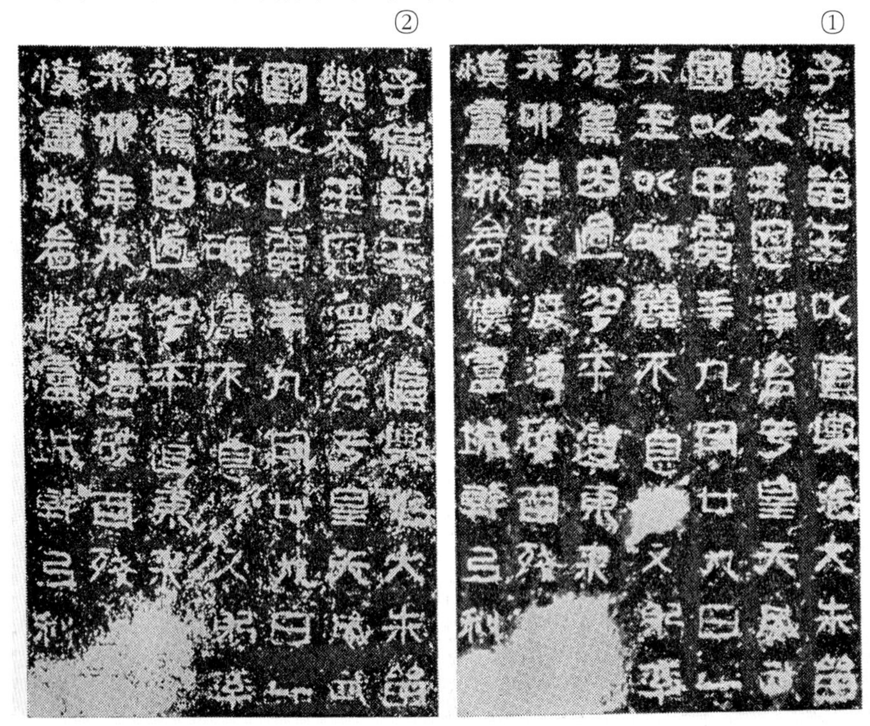

①은 나이토오구장탁본內藤舊藏拓本이고, ②는 양수경탁본楊守敬拓本이다. 양수경탁본은 석회도말작전 직후에 탁본한 것인데 하한선이 1902년경이다. 나이토오의 탁본도 거의 비슷한 시기의 것이다. 전통적으로 이 두 탁본이 모두 윤곽선의 명료함 때문에 아주 오리지날한 초탁본初拓本이라고 오해했는데, 이것은 초탁본이 아니라 석회도말 이후의 가장 왜곡이 심한 사례를 보여주는 것이다.

이진희의 이러한 주장은 그 후대의 탁본 판본들의 변천사를 통하여 세밀하게 입증된 것이다. 그런데 이러한 이진희의 주장에 대하여 만약 1884년 쌍구가묵본 이전의 진실한 원석탁본(가묵본이 아닌 직접 탁본 뜬 것)이 현존하고 있고,

②

①

①은 샤방느의 탁본인데, 그가 직접 탁본한 것이 아니고, 집안을 방문하여 현지에서 구입한 것이다. 1907년 4월의 사건이다. 그 탁본 전체가 나의 책 『도올의 중국일기』 제2권 pp.54~55에 실려있다. 샤방느의 탁본도 고탁본으로 사람들이 생각했으나 역시 회칠 이후의 탁본일 뿐이며 오류의 가능성을 내포한다. 언뜻 봐도 알 수 있듯이 매우 정갈한 모습이 조작적인 냄새를 피운다. ②는 1935년에 실지 조사를 행한 이케우찌 히로시池內宏, 1878~1952의 비면 같은 부분의 사진이다. 이케우찌는 당시 동경제대에서 조선사를 담당하고 있던 문과대 교수였다. 재미있는 사실은 이케우찌 사진에는 샤방느의 탁본에는 없는 행간의 줄이 나타난다는 것이다. 시간이 지나면서 없던 것이 새롭게 나타난다는 것은 탁본의 상식으로는 허용될 수 없는 현상이다.

그것과 대조하여 그 조작의 진위를 판별할 수 있는 기준이 성립할 수 있다면 이진희의 논쟁점은 명석하게 판명이 날 것이다. 그러나 현재까지 1884년 쌍구가묵본 이전의 탁본으로서 확인될 수 있는 어떠한 오리지날한 판본도 현존하지 않는다.

쌍구가묵본은 오늘 우리가 생각하는 제대로 된 탁본이 아니라 비면에 종이를 놓고 눌러서 글자모양을 잡은 다음에 그것을 가는 선으로 그리고(쌍구雙鉤) 그 밖의 부분을 먹으로 칠하는(가묵加墨) 일종의 그림 같은 것이다. 그러니까 얼마든지 글자조작이 가능하다. 그런데 19세기 말기의 집안의 상황은 제대로 된 큰 종이(찢어지지 않는 고급 고려지高麗紙)와 먹과 탁본기술소유자가

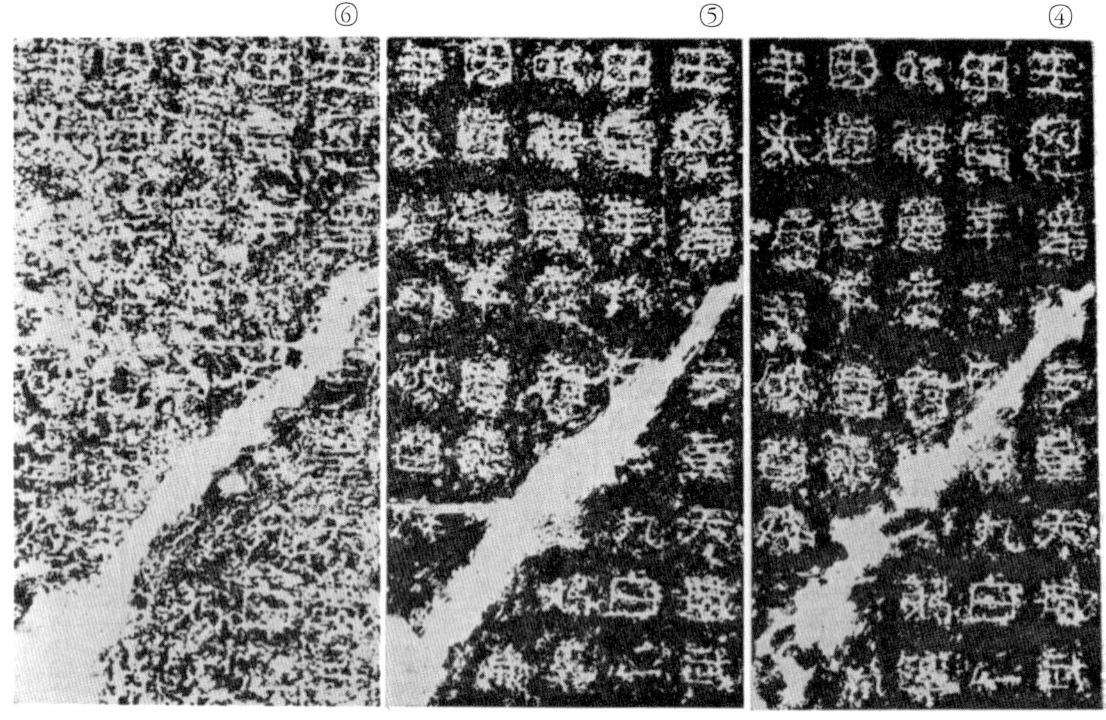

①은 나이토오 코난內藤湖南 소장의 탁본이며 석회칠 직후의 것이다(1900년). ②는 샤방느의 탁본이니까 1907년의 것이다. ③은 조선총독부의 탁본인데 1918년의 것으로 총독부에서 낸 『조선금석총람朝鮮金石總覽』(1919)의 자료가 되었다. ④는 동양문고東洋文庫 탁본, ⑤는 경도대학京都大學 인문연人文硏 탁본, ⑥은 미즈타니탁본水谷拓本이다. ④⑤⑥은 ↗

없었다. 그래서 쌍구가묵본은 작은 종이로 부분부분 만들어 나중에 꿰어맞추는 것인데, 이것을 꿰맞추는 과정에서도 오류가 발생했던 것이다. 6m가 넘는 비신을 덮을 거대한 종이로 탁본을 뜬다는 것은 나중에 프로들에 의하여 가능하게 된 것이다. 그러니까 제대로 된 탁본은 모두 "석회도부작전" 이후에나 만들어진 판본이라는 것이다.

이진희의 주장에 의하면 현존하는 모든 탁본이 석회도말 이전으로 소급될 수 있는 것이 존재하지 않는다. 그리고 탁본을 위한 가공이 이루어지는 과정에서 비면 자체의 훼손이 계속 이루어졌고, 또 탁본을 만드는 과정에서도 나무방망이로 비석을 치는 과정에서 비면의 훼손이 이루어졌기 때문에, 오늘날

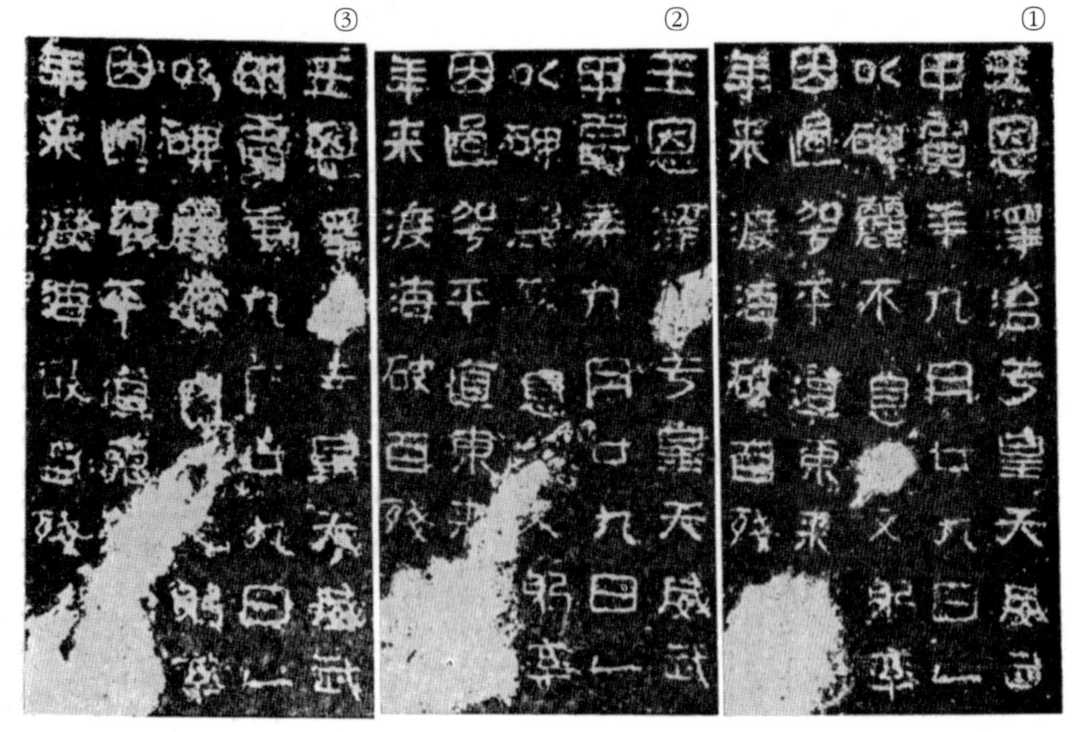

모두 1930년대에 속하는 것으로 사료된다. 여기 보여지는 6개의 탁본은 홈이 파진 부분이 점점 확대연결되는 상황을 보여준다. 사진 제5행에 "(辛卯)年來渡海破"의 글씨가 보이는데, 시간의 추이에 따라 석회가 탈락되면서 글씨가 번지고 점점 알아보기 힘든 모습으로 변해가고 있다. 이것으로써도 석회도말의 진상은 명백히 드러난다. 이진희의 『광개토왕릉비의 연구』, pp.160~161에 있는 것을 옮긴 것이다.

현존하는 비석 자체의 해독으로도 이러한 문제를 명백히 가릴 수는 없다는 것이 이진희의 주장이다.

이진희의 개찬설을 반박하는 왕 지엔췬王建群의 논의는 중국인의 입장에서 중국자료에 의거하여 거칠게 탁본성립과정을 논의하고 있을 뿐 다양한 판본자료를 비교해서 이진희의 논의를 치밀하게 반박하고 있질 못하다. 그리고 그가 호태왕비 비문을 해석하는 것을 보아도 다양한 문헌이나 역사적 실상에 관한 포괄적인 통찰에서 우러나온 치밀한 담론을 결하고 있다. 더욱 결정적인 것은 일본군국주의를 정당화하기 위해 노력했던 일본학계의 근본적인 문제점, 그리고 호태왕비를 구실 삼아 그들이 전개하지 않으면 아니 되었던 조선사에 관한 편견의 필연성에 관한 핍진한 이해가 없다.

이진희가 집요하게 일본육군참모본부의 호태왕비 개찬의 문제를 제기하는 것은 그들이 호태왕비에 관한 객관적 연구를 진행한 것이 아니라, "미마나일본부任那日本府"설을 정설로 확립시킴으로써 정한征韓의 정당성을 주장하려 했다는 것을 고발하려는 것이다. 그 연역적 대전제로서 호태왕비문을 조작해야만 했던 것이다. 일본육군참모본부는 사코오의 쌍구본을 입수하자마자 해독작업에 들어갔는데(요코이 타다나오橫井忠直를 중심으로 한 학자군: 靑江秀, 谷森善臣, 中村忠誠, 荻原嚴雄, 栗田寬, 佐藤誠實, 中村不能齊, 重野安繹, 久米邦武, 星野恒 등), 이들은 『회여록會餘錄』 제5집(1889년 6월)에 그 원눈과 해독문을 게재하면서 『시사신보時事新報』라는 신문에 다음과 같은 광고를 냈다.

> **비문 중에 왕석**往昔**에 우리 일본인들이 백제·신라·임나가라 등을 정복한 사적이 기록되어 있다. 그들에게 있어서는 이것은 호태왕 훈적**勳績**의 비**碑**이지만 우리에게 있어서는 천황의 나라 사람들의 위무**威武**를 빛내는 위대한 기록이다.**

일본인들의 호태왕비연구는 당초로부터 호태왕비를 조선침략의 도구로서 활용하려는 목표를 가지고 있었다는 것이다. 일본학계는 전전戰前부터 김해金海 부근에서 "미마나일본부"의 유적을 찾는 작업을 벌였다. 1917년부터 가야 전역을 조직적으로 발굴하기 시작했는데 그 조사를 주관한 경도대학 교수 하마다 코오사쿠濱田耕作는 1921년 그 조사를 끝내고 다음과 같은 양심적 발표를 했다: **"미마나任那라는 것이 일본이라는 나라가 만들어진 후에 일본인이**

개척한 식민지라는 식의 선입견은 무조건 포기하지 않으면 안된다."

그러나 전후에도 호태왕비는 "미마나일본부"라는 통념을 정당화하는 근거가 되어 대부분의 일본학자들의 고대사상古代史像의 기준이 되어왔다고 이진희는 주장한다. 이러한 문제에 관한 근원적인 반성이 없이는 비문을 해석할 수도 없을 뿐 아니라, 비문 원문 자체의 확정조차 불가능하다는 것이다. 이진희의 이러한 지적은 재일교포학자로서 일본학계의 근원적 죄악에 도전하는 매우 치열한 정신의 발로인 것이다. 그는 미마나부설의 근거로 제시되는 칠지도七支刀(이소노카미신궁에 보존)의 명문의 해석에 관하여도 그 가능성을 반박하는 치열한 주장을 펼친다.

그러나 이진희의 결정적인 약점은 그의 연구가 비문의 탁본판본에 관한 비교연구를 주테마로 삼고 있을 뿐, 그러한 연구성과와 병렬되는 비문 자체의 해석에 관한 체계적인 연구를 온전하게 진행시키지 못하고 있다는 사실과, 오늘날 현존하는 비문에 비추어 보아도 그의 개찬을 정당화하는 결정적인 물리적 단서를 찾기 어렵다는 사실에 있다. 석회도말은 이진희주장의 사실성이 충분히 입증되었다. 1900년 전후로 비석에 석회를 도말한 것은 분명한 사실이고 그 흔적이 지금도 남아있다.

그러나 도말한 석회는 시간이 지나면서 떨어져나가게 마련이고 원석의 글자를 새롭게 파서 조작한 것이 아닌 이상에는 언젠가 원래의 제 모습이 드러나게 되리라는 것을 예상할 수 있다. 그러나 이진희는 그러한 예상이 무의미하다는 것이다. 석회는 밀가루반죽과는 다르다. 석회는 그 자체로 굳어버리게 되면 원석과 구분할 수 없을 정도로 밀착된다. 그리고 석회가 떨어져나

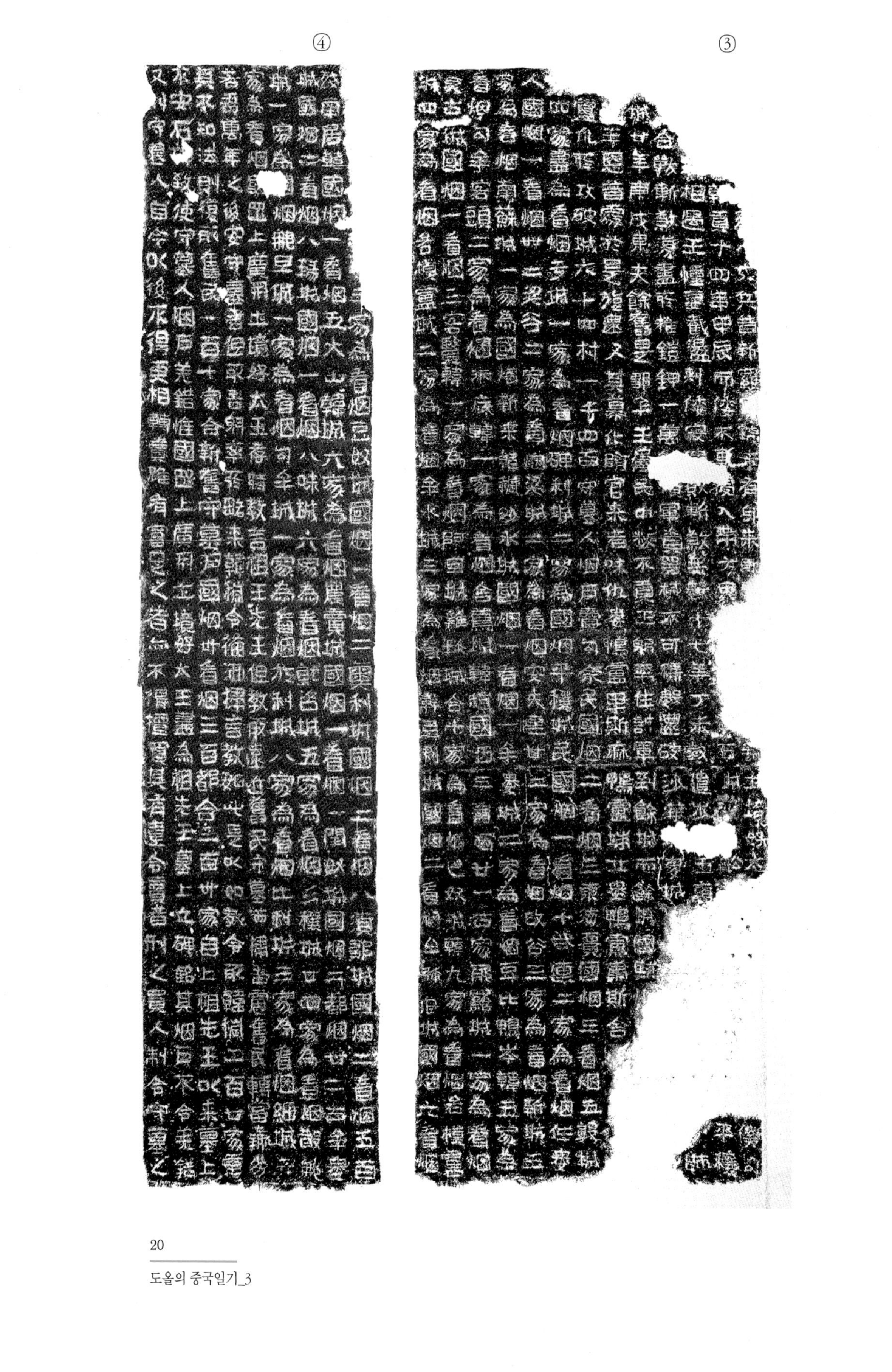

④

③

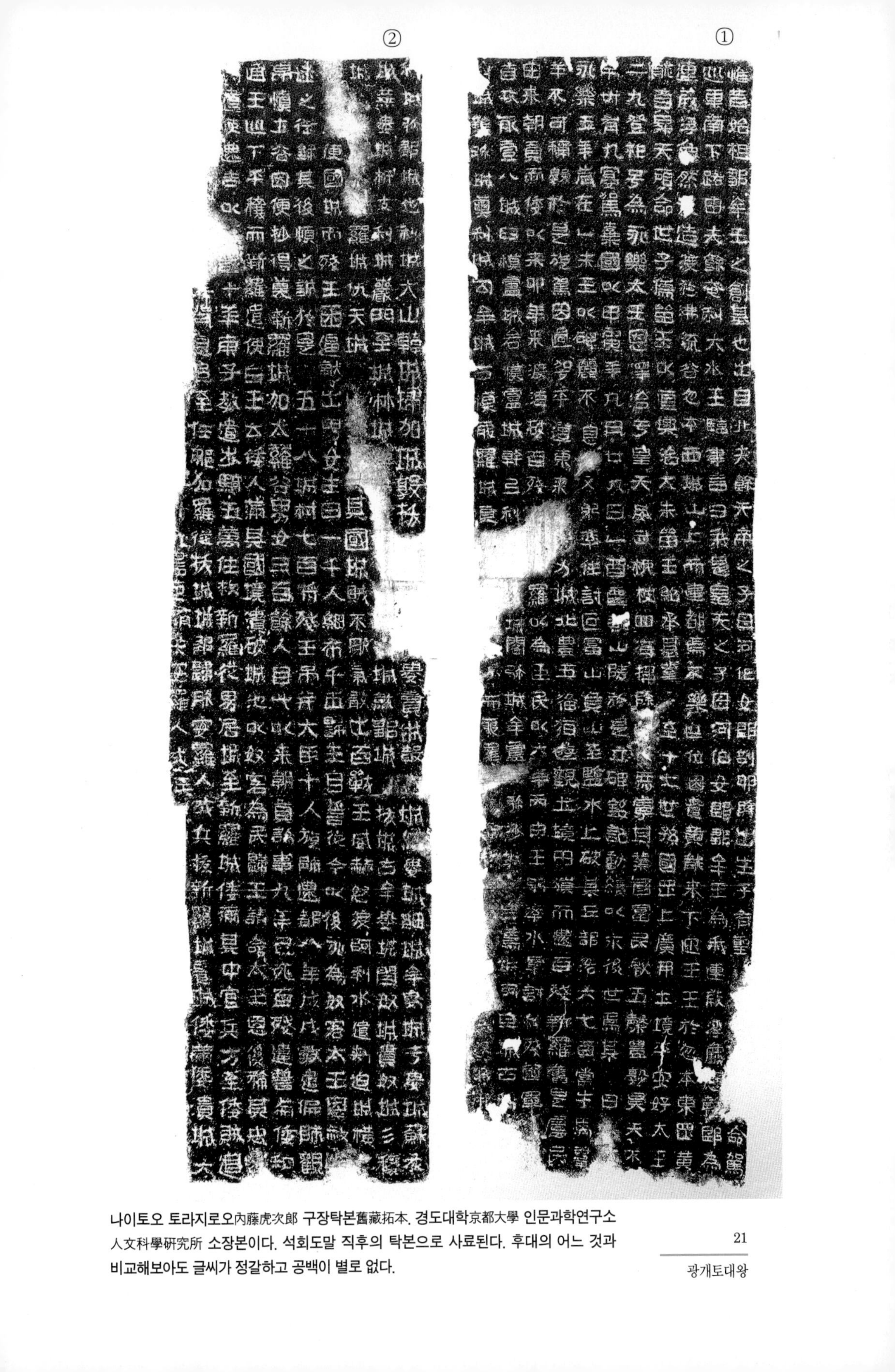

② ①

나이토오 토라지로오內藤虎次郎 구장탁본舊藏拓本. 경도대학京都大學 인문과학연구소人文科學硏究所 소장본이다. 석회도말 직후의 탁본으로 사료된다. 후대의 어느 것과 비교해보아도 글씨가 정갈하고 공백이 별로 없다.

④

③

총독부탁본總督府拓本(총독부박물관소간축본總督府博物館所刊縮本)으로 되어있다. 나는 실물을 보지 않아 현재 우리나라 국립중앙박물관에 소장되어 있는 전첩본剪帖本과의 관계를 확정지을 수 없다. 하여튼 이 탁본은 1918년의 것이다.

④

③

② ①

동양문화탁본東洋文化拓本(동경대학東京大學 동양문화연구소東洋文化硏究所 소장).
동양문고탁본과 혼동하지 말 것. 동경대학에 소장되어있는 탁본이다. 탁본연대는 명시된 바 없다. 이상의 탁본은 이진희 『광개토왕릉비의 연구』에서 전재된 것임.

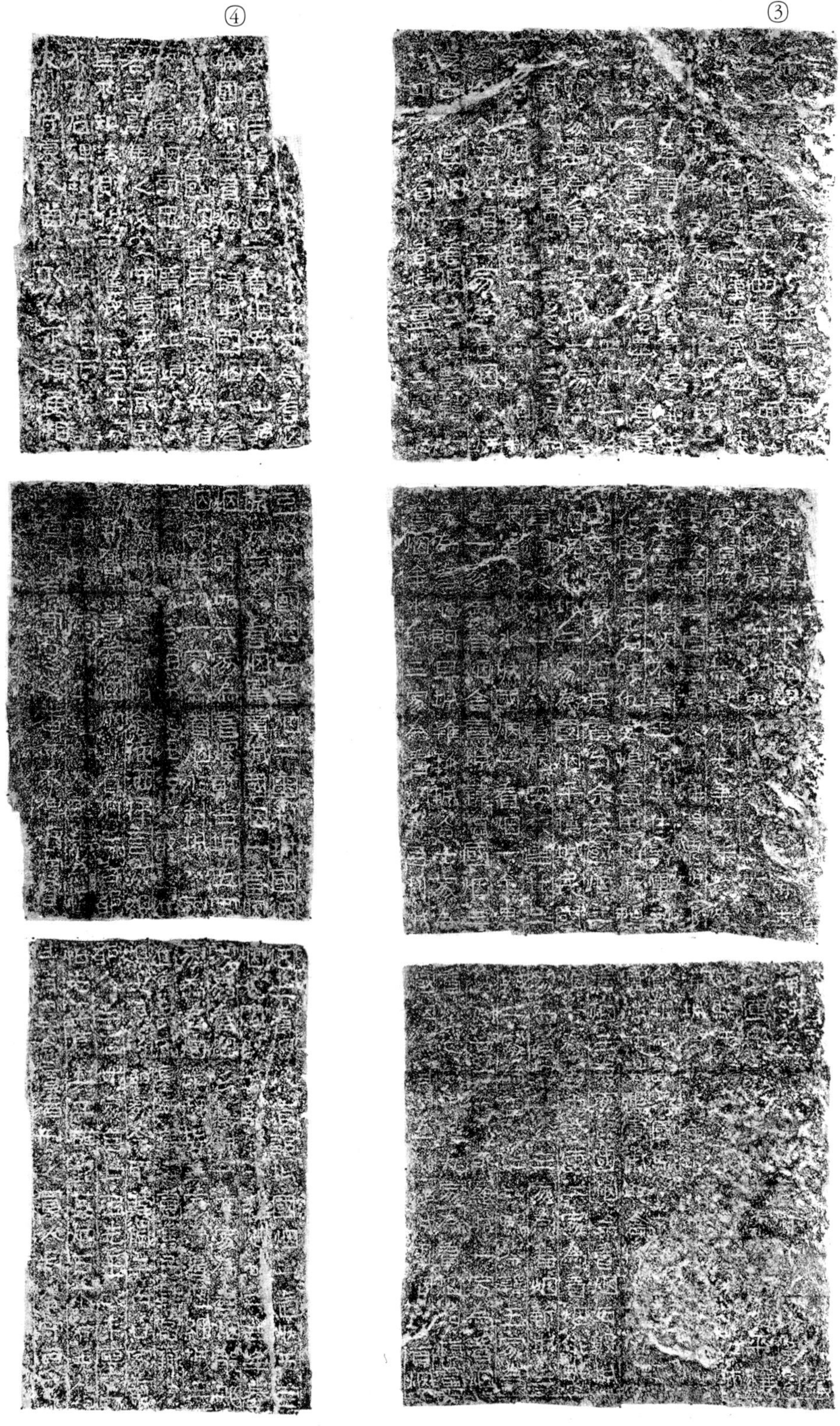

이것이 문제의 미즈타니 테이지로오水谷悌二郎의 탁본인데, 미즈타니는 1893년생으로 동경제대 법과대학을 나온 수재형 인간인데 은행원이었을 뿐 정식학자는 아니었다. 미즈타니는 1943년 혼고(동경대 부근)의 고서점 문아당文雅堂에서 이 탁본을 발견한다. 그리고 이 탁본이야말로 가면假面이 없는 원석 진비문의 원형이라는 확신을 가지게 된다. 그리고 30여 년에 걸쳐 각고의 연구를 진행하여 1977년에 『호태왕비고好太王碑考』를 저술하고 이 탁본을↗

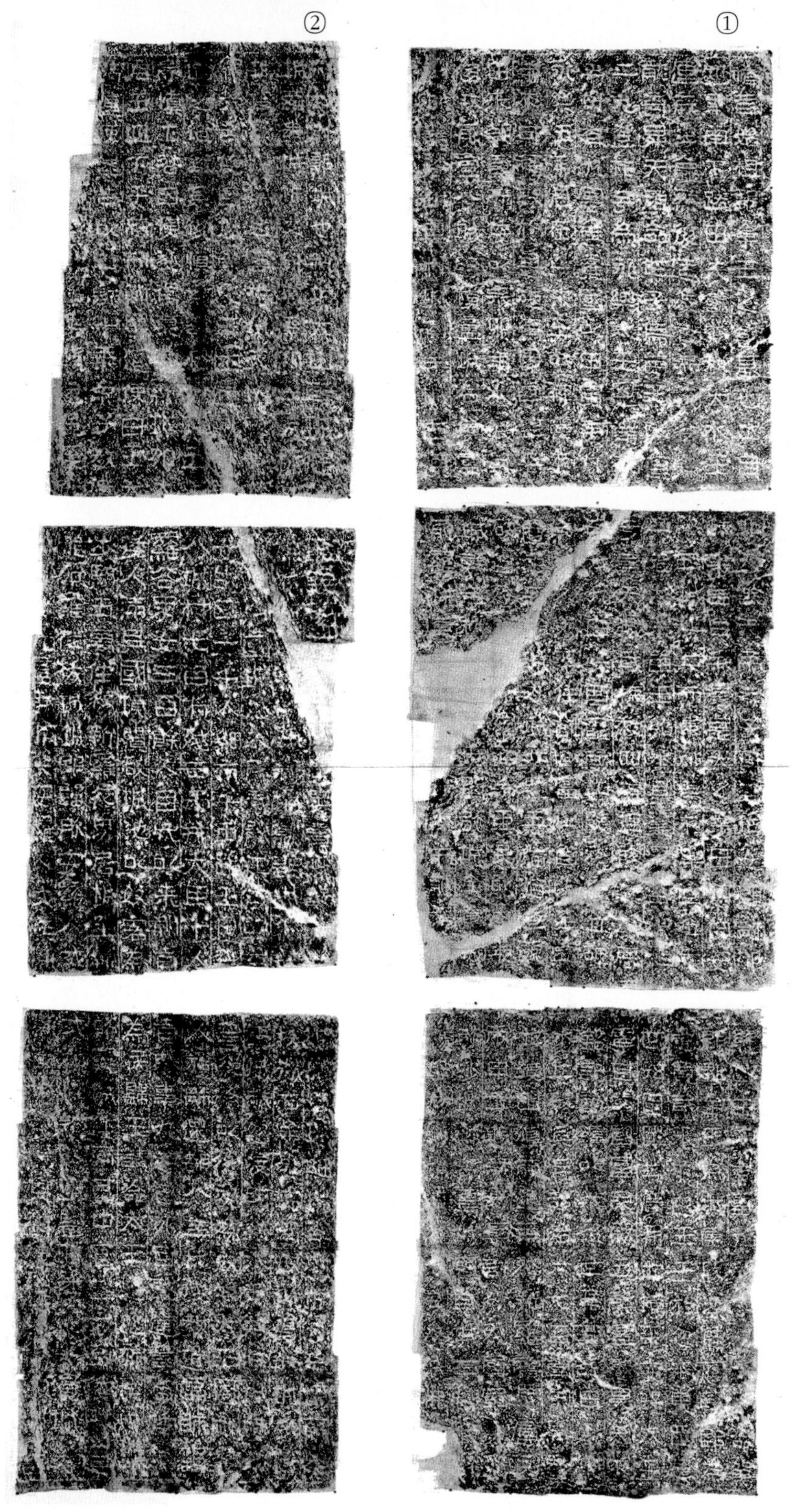

같이 공개하였다. 이 탁본의 특징은 비석 한 면이 3단의 종이로 정직하게 탁출되었다는 것이다. 이런 3단탁본은 전무후무하다. 그러나 미즈타니의 탁본을 세밀하게 검토한 이진희는 이것이 1900년 이전의 원석탁본일 수 없다고 단정한다. 석회도말 이후의 모든 문제점을 공유한다는 것이다. 이진희는 이 탁본이 1930년대 중반에 이루어진 것으로 본다. 그러나 석회가 가장 많이 벗겨졌을 때의 모습을 가장 진실하게(탁본 자체의 기술이 어느 탁본보다도 탁월하다는 뜻) 드러낸 탁본이며 그 자료가치가 매우 높다고 평가한다. 미즈타니탁본은 광개토대왕비문 연구에 빼놓을 수 없는 일품이다.

가면서 원석을 파손시킬 수 있다. 석회도말이 사라지고 원석이 제 모습을 드러낸다는 것은 불가능한 기대라는 것이다. 결국 육군참모부가 훼손시킨 글자들은 복원이 불가능하다는 것이다. 육군참모부는 이 광개토대왕비를 통째로 일본으로 반출하려는 계획까지 세웠다. 이 책동을 집안현 지사가 알고 이 계획을 저지시켰다(1907년 5월). 일본인의 범죄행위의 수준은 이와 같았던 것이다.

이 반출을 책동한 사람은 동경제국대학 교수로서 만선사滿鮮史, 한학漢學, 지나어학의 강좌를 담당했던 저명한 동양사학자 시라토리 쿠라키찌白鳥庫吉, 1865~1942였다. 그는 1905년 8월에 다음과 같은 재미있고도 추저분한 논설을 펼치고 있다(「滿洲地名談一附好太王の碑文に就て」『白鳥庫吉全集』 제5권).

"이 비문이 유명한 이유는 조선남부에 치우쳐있는 신라·백제·임나의 세 나라가 일본의 신민臣民이었다는 것을 명백하게 써놓고 있기 때문이다. 이것은 역사상 매우 가치가 높은 물건이다. 물론 일본의 역사에도 이 세 나라가 일본에 조공朝貢을 했다든가, 혹은 속국이 되었다는 일이 이야기는 되고 있지만 일본의 역사라는 것은 이른바 전설에 속하는 것이며 역사상의 가치는 희소한 것이다. 그러한데 비하여 이 비문은 당시의 정황을 알려주는 너무도 신용할 수 있는 역사유물이다. 이 비에 의하여 일본이 조선의 남부를 지배했다는 역사적 사실을 확실히 알 수 있는 것이다.

이 비는 아국我國의 역사에 중요한 자료를 제공하는 것이다. 나는 이 비를 일본에 가지고와서 박물관이나 공원에 세워놓는 일은 실로 의미있고 재미있는 일이라고 생각한다. 영국이나, 독일이나, 불란서라면 몇만 원(수십억)의 돈이 든다 해도 반드시 자국에 옮겨놓을 것이 틀림없다. 단지 이 비에는 일본에 재미없는 일도 쓰여져 있다. 당시 일본은 삼한반도三韓半島의 남부를 지배했었는데, 북부의 고구려와는 반대의 지위地位에 서있었다. 고구려라고 하는 것은 마치 지금의 러시아와 같은 존재였으며, 일본이 조선반도의 남부에 세력을 확립하려는 기획을 고구려는 좌절시키곤 했던 것이다. … 그 관계는 마치 지금 일본이 현금의 조선을 충분히 제어하기 위해서는 북방의 러시아를 정벌하지 않으면 안된다는 것과 조금도 다르지 않다. 일본은 조선을 세력권에 집어넣고 싶다는 희망을 가지고 있기 때문에, 먼저 지나支那와 싸웠고 지금은 러시아와 싸우고 있다(이 발언 당시 러일전쟁이 진행중이었다. 거의 일본의 승리가 굳어가고 있었다). 이러한 상황과 똑같이, 정치상의 관계상 일본은 고구려와 전쟁을 개시했던 것이다."

그리고 시라토리는 총결하여 다음과 같이 말한다.

"비문의 당시 정황을 보면 고구려에게 일본이 패하여 일본의 세력이 크게 떨치지 못하였던 것이다. 그러기 때문에 일본이 만약 대륙의 전쟁에서 진다고 한다면 또다시 대륙을 석권하는 것은 결코 쉽지 않다. 그러므로 현재 이번 전쟁에서 반드시 러시아露國에게 이기지 않으면 안된다."

당대의 동경제대 대석학이라는 자의 논설치고는 가소롭고 황당하다고 하겠으나 이 시라토리의 담론은 당대 일본지성계의 분위기를 명료하게 대변하고 있을 뿐 아니라, 일본지성계가 동아시아 고대사상古代史像을 어떻게 그리고 있었나, 그 디프 스트럭쳐의 원형을 규탐할 수 있다. 그리고 왜 광개토대왕비가 그들에게 그토록 중요한 의미를 가졌었는가 하는 것을 알 수 있다. 광개토대왕비를 통하여 미마나부는 물론 일본제국주의의 남상을 캐려고 했던 일본인들의 보편적 인식 패러다임을 발견할 수 있는 것이다.

시라토리는 그의 야심찬 계획을 실현하기 위하여 1906년 현지로 갔다. 그리고 일본해군에 부탁하여 압록강 하구에 군함을 준비시켰다. 그러나 결국 시라토리는 "개인이 그 비용을 부담할 수밖에 없었다," "너무 크기 때문에 운반이 곤란하고 자면字面의 손상이 우려되었다," "한국의 것을 가지고 오는데 생기는 물의를 우려했다"는 등등의 이유로 그 계획이 좌절로 끝나고 말았다고 고백하고 있다.

그러나 이러한 변명은 다 거짓말에 불과하다. 집안현지사集安縣知事 오광국吳光國이 그 계획을 결사반대한 문헌이 정확히 남아있다. 하여튼 이 비석을 일본으로 반출하려고까지 했던 20세기 초기의 일본지성계, 정치계는 조선에 대한 일본식민지지배권을 확립하기 위하여 광개토대왕비를 활용하고자 했던 어떤 열망에 사로잡혀 있었다. 조선지배를 합리화하는 이념으로서, 일선동조론日鮮同祖論의 연원으로서, 또한 고대에 있어서 일본의 조선지배의 실증으로서 광개토대왕비를 대대적으로 이용하고자 했던 것이다. 그만큼 일본은 조선침략을 앞두고 조선의 저력을 공포스럽게 생각했다. 언제 또 이순신이 나타날지도 모르는 일이다! 이러한 역사적 맥락을 떠나서 우리는 비문을 바라볼 수가 없다. 새로운 이념을 부과하자는 이야기가 아니라 기존의 이념을 벗겨버리지 않으면 비문은 여여如如한 그 모습을 드러내지 않는다는 것이다.

결국 비문은 현존하는 비석과 다양한 탁본판본들을 종합하여 구성될 수밖에 없으며, 그 나머지 과제는 비문 그 자체의 해독의 문제일 수밖에 없다. 해독은 해석의 문제이며, 해석은 맥락의 문제이며, 맥락은 광개토대왕의 삶과 그를 둘러싼 세계환경 전체의 문제로 환원되는 것이다. 호태왕 그 인간 전체와 고구려의 국제환경 전체의 시좌를 상실하고 몇 글자의 판독이나 한 두 구문의 해석을 놓고 옥신각신하는 것은 광개토대왕비학廣開土大王碑學의 본령이 아니다.

광개토대왕비는 중국에 현존하는 최대의 석비이며, "해동제일고비海東第一古碑"라고 일컬어진다. 서남쪽으로 왕릉이 있고 동쪽으로는 용산龍山이 굽이치며 남쪽으로는 압록강이 도도히 흘러가고 있다. 이 비문의 내용은 대체로 3부분으로 나뉘어져 있다. 제1부는 고구려의 건국과정을 통하여 고구려라는 우주의 성격을 명백히 하고, 그 시조 추모의 정통을 이은 유류왕儒留王(『삼국사기』에서는 "유리명왕琉璃明王")과 대주류왕大朱留王(『삼국사기』에서는 "대무신왕大武神王," "대해주류왕大解朱留王": 이런 이름조차 비문이 더 본래의 모습을 전하는 것으로 보아야 한다)의 간략한 언급, 그리고 17세손인 국강상광개토경평안호태왕國岡上廣開土境平安好太王의 간략한 생평을 실었다(여기서 "17세손"이라 한 것은 역시 주몽의 17세손이라는 뜻으로 새기는 것이 통설이나, 대주류왕으로부터 17대를 뜻할 수도 있다).

제2부가 가장 논란이 많은 부분이며 생생한 역사적 사실을 우리에게 직접 말해주는 호태왕의 일생 치적 정리부분이다. "영락永樂"이라는 호태왕의 연호를 사용하여 영락 5년(AD 395)으로부터 편년체로 기록해 가고 있다. 비려碑麗(거란의 고8부古八部 중의 하나. 필혈부匹絜部. 요동 태자하 상류지역 혹은 요하상류지역)를 토벌하고, 백제를 징벌하고, 백제와 동맹세력인 왜倭를 패퇴시키며, 그리하여 신라를 구원한 파란만장한 이야기들이 쓰여져 있다. 그리고 영락 20년에는 동부여를 정벌하였다(동부여는 북부여와는 다른 나라라는 것이 입증된다. 그러나 동부여는 북부여를 계승하였고 그 영역을 대체로 카바하였기 때문에 후대의 문헌에서 "부여"라고 말하는 것은 거의 동부여를 지칭한다. 이것은 박진석의 설이다). 호태왕은 일생동안 모두 64개 성과 1,400개의 촌을 공파攻破했다는 말로 치적

부분을 끝맺고 있다.

그리고 제3부가 실제로 글자수가 가장 많은 부분인데, 이 3부는 비와 능을 지키는 수묘인제도에 관한 것이다. 국연國烟이 30가家, 간연看烟이 300가, 도합 330가이다. 수묘인 연호烟戶의 명단을 다 기록하고, 수묘에 관한 호태왕 자신의 지침, 그리고 그들의 관리규정이 기록되어 있다. 그런데 이 제3부의 해석에 관하여 많은 학자들이 묘를 지키는 노예들에 관한 규정이라든가, 단순히 묘를 지키는 것에 관련된 능참봉제도 같은 것을 써놓은 것으로 인지하는 천박한 논의들을 계속해왔다. 실제로 이 거대한 비의 주요부분이 수묘에 관한 기록이라는 이 사실이 너무도 낯설게 느껴지기 때문에 많은 사람들이 어리둥절하여 도무지 그 해석을 기피하여 온 것이다.

"광개토대왕비"하면 "신묘년" 운운하는 그 한 줄의 국제정치 사건의 해석에 한다리 끼는 것만이 마치 자신의 학문적 입지를 공고히 하는 것인냥 허풍을 떨어왔다. 사실 광개토왕비문에서 "신묘년" 운운하는 것은 실로 광개토대왕 생애의 전체업적을 놓고 조감하자면 마이너한 한 사건에 불과할 수도 있다. 이진희는 "신묘년"기사의 20세기 신화를 만들어, 호태왕비문에 한·중·일 학자들의 관심을 집중케하는데는 성공했을지 모르나, 그것은 호태왕비의 광활한 세계를 이야기하는 담론의 중핵은 아닌 것이다. 물론 중요하다면 중요할 수도 있겠지만 호태왕이 당시 강성했던 백제를 치는 과정에서 일어났던 사소한 사건일 수도 있다. 이진희의 문제의식 속에서는 그것이 미마나부의 근거로서 부각되었기 때문에 극복되어야만 하는 "해석학적 사건"이 된 것이다.

일본육군참모본부가 조선침략을 정당화하기 위한 자료로서 그것을 활용한 것은 사실이지만, 역사의 대세를 조망하자면, 일본제국의 조선침략이 "미마나후任那府"가 있고 없고 때문에 하고 말고 할 성격의 것은 아니다. 일본의 문화제국주의가 기특하기는 하나, 그들의 계획대로 세상이 돌아가는 것은 아니다. 호태왕비는 호태왕비일 뿐이다. 일본문화간첩들의 소행에 크게 좌우되지 않는다. 후술하겠지만 정밀하게 말하면 비문에서 "신묘년기사"라는 것 자체가 성립하지 않는다. "신묘년기사"는 조선침략의 야욕에 불타있던 왜놈들의 하나의 판타지에 불과한 것이다. 그 판타지에 한·중·일 학자들이 춤을 추어야 할 아무런 이유가 없다.

국연國烟과 간연看烟은 어떠한 경우에도 노예일 수가 없다. 이들은 정상적 고구려 사회체제의 중요한 기능을 담당하는 핵심적 개념일 것이다. 국연과 간연을 춘추전국시대의 중원사회를 분석하는 개념인 국인國人(성내에 사는 사람들. 당연히 신분이 높다)과 야인野人(성 밖에 사는 사람들. 이들도 자유민이다)으로 볼 수 있다는 주장도 있으나, 국내성은 그렇게 크질 않으며 성내의 사람과 성밖의 사람들이 그렇게 신분적으로 획분화 되어있지 않았다. 국연과 간연의 비율이 1:10으로 정확히 규정되어 있는 것은 상앙商鞅이 진나라를 개혁하고 새롭게 조직해 들어갈 때 사용하였던 십오법十伍法과도 같은 연대책임제 사회조직이 있었다는 것을 방증하는데 국연과 간연의 개념은 훨씬 더 방대한 단위였을 것이다(1국연이 10간연을 관장한다).

2012년 7월 29일 마선향麻線鄕 주민이 마선하麻線河 강변에서, 호태왕비, 충주의 중원고구려비에 뒤이어 세번째의 고구려비를 발견했다(화강암 재질. 너비 60.6~66.5cm, 두께 12.5~21cm, 무게 464.5kg). 비석 정면에 예서체로 10행에 걸쳐 모두 218자가 새겨졌으나 최근 학자들이 석출釋出한 글자는 156자이다. 그런데 이 비의 내용이 수묘인제도를 주테마로 삼고 있는 것이다. 그런데 재미있는 사실은 이 비가 어느 특정왕릉에 대한 수묘를 말하고 있지는 않다는 것이다. 마선주변에는 서대묘나 천추묘와 같은 왕릉이 여러 기 자리잡고 있기 때문에 이 지역 왕릉수묘를 일반적으로 관리하는 시스템을 적어놓은 "수묘비"로 간주되는 것이다. 다시 말해서 이미 광개토대왕 이전에 고도로 사회시스템화된 수묘제도가 정착해 있었다는 것을 의미한다. 그리고 이 비에는 수묘뿐만 아니라 "사시제사四時祭祀"등 능묘 앞에서 지낸 대제에 관한 언급도 있어, 수묘의 의미가 단순히 잔디나 깎고 청소나 하는 차원의 문제가 아니었다는 것을 말해준다.

지금 서울에서 전주이씨 종친회가 주관이 되어 종묘대제를 일년에 한번 지내는 것도 전국의 종친들을 동원하는 복잡한 제도를 요구한다. 수묘제도는 단지 능묘를 관리하는 차원의 문제가 아니라 강성한 고구려 제국을 유지하는 어떤 사회체제의 핵심적 과제상황이 걸려있다고 보아야할 것이다. 어째서 그렇게 거대한 비를 세우면서 그다지도 자세하게 수묘인제도를 밝혀놓았겠는가? 기실 광개토대왕비의 소이연이 "제3부"에 있었다고 말해도 과언이 아닐 것이다. 내가 말하고 싶은 것은 비문을 운운하는 자들이 비문 전체를 읽은 자가 희소하다는 것이다. 비문 전체를 읽지도 않고 몇군데 글

마선향에서 발견된 비는 현재 학계에서 "집안 고구려비"라고 부르고 있다. 그 탁본은 『도올의 중국일기』 제1권 p.284에 실었다. 여기는 그 원석의 모습을 싣는다. 이 비가 출토된 위치는 천추묘 서쪽 456m, JMM2100 서남 659m, JMM626 동남 861m, 서대묘 동 1,149m로서 4개 왕릉 사이에 있다. 천추묘로부터 가장 가깝다. 원래 10행이 있으며 매 행마다 22자가 있으나 최후 한 행이 20자이므로 전체 218자이다. 그러나 알아볼 수 있는 글자는 156자밖에 되지 않는다. 이 비의 내용은 간략하지만 호태왕비와 같은 양식이다. 비문의 "戊子"를 388년으로 추정한다면, 고국양왕이 죽기 3년전에 아들 호태왕과 의논하여 이 비를 세우게 한 것으로 추론될 수 있다.

자해석을 놓고 호태왕비 운운하는 것은 도무지 어불성설이다. 우선 호태왕비 전체를 아주 쉬운 현대말로 정확한 주석과 함께 번역하여, 그것을 모든 국민에게 이해시키는 작업을 선행시켜야 한다는 것이다. 보편적 언어로써 그 해석의 가치가 공유된 연후에나 학술토론을 하라는 것이다. 비문 전체를 숙지할 능력이 없는 "센몬바카"(전문가가 될 수록 무지한 자들이 된다는 일본 속말)들이 앉아서 엄숙한 토론을 한들 무슨 소용이 있으리오? 물론 학회의 가치는 부정될 수 없다. 발표된 논문은 감사히 배독한다.

우선 호태왕비는 호태왕 당대의 문헌이라는 의미에서 염모묘冉牟墓의 묵서墨書와 함께 고구려에 관한 어느 문헌보다도 신빙성이 높은 최고의 사료이다. 우선 호태왕비의 내용과 『삼국사기』 "광개토왕"조條의 내용을 비교해보면 얼마나 김부식이라는 인물이 중원중심주의적 사고에 빠져있는가 하는 것을 알 수 있다. 호태왕비의 기사내용과 『삼국사기』 광개토왕조의 기사내용은 거의 겹치지 않는다. 억지로 관련은 지을 수 있겠지만 둘 다 편년체 기술임에도 불구하고 그 해에 일어난 사건이 동떨어진 이야기들을 다루고 있다. 김부식은 광개토왕이라는 광대한 영역을 개척한 고구려의 중흥조에 대한 특별한 인식이 부족하다. 그 기사내용은 매우 김빠진 나른한 사건의 나열이며, 그 기사분량도 소략하기 그지없다. 광개토대왕 시절의 다이내믹한 국제역학의 텐션이 전혀 드러나지 않고, 그냥 평범하게 지나칠 수 있는 기사패턴이 나열되고 있을 뿐이다.

그리고 전체가 연燕나라와의 관계에 집중되어 있다. 다시 말해서 관심이 중원쪽을 향해있는 것이다. 그리고 계속 연나라에게 "조공朝貢"을 했다는 표현을 쓰고 있는데, 이런 것들이 김부식의 중원중심사고의 폐해이다. 광개토대왕이 연나라에 조공을 했다는 것은 어불성설이다. 친선을 목적으로 한 예물이 오갔을 뿐이다. 김부식은 고구려역사 전체를 통하여 중원에서 무슨 칭호를 받았다거나 중원에 조공을 했다고 하는 식의 기사를 계속 쓰고 있는데, 이런 것이 바로 김부식이라는 사가의 사고의 한계인 것이다. 김부식은 자기 당대의 관념을 적고 있는 것이다. 이러한 김부식의 역사기술방식은 『고려사』에 그대로 계승되고 있다.

그런데 오늘의 사가들은 이런 빈곤한 사료를 빌어 중원중심사고를 정당화한다. 그 대표적인 예가 호태왕의 독자적인 영락연호에 관한 것이다. 비문에서 "호위영락태왕號爲永樂太王"이라고 말하고 있는데도, 고구려는 중원의 연호를 사용했지 자체 연호는 사용한 적이 없다고 말하고 있다(왕 지엔췬王健群 설: 칭왕했지 칭제稱帝하지 않았으며, 칭세자했지 칭태자稱太子하지 않았으며 중원에 조공을 끊이지 않았고, 중원 관직을 받았다 운운). 그러나 고구려인들은 진시황 이전의 선진고문헌의 용례처럼, "왕王"과 "천자天子"를 동일한 의미로 썼다. "묘墓"와 "능陵"도 별 구분없이 썼다. 고구려의 왕들은 자신을 천자라고 생각했다. 천손으로서의 자기인식에 하등의 흐트러짐이 없었다. 고구려의 모든 왕들에게 연호가 분명 있었을 것이다. 김부식은 그 연호를 다 지워버렸다. 광개토왕조에 영락永樂연호가 말살되어 있는 것처럼, 여타 왕의 연호도 말살된 것이다.

우리는 호태왕비와 『삼국사기』기사의 비교를 통해서 『삼국사기』에 나타난 중원중심사고를 전적으로 혁명시키는 작업의 축을 확고히 수립해야 하는 것이다. 왜 그토록 『삼국사기』에서 집중적으로 다루고 있는 연나라기사가 호태왕비에는 단 한마디도 나타나지 않는가? 어느 것이 더 진실한 기록인가? 장수왕이 존경하는 아버지의 21년 치세를 몸으로 생각하면서 쓴 생생한 기록을 우리는 "중원중심사고"에 의하여 개칠할 수는 없다. 당대의 고구려에게, 700년 이상을 줄기차게 지속해온 확고한 아이덴티티를 보유한 대제국 고구려에게는, 끊임없이 명멸하는 중원의 국가들, 잠깐 모습을 드러냈다간 사라지고 하는 전연前燕·후연後燕·북연北燕 따위의 변방세력은 주요한 관심의 대상이 되지 못했던 것이다. 동진東晋왕조는 쇠미해져갔고 모용연慕容燕은 내홍으로 자멸해 갔다.

고구려의 관심은 중원축이 아니라 고조선축이었다. 광개토대왕은 고조선축에 새로운 발판을 구축함으로써 장수왕이 천도할 수 있는 신세계the New World를 개척한 것이다. 그의 관심은 요동지역의 비려와 북동지역의 동부여를 제외하면 모두 백제와 신라와 왜와의 관계에 있었다. 여기 "왜倭"라는 개념이 무게있게 출현하는 사실에 관하여 우리는 우리의 기존관념을 타파해야 한다. 당시 "왜"는 결코 왜소한 해적집단이 아니었다. 한반도의 판세에 결정적인 영향을 줄 수 있는 국가 세력으로 해석하는 것이 정당할 것이다.

많은 사람들이 근대 민족국가 관념의 편견 때문에, 그리고 일본제국주의 관변학자들의 망언 때문에, 고대사 부분에서 "왜"의 문제를 소략하게 다루고 있지만, 우리는 왜의 문제를 적극적으로 우리 역사의 일부로 편입시켜야만 한다. 호태왕비는 왜를 우습게 만드는 것이 아니라 만만치 않은 세력이었다는 것을 입증하고 있다.

호태왕비에 나오는 왜의 세력이 과연 큐우슈우지역 만에 국한된 존재인가 하는 것도 우리가 재고해야 할 문제이다. "미마나후"가 있었다 없었다 하는 것이 중요한 것이 아니라 미마나후에 해당되는 어떤 지역적 실체가 과연 어떤 기능을 하는 존재였나 하는 것이다. 조선조에도 부산지역에 왜관이 있었고,

거꾸로 미마나후라는 거점이 일본을 지배하는 우리 자체의 관제탑일 수도 있다. 하여튼 북큐우슈우 지역에서 고구려에 타격을 줄 정도로 대규모 출병을 할 수 있는 국가규모를 갖춘 폴리테이아는 야마토정권大和政權밖에는 없을 텐데 실제적으로 4세기말·5세기초에 야마토는 그러한 국가체제를 갖춘 국가가 아니었다. 6세기 이후에나 그 체제가 드러나는 것이다.

따라서 호태왕비에 언급되고 있는 "왜倭"가 과연 어떠한 세력인지에 관해 풀리지 않는 수수께끼가 많다. 호태왕비문의 역사적 사건들도 『일본서기』나 『고사기』에 의하여 입증될 수 없다. 우리는 일본역사가 다루지 못한, 야마토 정권 이전의 어떤 독자적인 왜의 정체政體를 한국사의 일부로서 설정해야 할지도 모른다. 이것은 일본고대사를 전적으로 우리 입장에서 다시 써야한다는 함의를 내포하는 것이다. 하물며 왜가 침입했다는 사실 하나로 "미마나후"라는 식민지를 개척했다는 논리는 근원적으로 어불성설인 것이다.

호태왕의 치세에 관한 기사는 영락 5년 을미년乙未年 비려碑麗를 평정한 사태로부터 시작한다. 요동지역의 안정은 호태왕의 고구려세력 남하작전을 위하여 매우 중요했을 것이다. 그래서 먼저 그것을 기술한 것이다. 그렇다면 편년체 기술에서 다음 기사는 당연히 영락 6년 병신丙申년(AD 396) 기사가 될 것이다.

영락 6년 기사는 어떻게 되어 있는가?

> 以六年丙申，王躬率水軍，討利(伐)殘國。軍至窠南(북경대도서관장C본에 의거)，攻取壹八城 .... 逼其國城。

영락 6년 병신년에 우리 호태왕께서는 몸소 수군을 거느리고 나아가 백잔국을 토벌했다. 그 대군이 백잔국의 경계 깊게 침투하여 일팔성 ……… (수없이 많은 성들의 이름이 나열되어 있다) **등의 수없이 많은 성들을 공취**攻取**하고 드디어 백잔의 수도성을 핍박하였다.**

하여튼 이 6년 기사는 호태왕이 수군을 거느리고 나아가 백제(=백잔百殘: 사실 나라이름 표기에 있어서 제濟와 잔殘의 문제도 해결되지 않았다. 일본에서는 지금까지 "쿠다라"라고 읽는다)와 대혈전을 벌여 백제를 복속시킨 이야기가 적혀 있다. 당시 백제는 그만큼 강력한 대국이었고, 고구려에 대항할 힘이 있었다. 호태왕비의 최대 관심사는 백제였다. 당시 백제는 평양(요동?)에까지 쳐들어와 고국원왕을 전사케 할 정도로 강성한 대국이었던 것이다. 발해·황해를 뻥 둘러싼 조선서부해안에서 중국동부해안에 걸쳐있는 대해양제국이었다.

그러면 과연 "신묘년기사"라는 것은 무엇인가? 실제로 "신묘년기사"는 존재할 수가 없다. 신묘년은 호태왕이 등극한 해이며, 신묘년에 어떠한 일이 있었다면(아버지 고국양왕은 신묘년 5월에 서거한다), 그것은 분명 호태왕이 왕위에 오르기 이전에 18세의 호방한 청년으로 가담한 전쟁이었을 것이다. 비문의 저자는 매우 문학적으로 뛰어난 사람이었다. 6년 기사를 정당화하기 위하여 그 사건의 그 맥락에 닿아있는 비하인드 스토리를 6년 기사 앞에 실었던 것이다. 그러니까 "신묘년" 운운하는 이야기는 독립된 기사가 아니고, 영락 6년에 있었던 백잔침공의 승리를 정당화하기 위하여 상기想起시킨 부속기사였던 것이다.

다시 말해서 독립된 신묘년기사는 존재하지 않는다. 신묘년에 있었던 사건이

(第三面)

赤□□□安羅人戍兵昔新羅安錦未有身來朝貢□□□□□□開土境好太王□□□□至□□□□□□潰
□□□□□朝貢十四年甲辰而倭不軌侵入帶方界□□□□□石城□連船□□□□□率□□□僕勾
□□□□□相遇王幢要截盪刻倭寇潰敗斬殺無數十七年丁未教遣步騎五萬□□□□□□□□□平穰
□□合戰斬殺蕩盡所穫鎧鉀一萬餘領軍資器械不可稱數還破沙溝城婁城還□□□□□□□□師
□城廿年庚戌東夫餘舊是鄒牟王屬民中叛不貢王躬率往討軍到餘城而餘舉國駢□□□□□□□□那
𠂤□王恩普處於是旋還又其慕化隨官來者味仇婁鴨盧卑斯麻鴨盧𡉚立婁鴨盧肅斯舍□□□□□
□盧凡所攻破城六十四村一千四百守墓人烟戶賣勾余民國烟二看烟三東海賈國烟三看烟五敦城
□四家盡爲看烟于城一家爲看烟碑利城二家爲國烟平穰城民國烟一看烟十此連二家爲看烟住婁
人國烟一看烟卅三梁谷二家爲看烟梁城二家爲看烟安失連廿二家爲看烟改谷三家爲看烟新城三
家爲看烟南蘇城一家爲國烟新來韓穢沙水城國烟一看烟一牟婁城二家爲看烟㔫比鴨本韓五家爲
看烟鏈牟客頭二家爲看烟永底韓一家爲看烟舍蔦城韓穢國烟三看烟廿一古□能羅城一家爲看烟
炅古城國烟一看烟三客賢韓一家爲看烟阿旦城雜珍城合十家爲看烟巴奴城韓九家爲看烟若摸盧
城四家爲看烟若摸盧城二家爲看烟牟水城三家爲看烟幹卷利城國烟二看烟厶尒卩城國烟七看烟

(第四面)

七□利城三家爲看烟豆奴城國烟一看城二奧利城國烟二看烟八須鄒城國烟二看烟五百殘南居韓
國烟一看烟五大山韓城六家爲看烟農賣城國烟一看烟一閏奴城國烟二都烟廿二古牟婁城國烟二
看烟八瑞城國烟一看烟八味城六家爲看城就咨城五家爲看烟彡穰城廿四家爲看烟散那城一家爲
國烟那旦城一家爲看烟勾牟城一家爲看烟於利城八家爲看烟比利城三家爲看烟細城三家爲看烟
國罡上廣開土境好太王存時教言祖王先王但教取遠近舊民守墓洒掃吾慮舊民轉當羸劣若吾萬年
之後安守墓者但取吾躬率所略來韓穢令備洒掃言教如此是以如教令取韓穢二百廿家慮其不知法
則復取舊民一百十家合新舊守墓戶國烟卅看烟三百都合三百卅家自上祖先王以來墓上不安石碑
致使守墓人烟戶差錯惟國罡上廣開土境好太王盡爲祖先王墓上立碑銘其烟戶不令差錯又制主墓
之人自今以後不得更相轉賣唯有富足之者亦不得擅買其有違令賣者刑之買人制令守墓　後

(第一面)

惟昔始祖鄒牟王之創基也出自北夫餘天帝之子母河伯女郎剖卵降出生子有聖犬□□□□命駕
巡車南下路由夫餘奄利大水王臨津言曰我是皇天之子母河伯女郎鄒牟王爲木連葭浮龜應声卽爲
連葭浮龜然後造渡於沸流谷忽本西城山上而建都焉永樂世位因遣黃龍來下迎王王於忽本東岡黃
龍頁昇天顧命世子儒留王以道興治大朱留王紹承基業罒至十七世孫國岡上廣開土境平安好太王
二九登祚号爲永樂太王恩澤ヨ亐皇天威武柳被四海掃除□□庶寧其業國富民殷五穀豐熟昊天不
吊卅有九宴駕棄國以甲寅年九月廿九日乙酉遷就山陵於是立碑銘記勳績以永後世焉其言曰□□
永樂五年歲在乙未王以碑麗不息□又躬率往討叵富山負碑至鹽水上破其丘部洛六七百當用馬兼
羊不可稱數於是旋駕因過駕平道東來卩城力城北豐五俻猎廷觀土境田獵而還百殘新羅舊是屬民
由來朝貢而倭以耒卯年來渡海破百殘□□斤羅以爲臣民以六年丙申王躬率水軍討利殘國軍□□
首攻取壹八城臼模盧城各模盧城幹卷利□□□城閣彌城牟盧□彌沙城□舍蔦城阿且城古利城□
利城雜彌城奧利城勾牟城古須能羅城頁□□□□城分而能羅□易城□□城□□□豆奴城沸八那

(第二面)

利城彌鄒城也利城大山韓城掃加城敦拔城□□□□婁賣城散□城□□城細城牟婁城亐婁城蘇灰
城燕婁城析支利城巖門至城林城□□□□□□□利城就鄒城□拔城古牟婁城閏奴城昌奴城彡穰
城□□□□□盧城仇天城□□□□□其國城賊不服氣敢出交戰王威赫奴渡阿被水遣刻迫城橫□
□□□便國城百殘王困逼獻□男女生口一千人細布千匹歸王自誓從今以後永爲奴客太王恩赦□
迷之徵錄其後順之誠於是□五十八城村七百將殘王弟幷大臣十人旋師還都八年戊戌教遣偏師觀
帛愼土谷因便抄得莫□羅城加太羅谷男女三百餘人自此以來朝貢論事九年己亥百殘違誓合倭和
通王巡下平穰而新羅遣使白王云倭人滿其國境潰破城池以奴客爲民歸王請命太王□後稱其忠□
寺違使還吉以□許十年庚子教遣步騎五萬往救新羅從男居城至新羅城倭滿其中官兵方至倭賊退
□□□□□□□□來背息追至任那加羅從拔城城卽歸服安羅人戎兵拔新羅城䀝城倭滿□□□□
□□□□□□□□□□□□□□□□□九盡臣有尖安羅人戎兵□□□□□□□□□×倭潰城大

광개토대왕비의 전모를 파악하는데 도움을 주는 석문釋文을 여기 싣는다. 이것은 요코이 타다나오橫井忠直의 석문으로서 최초로 사코오의 쌍구가묵본의 해석을 시도한 것이다. 이것은 1889년 『회여록會餘錄』 제5집에 실린 것이다. 일본군국주의의 방편으로 시도된 것으로 문제가 많기는 하지만, 최초의 석문이라는 의미에서 역사적 의미가 있다.

（第三面）

□□□□□□□□□□□□□□□□□□□□□□□□□□辭□□□□□□□□□□□□□潰
□以隨□安羅人戍兵昔新羅寐錦未有身來□□□□□□□開土境好太王□□□□寐錦□□僕勾
□□□□朝貢十四年甲辰而倭不軌侵入帶方界□□□□□石城□連船□□□□□率□□□平穰
□□□鋒相遇王幢要截盪刺倭寇潰敗斬殺無數十七年丁未教遣步騎五萬□□□□□□□□□師
□□合戰斬殺蕩盡所穫鎧鉀一萬餘領軍資器械不可稱數還破沙溝城婁城□□城□□□□□□那
□城廿年庚戌東夫餘舊是鄒牟王屬民中叛不貢王躬率往討軍到餘城而餘城國駭□□□□□□□
□□王恩普覆於是旋還又其慕化隨官来者味仇婁鴨盧卑斯麻鴨盧椯社婁鴨盧肅斯舍鴨盧□□□
鴨盧凡所攻破城六十四村一千四百守墓人烟戶賣句余民國烟二看烟三東海賈國烟三看烟五敦城
民四家盡爲看烟于城一家爲看烟碑利城二家爲國烟平穰城民國烟一看烟十訾連二家爲看烟□婁
人國烟一看烟卌三□谷二家爲看烟□城二家爲看烟安夫連廿二家爲看烟□谷三家爲看烟新城三
家爲看烟南蘇城一家爲國烟新来韓穢沙水城國烟一看烟一牟婁城二家爲看烟豆比鴨岑韓五家爲
看烟句牟客頭二家爲看烟求底韓一家爲看烟舍蔦城韓穢國烟三看烟廿一古□耶羅城一家爲看烟
炅古城國烟一看烟三客賢韓一家爲看烟阿旦城雜珍城合十家爲看烟巴奴城韓九家爲看烟臼模盧
城四家爲看烟各模盧城二家爲看烟牟水城三家爲看烟幹氐利城國烟一看烟三弥鄒城國烟一看烟

（第四面）

七也利城三家爲看烟豆奴城國烟一看烟二奧利城國烟二看烟八須鄒城國烟二看烟五百
殘南居韓國烟一看烟五大山韓城六家爲看烟農賣城國烟一看烟七閏奴城國烟二看烟廿二古牟婁
城國烟二看烟八瑑城國烟一看烟八味城六家爲看烟就咨城五家爲看烟彡穰城廿四家爲看烟散那
城一家爲國烟那旦城一家爲看烟句牟城一家爲看烟於利城八家爲看烟比利城三家爲看烟細城三
家爲看烟國岡上廣開土境好太王存時教言祖王先王但教取遠近舊民守墓洒掃吾慮舊民轉當羸劣
若吾萬年之後安守墓者但取吾躬巡所略来韓穢令備洒掃言教如此是以如教令取韓穢二百廿家慮
其不知法則復取舊民一百十家合新舊守墓戶國烟卅看烟三百都合三百卅家自上祖先王以来墓上
不安石碑致使守墓人烟戶差錯唯國岡上廣開土境好太王盡爲祖先王墓上立碑銘其烟戶不令差錯
又制守墓人自今以後不得更相轉賣雖有富足之者亦不得擅買其有違令賣者刑之買人制令守墓之

(第一面)

惟昔始祖鄒牟王之創基也出自北夫餘天帝之子母河伯女郎剖卵降世生而有聖□□□□□命駕
巡幸南下路由夫餘奄利大水王臨津言曰我是皇天之子母河伯女郎鄒牟王爲我連葭浮龜應聲即爲
連葭浮龜然後造渡於沸流谷忽本西城山上而建都焉不樂世位因遣黃龍來下迎王王於忽本東岡履
龍首昇天顧命世子儒留王以道興治大朱留王紹承基業□至十七世孫國岡上廣開土境平安好太王
二九登祚号爲永樂太王恩澤□于皇天威武振被四海掃除□□庶寧其業國富民殷五穀豊熟昊天不
弔卅有九宴駕棄國以甲寅年九月廿九日乙酉遷就山陵於是立碑銘記勳績以示後世焉其辭曰
永樂五年歲在乙未王以稗麗不□□□躬率往討過富山□□至鹽水上破其丘部洛六七百營牛馬羣
羊不可稱數於是旋駕因過□平道東來□城力城北豊五備海遊觀土境田獵而還百殘新羅舊是屬民
由來朝貢而倭以辛卯年来渡□破百殘□□新羅以爲臣民以六年丙申王躬率□軍討滅殘國軍□□
冝攻取壹八城臼模盧城各模盧城幹氐利□□城關弥城牟盧城弥沙城□舍蔦城阿旦城古利城□
利城雜珍城奧利城句牟城古須耶羅城莫□□□□城□而耶羅□瑑城□□城□□□豆奴城沸□□

(第二面)

利城弥鄒城也利城大山韓城掃加城敦□城□□□城婁賣城散那城那旦城細城牟婁城□婁城蘇灰
城燕婁城析支利城巖門□城林城□□□□□□□利城就鄒城□拔城古牟婁城閏奴城貫奴城彡穰
城□□城□□盧城仇天城□□□□□其國城殘不服義敢出□戰王威赫怒渡阿利水遣刺迫城橫□
□□便□城而殘主困逼獻□男女生口一千人細布千匹□王自誓從今以後永爲奴客太王恩赦先
迷之愆錄其後順之誠於是□五十八城村七百將殘主弟并大臣十人旋師還都八年戊戌教遣偏師觀
帛慎土谷因便抄得莫□羅城加太羅谷男女三百餘人自此以来朝貢□事九年己亥百殘違誓与倭和
通王巡下平穰而新羅遣使白王云倭人滿其國境潰破城池以奴客爲民歸王請命太王□恩矜其忠誠
□遣使還告以□□十年庚子教遣步騎五萬往救新羅從男居城至新羅城倭滿其中官軍方至倭賊退
□来背急追至任那加羅從拔城城即歸服安羅人戍兵□新羅城□城倭滿倭潰城□
□盡更□来安羅人戍兵滿□□□□其□□□□□□言

이 석문은 본서 24~25쪽에 있는 미즈타니 테이지로오水谷悌二郎탁본의 석문이며, 『서품書品』 제100호(1959년)에 실렸던 것이다. 미즈타니의 연구는 정밀한 측면이 있다.

(第三面)

□□潰
□□□□□羅人戍兵昔新羅□錦未有身來朝□□□□□□□土境好太□□□□□□□□□僕勾
□□□□□朝貢十四年甲辰而倭不軌侵入帶方界□□□□□石城□連船□□□□□□□□□平穰
□□□□相遇王幢要截盪刺倭寇潰敗斬煞無數十七年丁未教遣步騎五萬□□□□□□□□□師
□□合戰斬煞蘯盡所稚鎧鉀一萬餘領軍資器械不可稱數還破沙□城婁城□□□□□□□□□□
□城廿年庚戌東夫餘舊是鄒牟王屬民中叛不貢王躬率往討軍到餘城而餘城國駢□□□□□□□
□□王恩普處於是旋還又其慕化隨官來者味仇婁鴨盧卑斯麻鴨盧□立婁鴨盧肅斯舍□□□□□
□盧凡所攻破城六十四村一千四百守墓人烟戶賣勾余民國烟二看烟三東海賈國烟三看烟五敦城
□四家盡爲看烟于城一家爲看烟碑利城二家爲國烟平穰城民國烟一看烟十□連二家爲看烟住婁
人國烟一看烟卌二梁谷二家爲看烟梁城二家爲看烟安夫連廿二家爲看烟□谷三家爲看烟新城三
家爲看烟南蘇城一家爲國烟新來韓穢沙水城國烟一看烟一牟婁城二家爲看烟豆比鴨岑韓五家爲
看烟勾牟客頭二家爲看烟求底韓一家爲看烟舍蔦城韓穢國烟三看烟廿一古□耶羅城一家爲看烟
□古城國烟一看烟三客賢韓一家爲看烟阿旦城雜珍城合十家爲看烟巴奴城韓九家爲看烟□模盧
城四家爲看烟若模盧城二家爲看烟牟水城三家爲看烟幹弓利城國烟二看烟三彌□城國烟□看烟

(第四面)

□□□□□□□□三家爲看烟豆奴城國烟一看烟二奧利城國烟二看烟八須鄒城國烟二看烟五百
殘南居韓國烟一看烟五大山韓城六家爲看烟農賣城國烟一看烟一閏奴城國烟二看烟廿三古牟婁
城國烟二看烟八瑑城國烟一看烟八味城六家爲看烟就咨城五家爲看烟彡穰城廿四家爲看烟散那
城一家爲國烟那旦城一家爲看烟勾牟城一家爲看烟於利城八家爲看烟比利城三家爲看烟細城三
家爲看烟國崗上廣開土境好太王存時教言祖王先王但教取遠近舊民守墓洒掃吾慮舊民轉當羸劣
若吾萬年之後安守墓者但取吾躬率所略來韓穢令備洒掃言教如此是以如教令取韓穢二百廿家慮
其不知法則復取舊民一百十家合新舊守墓戶國烟卅看烟三百都合三百卅家自上祖先王以來墓上
不安石碑致使守墓人烟戶差錯惟國崗上廣開土境好太王盡爲祖先王墓上立碑銘其烟戶不令差錯
又制守墓人自今以後不得更相轉賣雖有富足之者亦不得擅買其有違令賣者刑之買人制令守墓之

(第一面)

惟昔始祖鄒牟王之創基也出自北夫餘天帝之子母河伯女郎剖卵降出生子有聖亻□□□□□命駕
巡車南下路由夫餘奄利大水王臨津言曰我是皇天之子母河伯女郎鄒牟王爲我連鼈浮龜應聲即爲
連鼈浮龜然後造渡於沸流谷忽本西城山上而建都焉不樂世位因遣黃龍來下迎王王於忽本東岡黃
龍負昇天顧命世子儒留王以道興治大朱留王紹承基業遝至十七世孫國岡上廣開土境平安好太王
二九登祚號爲永樂大王恩澤□于皇天威武橫被四海掃除□□庶寧其業國富民殷五穀豊熟昊天不
吊卅有九晏駕棄國以甲寅年九月廿九日乙酉遷就山陵於是立碑銘記勳績以示後世焉其詞曰
永樂五年歲在乙未王以碑麗不息□□躬率住討叵富山負山至鹽水上破其三部□六七百當牛馬羣
羊不可稱數於是旋駕因過㚘平道東來□城力城北豊五備猶遊觀土境田獵而還百殘新羅舊是屬民
由來朝貢而倭以辛卯年來渡海破百殘□□□羅以爲臣民以六年丙申王躬率水軍討利殘國軍□□
首攻取壹八城臼模盧城各模盧城幹弖利□□□城閣彌城牟盧城彌沙城□舍蔦城阿且城古利城□
利城雜彌城奧利城勾牟城古模耶羅城頁□□□□城□而耶羅□□城□□□□□□□奴城沸□□

(第二面)

利城彌鄒城也利城大山韓城掃加城敦拔□□□□□婁賣城散□城□婁城細城牟婁城于婁城蘇灰
城燕婁城析支利城巖門㞰城林城□□□□□□□□城就鄒城□拔城古牟婁城閏奴城貫奴城彡穰
城□□□□□羅城仇天城□□□□□其國城賊不服氣敢出百戰王威赫怒渡阿利水遣刺迫城橫□
□□□便國城百殘王困逼獻出男女生口一千人細布千匹歸王自誓從今以後永爲奴客太王恩赦□
迷之衙錄其後順之誠於是□五十八城村七百將殘王弟幷大臣十人旋師還都八年戊戌教遣偏師觀
息愼土谷因便抄得莫□羅城加太羅谷男女三百餘人自此以來朝貢論事九年己亥百殘違誓與倭和
通王巡下平穰而新羅遣使白王云倭人滿其國境潰破城池以奴客爲民歸王請命太王□後稱其忠□
□遣使還告以□□十年庚子教遣步騎五萬住救新羅從男居城至新羅城倭滿其中官兵方至倭賊退
□□□□□□□□來背急追至任那加羅從拔城城即歸服安羅人戍兵拔新羅城□城倭滿倭潰城□
□□□□□□□□□□□□□□□□□□□□□□安羅人戍兵□□□□□□□□□□□□□□

이것은 북한학자 박시형朴時亨, 1910~2001의 석문이다. 박시형은 비문을 주체적으로 정밀하게 연구했으며 가장 풍요로운 주석을 달았다. 이 석문은 그의 저서『광개토대왕릉비』(사회과학원출판사, 1966)에 있는 것이다. 이상의 세 석문은 이진희 지음『광개토왕릉비의 연구廣開土王陵碑の硏究』에 의거한 것이다.

영락 6년 병신년 기사의 부속기사로서 앞에 실려있는 것이다. 다시 말해서 신묘년 운운하는 내용은, 오로지 광개토대왕이 영락 6년에 수군을 거느리고 백제를 치기위해 출정하였다는 사건의 명분을 정당화시키는 맥락적 의미를 갖는 부속기사일 뿐인 것이다. 이러한 맥락적 의미contextual meaning를 떠나서 이것을 독자적 정치적 사건으로 해석하는데에 모든 오류가 내재하는 것이다. 그 전말은 다음과 같다.

百殘新羅，舊是屬民，由來朝貢。而倭以辛卯年來，渡海破。百殘□□新羅，以爲臣民。以六年丙申 .....

백잔과 신라는 예로부터 오랫동안 우리에게 속해있던 백성이었다. 그래서 계속해서 우리에게 조공하여 왔다. 그런데 왜가 신묘년에 우리를 침략하여 왔다. 이에 우리 대왕께서는 바다를 건너 왜군을 격파시켜 버렸다. 그러자 백제는 다시 왜와 연합하여 신라를 쳤고 신라를 신민으로 만들었다. 이에 대왕께서는 영락 6년 병신년에 몸소 수군을 거느리고 나아가 백잔국을 토벌하기에 이른 것이다 .....

나의 해석은 대체로 북한 학자 박시형朴時亨의 해석과 일치하지만, 내가 박시형의 해석에 의존한 것은 아니다. 나는 박시형의 일본어번역본, 『광개토왕릉비』(전호천全浩天 역, 東京: そしえて, 1985)를 뒤늦게 보았다. 박시형은 훌륭한 학자이다. 한국역사를 내재적 맥락에서 바르게 조망하는 풍요로운 시각을 가지고 있다. 누구든지 상식을 가진 사람이라면, 한학의 에이비씨를 안다면, 그리고 이 기사의 맥락적 함의를 바로 본다면, 박시형과 같은 결론에 도달하지 않을 수 없을 것이다. 이러한 해석의 최초의 사례는 정인보선생의 논문에서

발견된다. 이것은 어디까지나 호태왕의 치적을 찬양하는 비문이며, 호태왕은 항상 숨은 주어로 있을 수밖에 없다. 난데없이 왜가 주어가 되어 왜의 공적을 나타내는 행위가 기술될 리가 없다.

이 책의 원서는 북한 사회과학원출판사에서 나온 『광개토대왕릉비』(1966)이다. 이 책은 그 나름대로 한계는 있으나 광개토왕비의 전모를 우리에게 알려주는 소중한 저술이다. 원서가 우리나라에도 출판되어 널리 읽혔으면 한다. 북한의 훌륭한 학자들의 연구성과에 관해 우리는 열린 마음으로 수용할 필요가 있다. 북한의 역사학을 주도한 실력자 두 사람을 꼽으라면 박시형과 김석형金錫亨, 1915~1996을 들 수 있는데, 이 두 사람은 경성제국대학 법문학부 조선사학과를 같이 졸업한 동기생으로서 1946년 8월에 같이 월북하였다. 박시형은 경북 문경 사람이고, 김석형은 대구 사람으로 군정시대 경북도지사를 지낸 김의균의 아들이다. 이 두 사람은 북한에서 숙청되지 않고 행복한 연구생활을 했다. 식민지사관의 극복이라는 측면에서 크게 공헌하였으며 일본사학계에 엄청난 충격을 주었다. 그만큼 이들 스칼라십의 수준이 높았다고 말할 수 있다.

우선 "백잔신라百殘新羅, 구시속민舊是屬民, 유래조공由來朝貢"이라는 첫구절의 대전제에 관해서는 누구도 토를 달지 않는다. 문제가 되는 것은 다음 구절을 "**而倭以辛卯年來渡海破百殘, □□新羅, 以爲臣民。**"라는 식으로 구두점을 달리하는 것이다. 그렇다면 이렇게 해석될 것이다: "왜가 신묘년에 와서 바다를 건너 백잔을 파하고 또 신라까지 파해서 양국을 모두 신민으로 삼았다." 이것이 소위 고대일본이 한반도를 지배했다는 설의 원형이 된다는 것이다. 그렇다면 본래 소기하는 바 6년 기사는 논리적으로 왜倭를 쳐야지, 어찌하여 백제를 치는가? 우선 "래來"와 "도渡," 두개의 동사가 중첩되는 것은 도무지 이상한 일이다. "래來"는 "래침來侵"의 의미를 갖는 중후한 본동사이지 허사일 수가 없다. "도해파渡海破"의 주어가 호태왕이라는 것은 말할 필요도 없고 (비문원석에서 "해海"는 물리적으로 판독불능이다), "파破"라는 타동사의 목적이 "왜倭"라는 것은 새삼 부언할 필요가 없다. 문장 중간에 왜 갑자기 주어가 바뀌냐고 반문하겠지만, 이토록 압축된 비문의 문장내에서는 그것은 상식에 속하는 것이다. 본 비문내에서도 그러한 사례는 얼마든지 발견된다.

"不樂世位, 因遣黃龍來下迎王。"

앞의 문장의 주어는 추모왕이다. 추모왕이 세위世位를 즐겨하지 않은 것이다. 그런데 연접되는 "견遣"의 주어는 천제天帝이다. 황룡을 보낸 것은 천제이지, 주몽이 아니다. 그 다음 문장에 보면 주어가 맥락에 따라 바뀌는 습관은 이 문장을 쓴 사람의 특성이다.

"王於忽本東岡, 黃龍負昇天。"

많은 사람이 이 문장을 왕을 주어로 하여 연속되는 것처럼 해석한다: "왕께서 홀본동강에서 황룡을 업고 하늘에 오르시었다." 그러나 한문에서 "부負"라는 동사의 목적이 앞으로 오는 것이 극히 부자연스럽다. 황룡 이하의 문장은 황룡이 주어가 되어야 한다. 다시 말해서 앞 문장의 주어가 뒷 문장으로 연속되지 않고 뒷 문장의 주어는 황룡으로 바뀐 것이다: "왕께서는 홀본동강에 계시었다. 그때 황룡이 그를 업고 하늘에 올랐다." 승천의 주어도 황룡인 것이다. 이와 같이 주어가 바뀌는 것은 이 비문의 특성이다.

또 "래도來渡"의 의미를 박약하게 하기 위하여 "래來"를 앞으로 붙여 읽는 기묘한 수법을 왕 지엔췬王健群은 고안한다. 왜를 주어로 하고 "이신묘년래以辛卯年來"는 "신묘년이래辛卯年以來"라는 것이다. "신묘년 이래로 줄곧"의 의미라는 것이다. 말이 되지 않는다. 같은 비문내에서 그 해에 일어난 사건을 쓸 때 "이갑인년구월以甲寅年九月"이라하여 "이以"라는 전치사(=개사介辭)가 독자적으로 쓰였다. "In that year …"와 같은 식으로. 그러면 "래來"는 "래침하였다"라는 동사가 될 수밖에 없다. 왕 지엔췬은 일본학자들의 독법이 가장 자연스러운 것이라 말하면서, "이위신민以爲臣民"은 잠깐 점령했다는 뜻이지 임나부의 근거는 될 수 없다고 아주 크게 선심을 쓰는 듯이 이야기 한다.

지금 탁본에 관한 모든 논의의 핵심은 1900년경 "석회도말작전" 이전의 진실한 원석탁본이 과연 존재하는가에 관한 문제이다. 이러한 원석탁본이 존재한다면 이진희의 논의를 뛰어넘는 어떤 새로운 차원의 판본학이 가능해지기 때문이다. 이진희의 연구는 중국학자들에게도 상당한 충격을 주었다. 그래서 그들도 "회후본灰後本"에 대하여 "회전본灰前本"을 찾는 작업을 정력적으로 하게 되었다. 과연 회전본이 있는가? 중국학자 방기동方起東은 회전본이 있다고 말한다. 북경대학도서관에 호태왕비탁본이 8종이 있는데 그 중 5종이 회전본이고 2종만 회후본이라는 것이다(나머지 한 종은 모각본摹刻本). 경천동지할 만한 언급이다! 사실 사코오의 쌍구가묵본이 1884년 것이고 회칠이 1900년이라면 그 사이에 16년의 세월이 있다. 이 사이에 제대로 된 탁본을 떴다면 우리가 원하는 "진본珍本"을 얻게 되는 것이다. 역사적으로 반조음潘祖蔭, 1830~1890(강소 오현吳縣 사람. 자 백인伯寅. 함풍 진사, 한림원 편수編修)이 북경의 이대룡李大龍(=이운종李雲從)을 시켜서 50본本을 탁본하게 했다고 했는데 그것은 모두 쌍구가묵본이었다. 반조음은 가묵본에 만족치 못하고 이운종으로 하여금 다시 가서 "정탁본精拓本"을 만들어 오게 했다는 기록이 있다. 그것은 기유 1889년의 사건이었다. 역사적으로 기유년에 만들어진 이운종의 정탁본이 있다는 것은 여러 측면에서 확인될 수 있는 사실이다. 이진희는 이 탁본은 현존하지 않는다고 보았는데, 이기동은 북경대학 회전본 5종 중 "관장C본館藏C本"이 바로 이운종탁본이라고 주장한다(탁본의 배면에 "이용정탁李龍精拓"이라고 쓰여져 있는데 이용은 이운종이다). 이 정탁본은 1999년에 길림문사출판사에 의하여 간행되었다. 지금 이 사진은 이운종탁본의 신묘辛卯 운운 부분을 보여주고 있다. 과연 이 탁본이 이운종원석탁본인가? 나는 확정지을 길이 없다. 그러나 탁본을 상세히 검토한 후 내가 내린 결론은 우리가 참고해야만 할 가장 믿을 만한 고판본임에 틀림없다는 것이다. 연구자들은 반드시 길림문사출판사의 『호태왕비好太王碑』를 참고해야 할 것이다.

"동북공정"은 이러한 방식으로 중국학자들의 의식 속에서 자연스럽게 진행되고 있는 것이다. 그러나 한번 평심하게 생각해보라! 과연 무엇이 자연스러운 해석인가? 왕 지엔췬은 고어법의 기본에 충실해야 할 것이다. 일본학자들이 심중에 품고있는 연역적 전제, 그것으로 인해 파생된 1세기 동안의 무의식적

세뇌의 담론을 우선 간파해야 한다. 일본군국주의가 만들어 놓은 동아시아 디스꾸르의 실상을 통찰해야만 하는 것이다.

이 비문은 대체적으로 백제와 왜의 세력이 연합하여 신라를 괴롭힌다는 것을 말하고 있다. 호태왕이 백제와 왜의 연합세력을 계속 괴멸시킴으로써 신라라는 남南의 거점을 확보하는 업적을 남겼다는 것을 말하고 있는 것이다. 따라서 박시형이나 나의 해석은 이 비문 전체의 흐름에 따른 가장 자연스러운 맥락적 해석contextual interpretation인 것이다.

더 이상 나는 구차스러운 언사를 낭비하고 싶지 않다. 일본인이 주장하는 바 가장 신뢰가능한 모든 탁본의 성과를 종합하여도 일본학자들의 주장은 성립하지 않는다. 명백한 전체 맥락의 사실을 자연스럽게 해석하는 것이 정도正道일 뿐이다. "석회도말작전"은 불행한 사실이나 그 사태를 빙자하여 몇 글자를 바꾸어 어색하게 해석한다고 해서 호태왕 시대의 역사가 일본군국주의자들의 구미에 맞게 드러나는 것은 아니다. 항상 전체를 볼 줄 알게 되면 부분의 악惡은 사라진다. 부분만 고집하는 것이 인간의 무명無明이다.

이러한 과제상황을 다루는 자들의 가장 큰 문제는 그들의 기초적인 스칼라십이 대체로 열악하다는 것이다. 한국의 젊은이들이여 공부를 깊게, 넓게 할지어다! 그리고 이런 문제는 중국학자나 일본학자의 인준을 받아야 할 문제가 아니다. 우리의 주체적 이해방식을 우리의 보편적 사유 속에 융해시켜 우리 스스로의 역사를 건설해야 하는 과제가 남아있을 뿐이다. 중국역사도 우리역사의 부분으로서 자유롭게 관망할 줄 알아야 하고, 일본역사도 우리 입장에서 우리역사의 일부로서 편입시켜야 한다. 저열한 스칼라십에 기만당하지 말자! 우리 모두 사랑하는 김광석군의 노래 가사를 다시 한번 가슴에 되새겨 보자!(문대현 작사/작곡).

찢기는 가슴 안고 사라졌던
이땅의 피울음 있다
부둥킨 두팔에 솟아나는
하얀 옷의 핏줄기 있다

해뜨는 동해에서
해지는 서해까지
뜨거운 남도에서
광활한 만주벌판

우리 어찌 가난하리오
우리 어찌 주저하리오
다시 서는 저 들판에서
움켜쥔 뜨거운 흙이여!

광개토대왕비는 1600년전 세워진 그 자리에 그대로 있다. 워낙 그 기반공사를 잘 했기 때문에 이 거석이 무너지지 않은 것이다. 비의 무게는 약 37톤 정도 되는데 그 밑의 기층석이 쌍층구조의 결구(상층기석은 두께 63cm 정도. 그 아래 13cm 정도의 황토사석층黃土砂石層이 있다. 그 아래 두께 50cm 정도의 화강암으로 된 하층기석이 있다. 또 그 아래 30cm 정도의 황토사석층이 있다. 지진이나 충격을 견딜 수 있도록 정교하게 설계되어 있다)를 이루고 있어 그 무게를 견디어낸 것이다.

내가 광개토대왕릉의 북파北坡를 걸어 올라가고 있다. 이 완만한 능선 꼭대기 부분에 광개토대왕의 현실이 있다. 무덤은 현재 북변 68m, 남변 63m, 동변 62.5m, 서변 66m인데 일그러진 모습이고 원래는 63m의 방형方形이었을 것이다.

광개토대왕릉 북파에서 동쪽을 바라보고 찍은 사진. 사람 있는 뒤쪽으로 보이는 빠알간 정자 기와지붕이 광개토대왕비각이다.

남쪽의 웅장한 호분석. 남쪽으로 분묘의 무게가 쏠린다고 생각했기 때문에 남쪽에 더 큰 바윗덩어리를 배치했다. 돌 하나에 60톤 정도 되는 것이 각 변에 5개 있었는데 남변에만 현재 5개가 다 남아있다. 30° 정도의 경사.

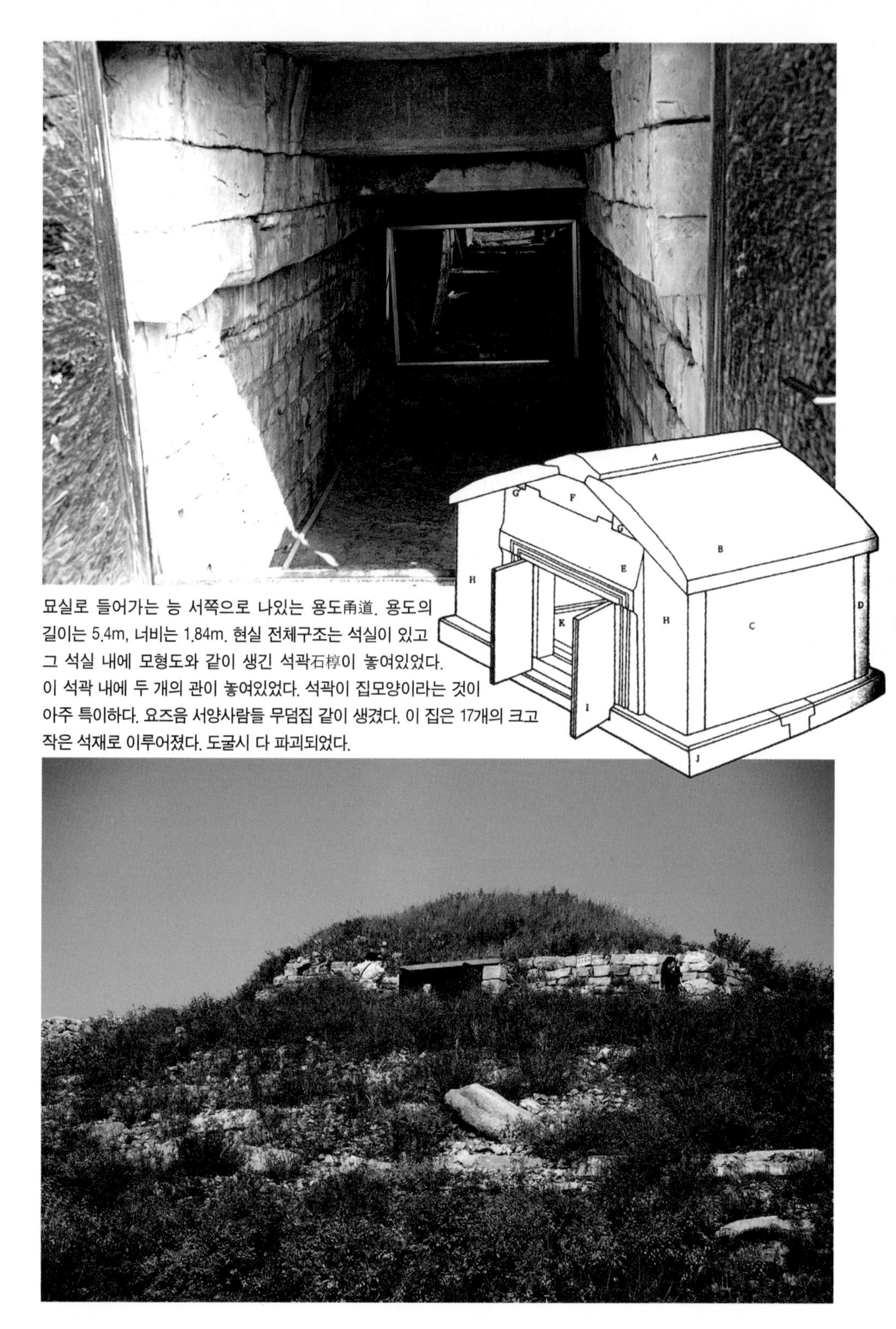

묘실로 들어가는 능 서쪽으로 나있는 용도甬道. 용도의 길이는 5.4m, 너비는 1.84m. 현실 전체구조는 석실이 있고 그 석실 내에 모형도와 같이 생긴 석곽石椁이 놓여있었다. 이 석곽 내에 두 개의 관이 놓여있었다. 석곽이 집모양이라는 것이 아주 특이하다. 요즈음 서양사람들 무덤집 같이 생겼다. 이 집은 17개의 크고 작은 석재로 이루어졌다. 도굴시 다 파괴되었다.

석양에 서변에서 대왕릉 상부를 찍은 것이다. 꼭대기에 서쪽으로 현실의 입구가 보인다.

이 비석은 이끼와 덩굴로 덮혀 있어 그 형체를 잘 알아볼 수 없을 정도였다.

최초의 발견자, 혹은 탁본자는 이 이끼를 걷어내기 위해 그 위에 소똥을 발라 마르게 한 후 불을 질렀다. 이것은 매우 우매한 방법이다. 간단한 방법이긴 하나 소똥은 열이 강해 오래 묵은 비면을 소똥과 함께 같이 분쇄시킨다. 그때(아마도 광서光緖 초년시기, 1870년대 후반. 이진희는 비를 발견한 것이 1880년이고 소고燒烤한 것은 1882년 가을이었다고 주장한다. 중국학자 방기동方起東은 1878~9년 사이에 소고되었다고 말한다), 이미 비문의 상당한 부분이 훼손되었다. 그때까지만 해도 이 비가 온전하게 남아있었다는 사실을 생각하면 호태왕비의 운명은 매우 모진 것이다.

그 뒤 이 비석의 탁본이 계속 호사가들의 구입대상이 되면서 이 비를 탁본해서 먹고 사는 사람들이 생겨났고 그러면서 이 비는 계속 파손되는 운명을 겪었다. 누구도 전문가적인 애호 마인드의 탁본전문가가 없었기 때문이다. 그리고 전주한지와 같은 고품질의 고려지高麗紙가 제공될 수가 없었기 때문에 비면이 불규칙한 천연의 각력응회암에 두드리는 방식의 추탁捶拓을 하면 종이가 찢겨나갔다. 그래서 온갖 비법이 개발된 것이다. 이러한 문제는 구질구질한 얘기이기 때문에 생략하기로 하자! 여기에 대한 왕 지엔췬의 주장도 결국 다 추론일 뿐이다. 하여튼 이 동네사람들이 이 비의 가치를 인정하여 1928년에 이층 누각을 준공하였다. 물론 그때만해도 누구든지 올라가 만져 볼 수 있었다. 1976년 이 비각은 썩어 철거되었고, 1982년에 새로운 누각이 지어졌다.

그리고 2003년 풍우침식을 막기위해 유리장벽이 있는 새로운 누각이 만들어졌다. 아마도 도굴사건 이후의 충격때문이었을 것이다. 그나마 문화혁명 시기

여기 보이는 유리누각 내의 호태왕비는 서쪽 측면이며 제2면에 해당된다. 내가 읽고 있는 면이 남쪽 제1면이다. 글씨가 잘 보인다.

홍위병의 손이 닿지 않은 것만으로도 우리는 하느님께 감사해야 할 것이다. 그러니까 2003년 이전까지만 해도 이 비는 마음대로 사진을 찍을 수 있었다. 그러나 지금은 유리창 밖에서만 찍을 수 있다. 미치광이들이 탄소측정을 한답시고 시석의 일부를 떼어가고 하는 몰상식한 짓들을 한 모양이다. 이 짓을 한 사람들이 대부분 한국사람이다. 반성해야 한다!

나는 떠나기 전에 어느 교수에게 몰래 사진 한두 장 찍어도 되냐고 물었다.

2003년 호태왕릉을 청리淸理하는 과정에서 명문동령銘文銅鈴이 하나 나왔다. "造" 자 위의 글씨가 판독이 어려웠는데 특수기구를 사용하여 그것이 "峻" 자임이 밝혀졌다. "峻"은 "陵"과 통한다. 1행에 3자씩 4행이 있는데 전문은 "辛卯年好太王峻造鈴九十六"(신묘년에 호태왕릉을 위하여 이 방울을 만들었다)이다. 마지막 "96"은 동령을 96개 만든 것인지, 만든 것 중 96번째의 것인지는 잘 모른다. 이 숫자는 다음 페이지의 호우명문과 동일한 문장양식이다. 이것과 같은 것이 두개 더 발견되었는데 거기에는 명문이 없었다. 그러니까 방울마다 다 글자를 새긴 것은 아니다.

"유리창 밖에서는 자유롭게 찍을 수 있거든요. 그렇다면 사실 누각 내에서 플래쉬만 안 쓰면, 찍어도 유물에는 아무런 손상이 없거든요. 그렇게 까다롭게 놀 일도 없는데. 하여튼 까다롭게 통제할 겁니다. 그러나 해설자가 비석을 돌아갈 때 살짝 한두 장 정도야 …."

사실 나는 이 소리를 안들었어야 했다. 비각안에는 젊은 공안이 두 눈을 부라리고 있었는데 나는 첫 장 한 셔터 누르는데 성공했다. 두번째 셔터 소리가 들린 모양이다. 공안이 나에게 달려와서 카메라를 깨버릴듯한 기세로 덤볐다. 나는 두 커트를 윈도우로 보여주면서 다 지웠다. 몇 커트 더 지우라고 해서 다 지웠다.

그리고 나는 연변대학교 석좌교수이며 중국고전의 전문가로서 … 운운 구구한 설명을 했다. 통할리 없다. 일단 규정을 내가 지키지 않은 것은 사실이고, 공안은 규정대로만 집행할 뿐이다. 비각을 나왔는데도 계속 따라붙었다. 호태왕릉은 공개된 공간이래서 누구든지 다 볼 수 있는데 못보고 못찍게 했다. 나는 그곳을 떠나야 했다. 설명을 하면 할수록 나는 더 의심을 받았다. 사방에서 공안이 몰려들고, 내 호텔까지 수색당할 수 있다고 한다. 슬펐으나 미리 관계자의 허락을 받지 못한 것이 한스러울 뿐이었다. 연줄도 없고 시간도 없었다. 지금도 그 공안의 얼굴이 떠오른다. 왠지 딱한 얼굴이다. 나는 그를 미워하기보다 연민의 정으로 바라봤다.

최근(2015년 9월 3일) 광개토대왕명銘 호우壺杅가 국가지정문화재 보물 제1878호로 지정되었다. 이 호우의 중요성을 생각하면 보물지정이 너무 늦은 셈이다. 호우총은 경주 노서동 213번지에 있는 140호 고분인데 아주 가라앉은 분묘였다. 1945년 12월 3일, 우리나라는 조선총독부박물관을 접수하여 국립박물관을 정식 개관한다. 초대박물관장 김재원金載元, 1909~1990은 다음해 1946년 열악한 상황에서 발굴작업을 강행하였는데 총독부박물관 책임자 아리미쯔有光敎一와 미군정청 장교 크네츠비치Eugene Knezevich의 도움을 얻었다. 이것은 해방 후 첫 국제발굴이다. 이 발굴에서 호우가 나왔고, 그래서 그 분묘의 이름이 호우총이 된 것이다. 호우총도 분명 신라의 왕묘였을 것이다. 이 호우는 높이 19.4cm, 배 부분은 지름 24cm인데, 그 밑바닥에 4글자씩 4행, 총 16자가 새겨져 있다. "乙卯年國岡上廣開土地好太王壺杅十"이라는 글자가 양각으로 새겨져 있다. 을묘년은 415년이며 장수왕 3년이다. "국강상광개토지호태왕"은 국가의 위세를 크게 떨친 아버지 대왕을 부르는 존호이며, 동시에 그 정복된 토지에 들어있는 나라들에게 이것을 배분한다는 뜻도 암시되어 있다. 마지막 "十"은 이 호우가 10개 만들어져서 10군데 배포되었다는 뜻으로 볼 수 있다. 장수왕이 광개토대왕의 권위를 확보하기 위하여 주변국에 만들어 보낸 것이다. 광개토대왕의 호우가 경주분묘에서 나온다는 이 엄연한 사실은 고구려와 신라가 당시 얼마나 밀착된 관계였나를 실증해주는 것이다. 역사는 이러한 명백한 유물의 사실을 통하여 구성되어야 한다. 즉 이것을 기준으로 우리는 많은 확실한 이야기를 할 수 있는 것이다. 호우란 뚜껑있는 사발을 일컫는 말이다.

고구려 투구. 오회분의 회盔는 투구를 가리킨다. 무덤이 투구를 놓은 것 같다고 해서 회분이라는 명칭이 생겼다. 이 투구는 무순시박물관 소장품인데 고이산성高爾山城에서 출토되었다. 고이산성은 『삼국사기』에 나오는 "신성新城"이다. 신성의 고구려병사들은 용감했고 당군唐軍을 물리쳤다.

오회분, 국내성, 압록강

오회분五盔墳 5호묘를 가봤다. "오회분"이라는 이름은 서에서 동으로 일직선에 나란히 사발(盔) 혹은 투구를 엎어놓은 듯한 무덤이 5개 있기 때문에 붙은 이름이다. 이중에 4호묘의 벽화가 가장 걸작인데 공개되지 않는다. 지금은 5호묘 하나만 유일하게 그 내부가 공개되고 있다.

벽화묘는 대부분 4세기~7세기 사이에 건조되었다. 적석묘도 있으나 대부분이 봉토묘이다. 이 시기는 중원이 어지러웠던 시기였기 때문에(동진+남북조) 중원에 남아있는 회화실물자료가 거의 없다. 그러기 때문에 고구려의 벽화묘는 세계미술사에서 유례를 보기 힘들 정도로 진귀할 뿐 아니라, 그 예술성의 향기 또한 드높다 할 것이다. 우리가 고구려를 사랑하는 이유는 스파르타와 같은 강인한 무사의 기질을 가지고 있으면서도 또한 아테네인들과도 같은 섬세한 예술적 감각을 소유하고 있기 때문이다. 고구려문화는 스스로 우주의 중심이라고 자부할 만큼, 실제로 그 문화수준이 높았던 것이다. 아폴로적인 우아함과

현지답사한 집안 고구려고분 분포도
G303
통화시通化市
통구하
G303
환문총
염모총(모두루총)
하해방촌
압록강대교
집안-만포철로교
용산
배총
동명왕릉(장군총)
무용총
각저총
天帝之子
광개토대왕비
우산992
임강묘
호태왕릉
사신총
우산
G303
통구하
환도산성
왕궁터
산성하
고분군
점장대
연화지
남옹문
우산2112
오회분 5호묘
우산2110
오회분 4호묘
오회분 3호묘
사회분
1~4호묘
오회분 2호묘
오회분 1호묘
만보정고분군
집안박물관
집안시集安市
칠성산
국내성
칠성산871
(태조대왕릉)
서대하
압록강
자강도慈江道
만포시滿浦市
마선하
벌등도
통구고묘군
(마선묘구)
칠성산211
(서천왕릉)
마선2100(소수림왕릉)
눌묘
방묘
미천왕릉
(서대묘)
천추묘
(고국양왕릉)

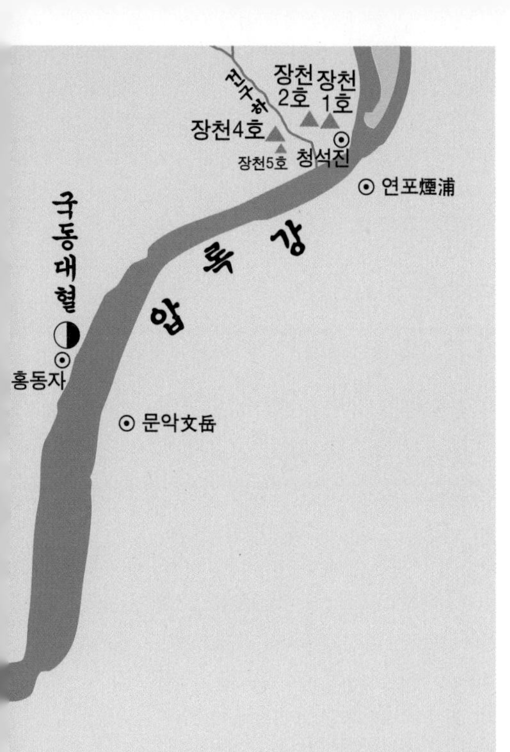

디오니소스적 힘의 의지가 그토록 격조높게 결합된 문명도 세계사적으로 보기드문 현상이다. 우리 조선민족이 바로 이러한 전승을 이은 사람이라는데 우리는 한 없는 프라이드를 느낄 수밖에 없다.

현재 발견된 고구려 벽화묘는 108좌座인데 중국경내에 37좌가 있고, 북한경내에 71좌가 있다. 물론 이 숫자는 유동적이다. 중국경내의 37좌 중 2좌가 환인에 있고 35좌가 집안시集安市 경내境內에 있다. 벽화는 대개 5세기를 분계선으로 하여 전기·후기로 나눌 수 있다. 전기 고구려벽화묘는 묘실이 단실單室, 쌍실雙室, 삼실三室의 구분이 있으며 이실耳室(현실 옆으로 나있는 방)이라는 측실이 있다. 묘실을 쌓아올린 석재가 비교적 작으며 석벽표면이 불평정不平整하여 한층 백회를 도말하고 평평한 바탕을 형성시킨 후에 그 위에 광물안료로 그림을 그렸다.

그런데 후기 고구려벽화묘는 묘실이 대체로 단실이며 이실耳室이 거의 없다. 그리고 수축한 석재도 비교적 대형 싸이즈이며, 석벽을 매끄럼하게 다듬어 석벽위에 직접 그렸다(당연히 돌위에 직접 그린 그림이 더 오래간다).

그런데 고구려인들은 왜 무덤에 그림을 그렸을까? 그들은 하늘의 자손이라 생각했고, 자기 조상 주몽처럼 사후에는 승천하여 현세와 똑같은 삶을 산다고 믿었다. 그래서 무덤을 단순히 시신을 안치하는 곳으로 생각하지 않고 현세의 삶이 사후세계로 연속되는 특별한 소우주라고 생각했다. 무덤의 주인이 사후세계에서도 잘 지내기를 바라는 산 자들의 염원이 담겨져 있는 것이다.

그래서 초기벽화는 무덤 주인의 초상이나 연회, 수렵, 유희, 가무, 각저, 전투, 생산, 제사와 같은 현실생활의 장경場景을 주로 그렸다. 그래서 이 초기벽화

평양에서 대동강 따라 하구지역으로 내려오면 남포 맞은편 황해남도에, 안악安岳이라는 곳이 있다. 이 안악의 오국리에 "안악3호분"이라는 봉토석실무덤이 있다. 재령강載寧江 평야를 내다볼 수 있는 언덕에 자리잡고 있는데, 고구려벽화무덤 중 그 규모나 구조, 그 벽화의 내용에 있어서 가장 거대하고 화려한 것이다. 진시황릉의 규모는 거대한 것으로 말하자면 이루 말할 수 없이 거대한 것이지만, 아기자기한 구조나 벽화의 짜임새로 말하자면 안악3호분의 느낌은 페르시아제국의 다리우스대제 궁전의 회랑을 걷고있는 듯한 심오한 감성을 자극한다. 그런데 이 무덤의 주인공이 누군가에 관해, 무덤 안에 쓰여져 있는 묘지墓誌로 보아 『자치통감』에서 언급하고 있는 동수佟壽(AD 357년 사망)라는 설, 미천왕설, 고국원왕설 등등의 제설이 다 그럴듯한 명분을 얻고 있다. 그만큼 이 무덤은 복잡한 사연이 얽혀있다. 그러나 가장 확실한 사실은 이 무덤이 4세기의 작품으로 확증된다는 것이다. 4세기 고구려문화의 스케일감과 섬세함의 심미적 질감은 이루 형언키 어렵다. 더욱이 놀라운 것은 이 무덤의 위치가 황해남도라는 사실, 그러니까 4세기 중엽에 이미 요동영역과 조선반도가 하나의 고도의 문명체로서 교류되고 있었다는 사실, 아니 요동영역을 뛰어넘는 오리지날한 문화가 조선영역에 엄존하고 있었다는 사실을 입증하고 있기 때문이다. 나는 이 무덤을 왕묘로 간주할 수밖에 없다고 확신한다. 만약 고국원왕이라면 "고국원故國原"(고국의 들)이 황해도의 너른 들인가? 도무지 해결될 수 없는 문제가 너무도 많다.

주인공의 앉아있는 초상화가 전실 서쪽 측실의 서벽에 그려져있고 그 남벽에 부인의 모습이 그려져 있는데(전실 서측실은 혼전魂殿에 해당됨) 그 사실성은 진실로 경탄스럽기 그지없다. 중국양식의 몰개성적 풍만한 표현이니 하는 따위의 어리석은 평가를 내리는 전문가도 있으나 내가 보기에 그 표현양식이 매우 독창적이며 그 선율의 표현이 사실적 대상을 리얼하게 그려내고 있다. 수염의 표현은 윤두서 자화상의 선구적 화풍이며 그 얼굴의 기의 발출은 모딜리아니의 채색·선율 수법이 우리에게 던지는 어떠한 강렬한 느낌과 유사한 측면이 있다. 하여튼 안악3호분의 위대함은 왕의 500명에 달하는 시종관들의 행렬로부터(그 반만 그렸다) 아주 일상적 서민의 삶의 모습에 이르기까지, 하나의 생생한 "코스모스"를 무덤속에 회랑까지 만들어 옮겨놓았다는 ↗

↙ 사실에 있다. 형식의 예술Art of Form이 아닌 삶의 느낌의 예술Art of Life Feeling이라는 것이다. 고구려문명의 깊이는 이미 4세기경에는 모든 양식적 가능성이 혼융되어 있었다는 엄연한 사실로부터 실타래를 풀듯 풀어나가야 할 것이다. 나는 말한다: 고구려는 재즈다! ***Goguryeo is Jazz!***

들이 매우 중요한 것이다(각저총, 무용총, 장천1호분 등). 고구려사람들의 삶의 리얼리티를 전해주고 있기 때문이다. 이 그림들은 발랄한 "현세의 삶의 모습"이 내세에도 그대로 이어지기를 소망하는 뜻을 담고 있는 것이다.

중기에 들어서면 이런 생활풍경의 벽화가 사라지고 종교적으로 신령화된 어떤 사물이나 양식화된 문양이 주종을 이룬다. 다시 말해서 고구려문명이 점점 이념화되어 갔다는 것을 의미하는 것이다. 특히 중기에는 불교적 영향이 강해 비천, 연꽃, 화염문 그리고 불교제례적인 주제가 나타난다. 그런데 후기에 가면 생활풍속이나 불교적인 그림은 거의 사라지고 도교의 유행에 따라 사신四神(현무, 주작, 청룡, 백호)과 일월성신, 황룡 등의 양식화가 주종을 이룬다. 고구려문명은 발랄한 생활문명에서 종교적 불교문명으로 그리고 양식적 도교문명으로 진화되면서 쇠망의 길을 걸은 것으로 우리는 유추해볼 수 있다. 그러나 이러한 논의는 학계의 진부한 일반적 통념을 반영할 뿐이다.

어떠한 유물을 바라볼 때 기존의 도식화된 관념에 의한 꿰맞추기식의 연대측정이나 성격규정은 그 유물의 존재론적 양식을 왜곡할 수가 있다. 일례를 들면 "연꽃무늬"가 반드시 불교의 전유물일 수는 없다. 그것은 인간이 고안해내는 보편적 도안양식의 한 패턴일 수도 있으며 시대가 특정 크로놀로지에 국한된다고 말할 수 없다. 그러한 문양의 보편성은 실체론적 이동루트를 거부할 수도 있다. 자생적 양태로서 충분히 설명이 가능하다. 일례를 들면 불교의 영향이라 해도 모두 소수림왕 이후에만 국한될 수는 없다. 우리는 실제로 불교가 언제 어떤 루트를 통하여 어떻게 들어왔는지, 또 고구려인에게 불교가 무엇을 의미하는지에 관해 기존의 고정양식적 이해의 기준을 따를 필요가 없다. 나는 유물의 현존재가 문헌기록이나 우리의 관념을 뛰어넘는다고 생각한다. 고구려는 고구려일 뿐이다. 그들의 토속적 삶의 가치를 결코 외래종교가

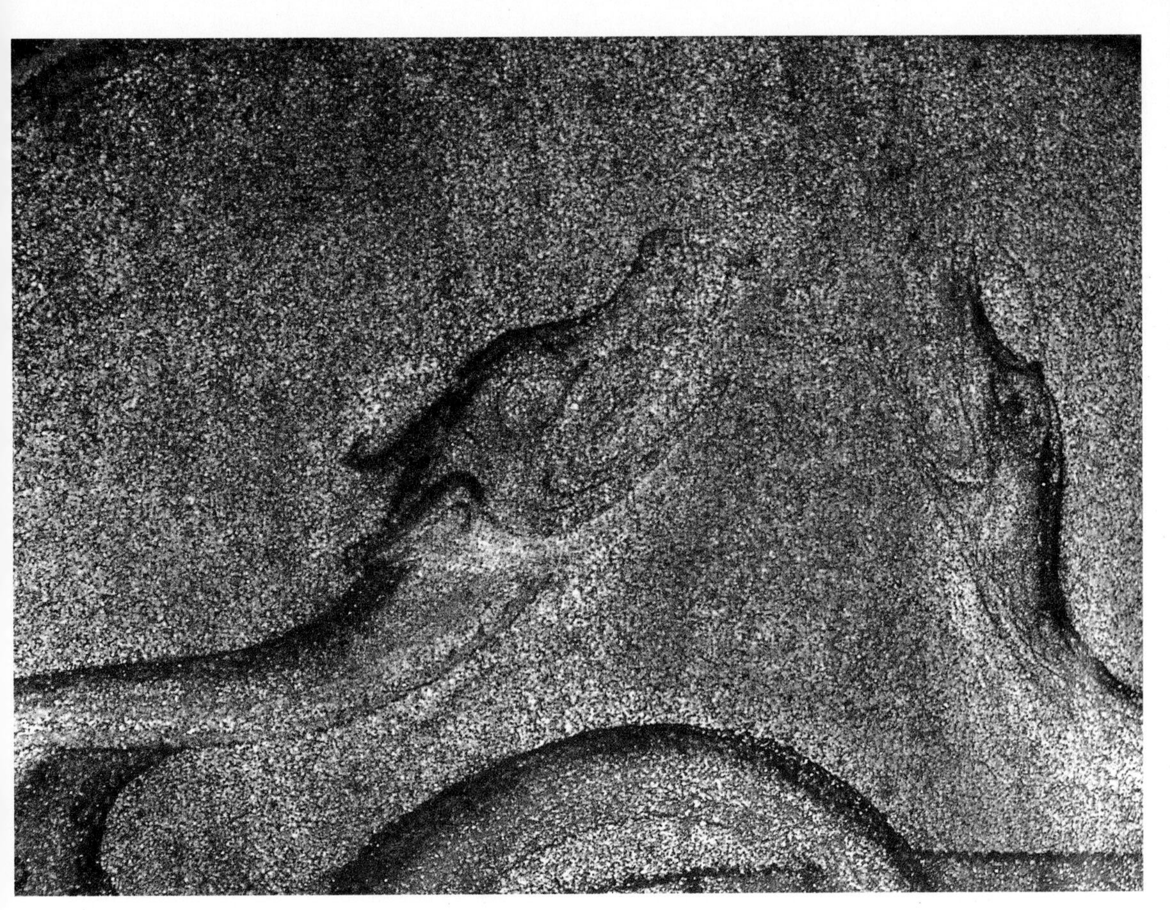

강서대묘라는 것은 남포시 강서구역 삼묘리에 있는데 역시 대동강 강변에 있다. 평양으로부터 대동강 하류에 이르는 구역에 엄청난 고분군이 밀집해있는데, 이 사실 하나로도 대동강유역은 평양천도 이전부터 매우 중요한 고구려의 센터였고, 고조선의 핵심영역이었다는 사실을 입증할 수 있다. 강서대묘는 광활한 평야의 중앙에 있으며 오석산烏石山을 우로 하고, 무학산舞鶴山을 좌로, 인덕산印德山을 북으로 하고 있다. 소묘(동북 85m)와 중묘(서북 95m)를 역삼각형의 지점에 동·서로 포진시키고 있다. 현실과 연도羨道가 있는 단실무덤인데, 현실의 크기가 생각만큼 크지는 않다(길이 3.17m, 폭 3.12m, 벽높이 2.17m, 천정높이 3.51m). 4벽에는 현무, 주작, 청룡, 백호의 정갈한 그림 이외로 다른 그림은 없다(물론 천정에는 소용돌이 치는 황룡이 그려져 있다).

이 무덤은 1912년 동경제대 조교수 세키노 타다시關野貞에 의해 처음 발굴되었는데, 고구려의 벽화를 상징하는 대표작으로서, 특히 이 현무도는 비상한 관심을 모았다. 내가 초등학교를 다닐 때만 해도 이 그림은 교과서 어디엔가 있었다. 그때 나의 감성을 자극시킨 충격은 고구려에 대한 끊임없는 환영을 불러일으켰다. 어찌 보면 거북을 뱀이 휘감았다고 하지만 거북몸통에서 거북과 뱀의 두 대가리가 나온 것처럼 보이기도 한다. 거북의 다리는 현실 거북이의 모습이 아니라, 청룡과 백호의 4지와 그 디프 스트럭처를 공유한다. 모 대가가 이 현무의 표현이 부피감이나 입체감을 결하고 있다고 말했는데, 회화양식에 관한 일말의 상식이 없는 저열한 평론일 뿐이다. 서양의 근대적 원근법이나 입체감을 중심으로 회화의 발전경로나 우열을 가리는 서구예술중심주의의 천박한 사고에서 나온 평론일 뿐이다.

이 사신도의 입체감, 특히 이 현무의 거북얼굴과 뱀얼굴, 한 몸에서 두 얼굴이 마주보면서 화염을 뿜어내는 긴장감, 그리고 제 몸의 상체부분을 휘감은 꼬리의 역동감은 우주태극의 최상의 오묘한 표현이다. 거북과 주작은 땅과 하늘의 축을 상징하지만, 뱀은 무한한 생명력, 즉 하늘을 상징한다고도 볼 수 있다. 나머지 삼면의 주작, 청룡, 백호의 모습을 현무가 압축시키고 있는 것이다. 거북의 등딱지의 표현 또한 정교로우며, 4발 중 오른쪽 앞발은 치솟아 있고 나머지 세 발이 땅을 굳게 디디고 있는데, 그 모습은 땅을 지키려는 거북의 의지를 나타내고 있다. 오른쪽 뒷발은 굽어있는데 반해 왼쪽 뒷발을 뻗치고 있는 모습이 주는 다이내미즘은 신체의 동적 표현의 극상이다. 뱀도 비늘이 세밀하게 묘사되어 있으며, 검고 붉은 등선이 굽이치는데 따라 변해감으로써 극도의 생동감과 입체감을 준다. 어찌 이를 서양화의 근대적 키아로스큐로chiaroscuro 기법에 기준하여 운위할 수 있겠는가? 키아로스큐로를 초월하는 평면화법적 입체감은 오히려 고구려인의 큐비즘, 고구려인의 신화적 우주론의 박력을 나타는 것이다. 초등학교 시절부터 내 가슴의 태극기는 강서대묘의 현무였다.

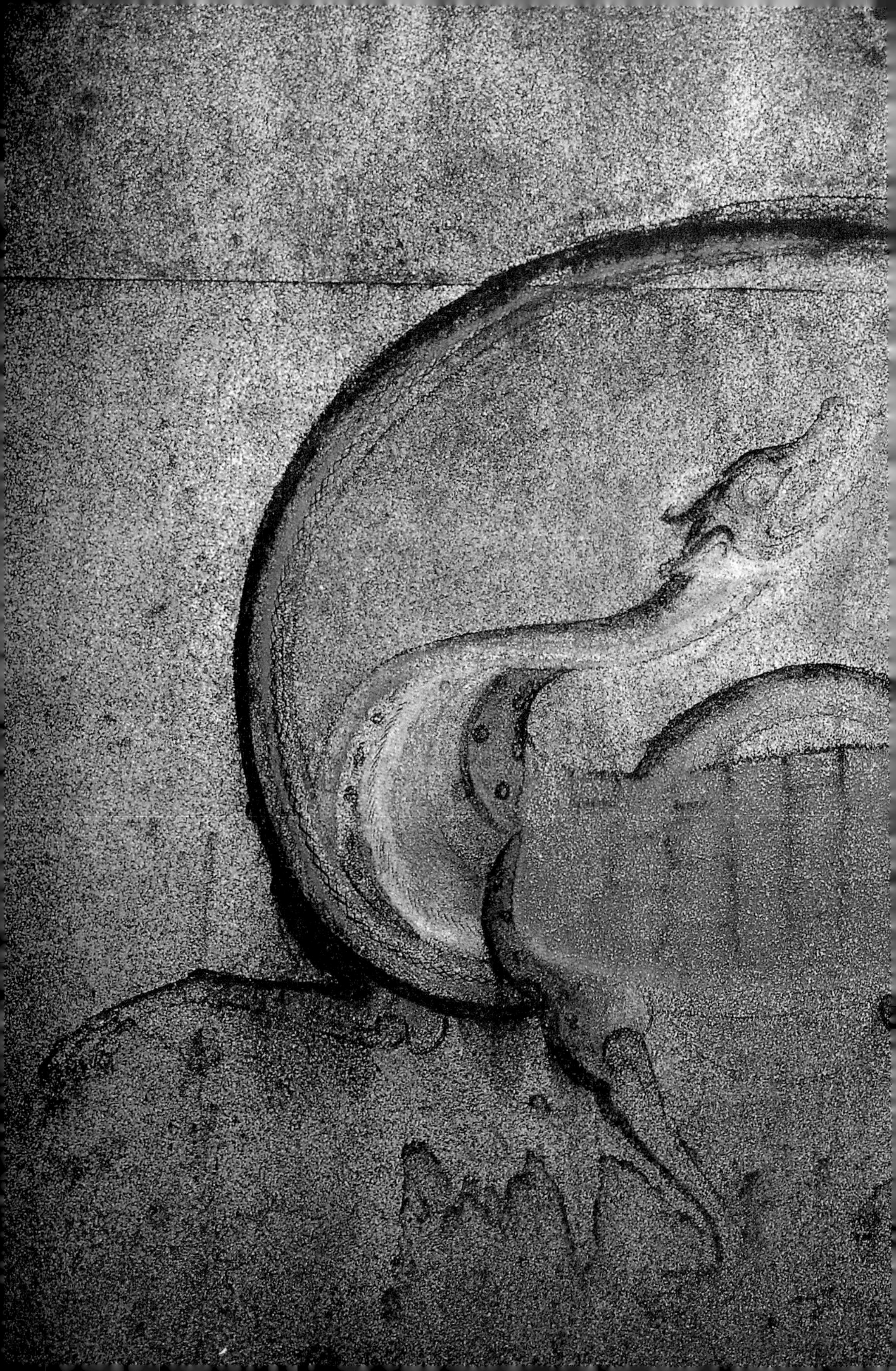

구속하지는 못했다고 생각한다(도교라는 것도, 종교적 제도로서의 도교Religious Taoism는 고구려벽화에서 결코 운운할 거리가 되지 못한다. 추상적인 심볼이나 예술적 표현의 바탕으로서의 도교적 요소라고 하는 것이 반드시 중원의 국가나 문화의 영향으로서 정형화될 수 없는 것이다. 종교적 제도로서의 도교가 고구려문화의 메인 스트림을 형성한 적도 없지만, 추상적 가치로서의 도교적 요소는 고구려 고유의 "신선神仙"사상에 연원이 있다고 보아야 한다. 중원문화의 "선仙"의 전통이 오히려 북방 고조선의 영향으로 이루어진 것일 수도 있다. 문화적 전승은 같이 형성되어간 것이다. 나는 이것을 "공창共創 co-creation"이라 부른다. 도교적 양식이 반드시 고구려문화의 말기적 현상일 필요는 전혀 없는 것이다). 이러한 문제에 관해서는 후학들은 일체의 선입견에서 해방되어야 한다. 단지 학계의 성과를 포괄적으로 참고하는 진지한 자세만 보유하면 그만이다.

나는 초기의 생활문명을 고구려문명의 생명력이라고 생각하지만, 후기의 도교적 양식화가 달성한 사실寫實이 아닌 사의寫意적인 과장된 표현은 그 나름대로 한 문명이 도달할 수 있는 매우 독창적인 극도의 심미적 완성도를 과시하고 있다고 본다. 그 극치 정점에 있는 것이 평남 강서군 강서대묘의 벽화 현무이다. 이러한 벽화회화를 놓고 중국학자들은 아무 생각 없이 그냥 다 중원의 영향이라고 말한다. 그러나 고구려벽화는 중원 남북조 미술양식의 흔적이 보이지 않는 독창적인 것이다. 그들은 너무 쉽게 말한다. 천박한 중원우월주의에서 나오는 무책임한 발언을 마치 권위있는 학술체계인냥 지껄인다. 고구려인들의 자신들의 느낌에 따라 자기 고유의 예술적 양식을 표현했을 뿐이다. 그들의 표현이 거꾸로 중원에 영향을 주었을 수도 있는 것이다. 그들의 표상이 반드시 중원양식의 한 카테고리가 되어야 할 하등의 이유가 없는 것이다. 유물뿐 아니라 종교의 성격규정에 있어서도 우리는 이러한 개방된 가치관으로써 모든 종교적 표현religious expression을 형량해야 하는 것이다.

5호묘의 묘도는 원래 남쪽을 향해있다. 지금 중국정부는 벽화묘 중에서 오직 이 오회분 5호묘만을 공개하고 있다. 그래서 묘의 남쪽에 서쪽으로 입구를 파서 기역자로 꺾어 지하 4m에 위치하고 있는 현실로 통하게 만들어놓았다. 현실은 동서로 4.37m, 남북으로 3.56m, 벽의 높이는 2.18m, 천정은 3.94m이다. 온 벽의 화강암을 잘 다듬어 돌 위에 직접 그렸다. 먼저 홍선과 묵선으로 원고를 그리고 그 위에 홍, 갈, 녹, 황, 백, 분홍의 광물안료를 칠한 후 최후에 농중濃重한 묵선으로 원고를 마감했다. 동북공정자들은 대양왕(보장왕의 생부)의 능으로 보기도 하나 내가 생각키엔 낭설이다. 이 무덤의 시기는 훨씬 더 빠를 수 있다.

오회분 5호묘는 지하로 우회통로를 뚫어 들어가 볼 수 있는데, 사실 아무것도 보이지 않는다. 제대로 조명이 되어 있지 않고 사진도 못찍게 하고 문깐 안으로는 들어가질 못하게 하니까 그냥 현실 문 밖에서 현실을 끼웃거리다가 오는 것밖에는 안된다. 이런 식 공개는 오히려 안하는 것이 좋을 것 같다. 벽화만 훼손되고 아무런 구체적 인상을 관광인들에게 제공하지 않기 때문이다. 오히려 본총은 밀폐해놓고 그 옆에 동일한 모형을 정교하게 만들어 놓고 자유롭게 출입하여 사람들이 보게 하고 사진도 찍게 하는 것이 정도일 것 같다. 5호묘의 현실은 동쪽으로 치우친 남향이며, 현실의 위치는 그 바닥이 지하 4m정도이다(오회분의 다섯 무덤은 서로 관련이 있다. 그런데 오회분 3호묘는 묘좌墓坐가 평지상

5호묘의 외관. 봉토의 둘레는 130m, 높이는 8m. 내부의 결구結構는 묘도, 용도, 묘실 3부분으로 되어있다.

平地上이다. 그러니까 묘실이 지상에 있는 것이다. 그런데 4호묘는 묘도가 지상에서 시작하여 묘실을 향해 사각斜角으로 내려간다. 결국 묘실은 지하에 위치하게 되며, 그만큼 묘실은 천정이 높아지고 광대하게 된다. 그런데 5호묘는 묘실이 4호묘보다 더 내려가서 지하 4m 정도에 위치하고 있다. 묘실이 지하로 내려가는 현상은 6세기말 7세기초 이전에는 찾아보기 어렵다. 이것은 새로운 양식적 발전이다). 관을 놓는 석재 관대가 세 개인 것을 보면 이 무덤의 주인은 부인이 두 명이었던 것으로 보인다. 사신四神은 현실 사방의 큰 벽면에 그려져 있다.

청룡은 동쪽 벽면 전체에 우람차게 그려져 있는데 하늘에서 하강하여 오색찬연한 몸을 온통 드러낸 채 남쪽 벽면을 향해 포효하고 있다. 백호는 서쪽 벽면 전체를 장식하고 있는데 내가 보기에는 사신의 그림 중에서 최고의 걸작이다. 백호는 우리가 생각하는 그런 흰호랑이가 아니다. 비록 머리와 얼굴 표현은 호랑이류의 특징이 있으나 그 전체 형상은 상상속의 신수神獸로서의 영험함과 날카로움이 유감없이 표현되어 있다. 하늘에서 하강하는 자세이며 역시 청룡처럼 남쪽 벽면을 향해 포효하고 있는데, 어깨 뒤로 뻗은 날개털은 불꽃 모양이라기 보다는 칼날에 가깝다. 과장된 아가리, 부릅뜬 붉은 눈, 위아래로 뻗은 희고 날카로운 송곳니, 앞으로 내밀며 쳐들어 올린 오른쪽 앞 발, 그리고 하늘로 치솟은 꼬리부분과 뒷발의 날렵함의 다이내미즘은 이루 다 형언할 길이 없다. 몸통은 모두 백색안료를 썼고, 묵선으로 반문斑紋을 구묘勾描했으며 복부에는 홍색의 안료를 깔았다. 꼬리부분은 흰날개처럼 처리했다.

남쪽으로 나있는 현실 문밖에서 안쪽을 바라보고 찍은 사진이다. 그러니까 정면으로 보이는 벽이 북벽이다. 북벽에는 당연히 현무가 그려져 있다. 그런데 플래쉬 반사 때문에 현무가 보이지 않는다. 동벽에 좌청룡, 서벽에 우백호, 그리고 문(남벽) 안 양쪽으로 주작 두 마리가 그려져 있다. 관대가 바닥에 남북으로 놓여있는데, 양쪽으로 두 부인의 관대가 있다. 이 사진은 집안『고구려고분벽화』(조선일보사, 1993)에서 왔다. 나는 고구려고분을 이해하는데 이 전시도록의 도움을 많이 입었다. 관계자들에게 감사한다.

우벽 백호의 모습. 몸통은 흰색이고 등에 까만선으로 처리된 문양들은 호랑이의 얼룩진 털을 표현하고 있다. 목덜미에 달린 것은 갈기가 아니라, 앞발 뒤로 달린 날개가 다이내믹하게 표현되어 있다고 보아야 한다. 뒷발 뒷쪽에도 날개가 달려 있다.

백호는 결코 지상의 호랑이가 아니다. 신화적 상상력이 낳은 하늘을 나르는 영물인데 호랑이의 이미지가 깃들어 있을 뿐이다. 하늘에서 하강, 잡귀에게 날아 덤벼드는 웅장한 기세가 표현되어 있다. 신화는 신화로서 이해하여야지 우리의 구체적 사물관념을 적용하면 안된다. 복부는 분홍색으로 띠처리 되어있다. 강렬하다. 가운데 사진은 강서대묘 백호.

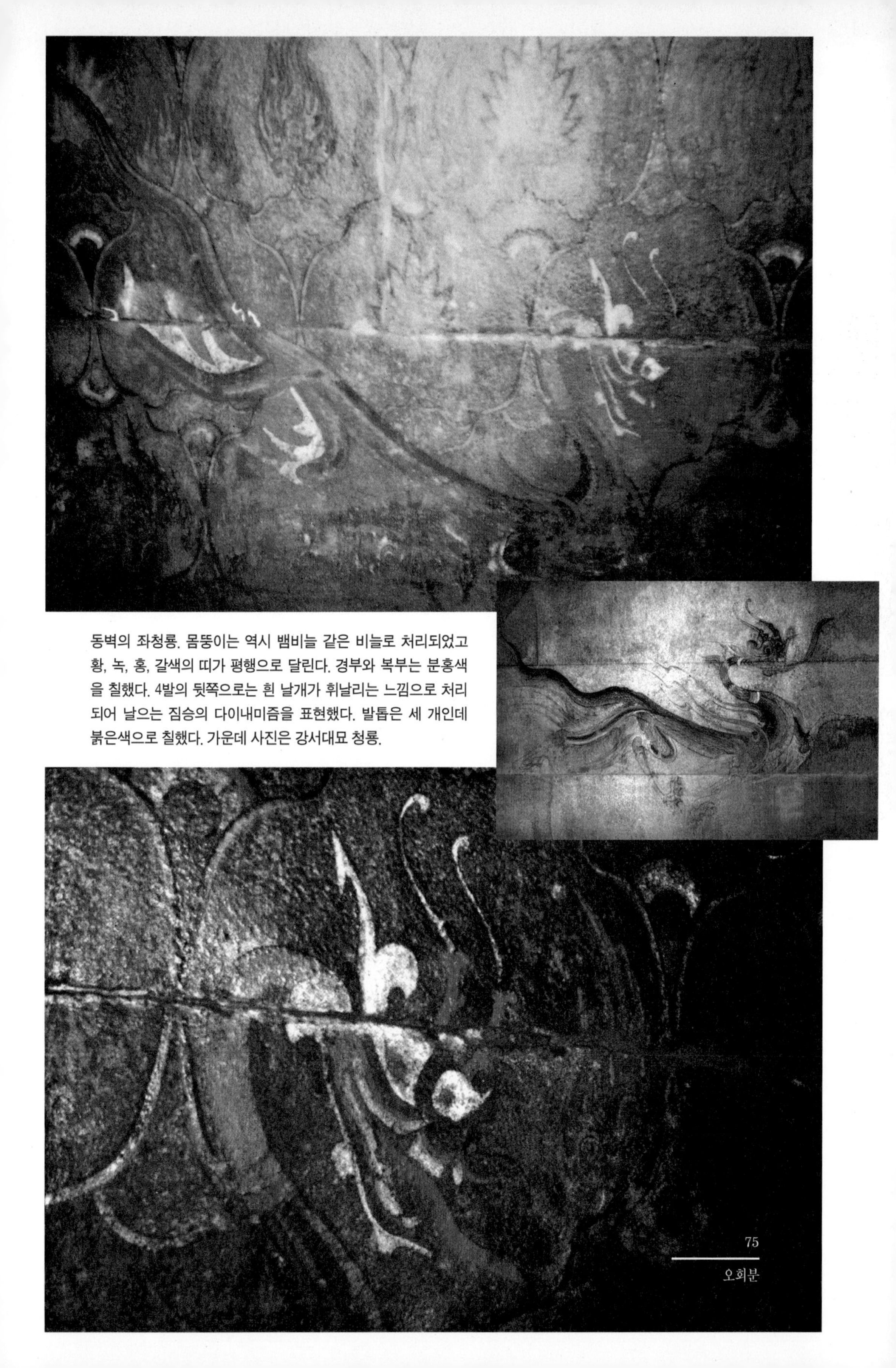

동벽의 좌청룡. 몸뚱이는 역시 뱀비늘 같은 비늘로 처리되었고 황, 녹, 홍, 갈색의 띠가 평행으로 달린다. 경부와 복부는 분홍색을 칠했다. 4발의 뒷쪽으로는 흰 날개가 휘날리는 느낌으로 처리되어 날으는 짐승의 다이내미즘을 표현했다. 발톱은 세 개인데 붉은색으로 칠했다. 가운데 사진은 강서대묘 청룡.

문간에서 바라볼 때 정면인 북쪽 벽 전체를 차지하는 것은 당연히 현무이다. 그러니까 사실 4신도에서 항상 가장 주요한 자리를 차지하는 것이 "현무玄武"이다. 현무는 남면을 하고 있으며 좌청룡과 우백호를 거느리고 있을 수밖에

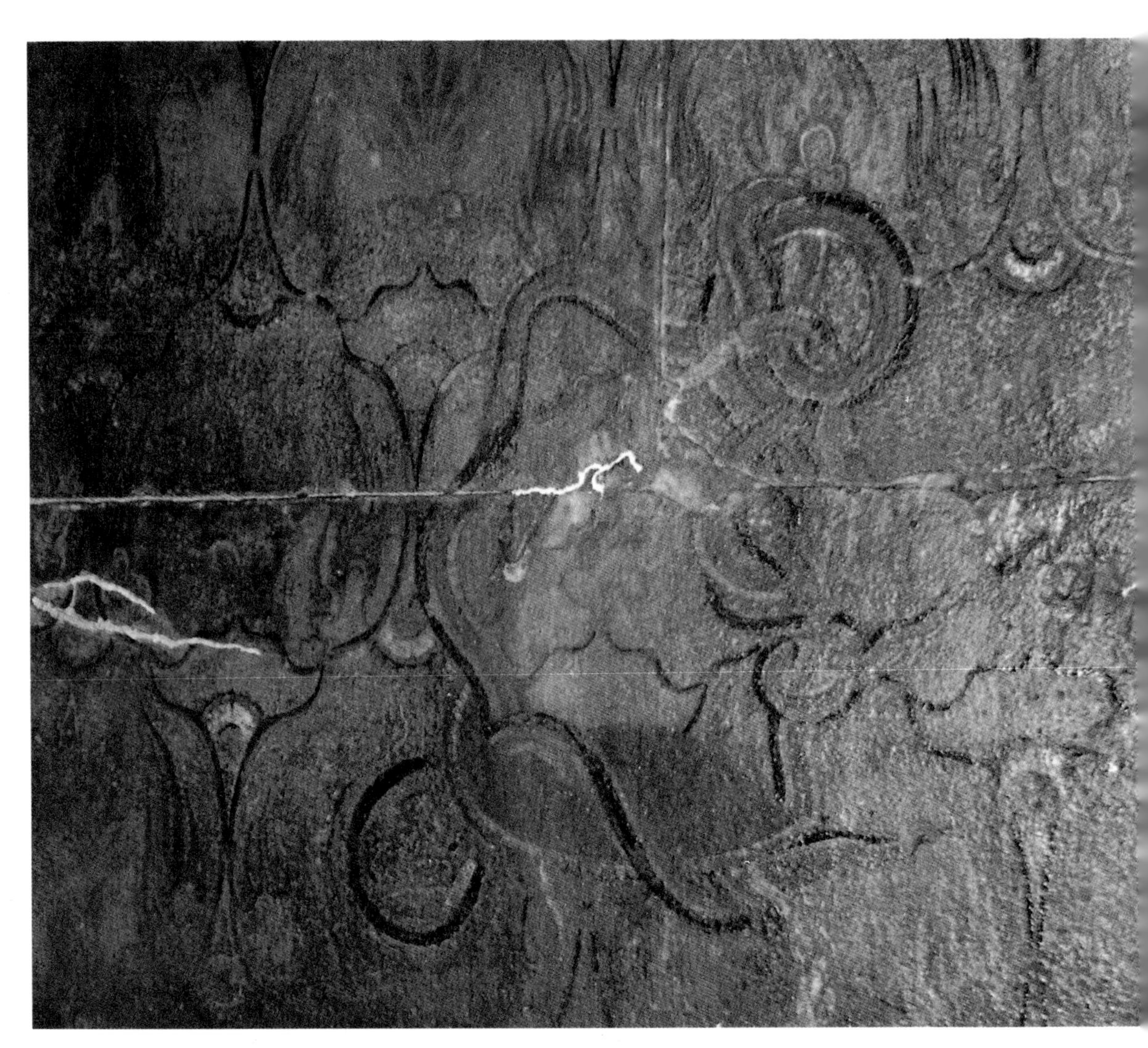

북벽의 현무도: 동서의 청룡·백호처럼 전면을 차지하지 않는다. 현무의 핵심은 거북인데, 거북의 몸체가 크게 표현되어있질 않다. 거북등짝은 귀갑문양이 없고 민자로 홍갈색으로 칠해졌다. 거북은 머리를 몸통에서 바로 쳐들어 서쪽을 바라보고 있는데 몸통과 쳐든 고개 사이를 뱀이 X형으로 꼬아 휘감았다. 뱀은 전체적으로 과장되게 표현되어 하늘에서 뒤엉킨 모습이 너무 복잡하다. 뱀의 몸통은 청룡과 같이 황·녹·홍·갈색으로 처리되었고 사진을 잘 보면 하늘쪽에서 거북의 머리를 비스듬히 마주보고 있다. 거북은 원래 유순하게 보인다. 그래서 뱀의 꿈틀거림을 통하여 거북의 생명력을 표현하려 했다. 사실 역사적으로 용호(동서)의 표현이 귀조龜鳥(북남)의 표현보다 빠르다. 현무는 사신 중에서 가장 늦게 등장하여 제왕의 자리를 차지하였다. 귀사합체龜蛇合體의 성격규정에 관해서는 이설이 많다(이성구李成九의 "사신의 형성과 현무의 기원," 『중국고중세사연구』 제19집을 참고할 것). 아무래도 이 현무의 그림이 강서대묘의 현무보다는 훨씬 앞서는 작품으로 간주해야 할 것이다.

없기 때문이다. 현무는 원래 별자리 28수宿 중에서 북방7수를 총칭하는 이름으로 쓰였다. 그리고 북방을 관장하는 신神으로 되었는데, 그 형상은 "귀사합체龜蛇合體"이다. 북방은 물水의 상징이며 현무는 수신이 되어야 하기 때문에 수중동물의 으뜸인 거북이가 몸통이 된다. 현무는 거북의 몸통과 그것을 휘감고 있는 뱀이 엉켜 있다. 그 정갈하면서도 코스믹한 원융성이 표현되는 다이내미즘은 형식과 사상이 통일되는 형상미의 황좌皇座라 할 수 있다.

그런데 5호묘의 현무는 그러한 다이내미즘을 표현하는데는 실패하고 있다. 거북의 몸체가 너무 작게 그려졌으며, 온 몸이 오색인 뱀은 거북의 몸통을 한 번만 휘감았으나 자신의 몸은 스스로 다시 풀 수 없을 정도로 복잡하게 얽은 후 목을 틀어 하늘로 쳐든 거북의 머리를 대각선 방향에서 비스듬히 마주보고 있다. 복잡하면 오히려 그 강한 운동감이나 기세가 느껴지지 않는다. 미켈란젤로의 라오콘조각에서 느껴지는 그러한 얽힘의 다이내즘이 여기에서는 복잡성 속에 묻혀버리고 만다. 거북은 귀갑문양이 표현되어 있지 않다. 네 발은 모두 세 발가락으로 처리되었다. 강서대묘의 현무의 심플함에 비하면 5호묘의 현무는 중심을 상실했다. 5호묘의 연대는 강서대묘보다는 앞서는 것으로 보아야 할 것이다. 복잡한 구도의 시행착오를 거쳐 단순성의 완숙미에 도달한 것으로 보이지만, 이러한 추론도 확고한 보장은 없다. 강서대묘의 단순한 아름다움이 후기로 내려오면서 복잡하게 헝크러진 것일 수도 있기 때문이다.

남쪽 벽은 문이 있다. 그래서 문 주변 양쪽 벽으로 암·수 한 쌍의 붉은 주작朱雀이 마주 보며 크게 나래를 치고 있다. 날카롭기 그지 없는 뾰족한 부리, 목에는 두 줄의 색 띠가 묘사되고, 몸통과 꼬리는 오색이며, 두 날개는 붉은 색, 목과 머리는 흰색, 그리고 벼슬은 화염과도 같이 다이내믹하게 처리되었다. 방금이라도 날아갈 듯한 기세는 청룡·백호와 함께 신비로운 자태를 드러내고

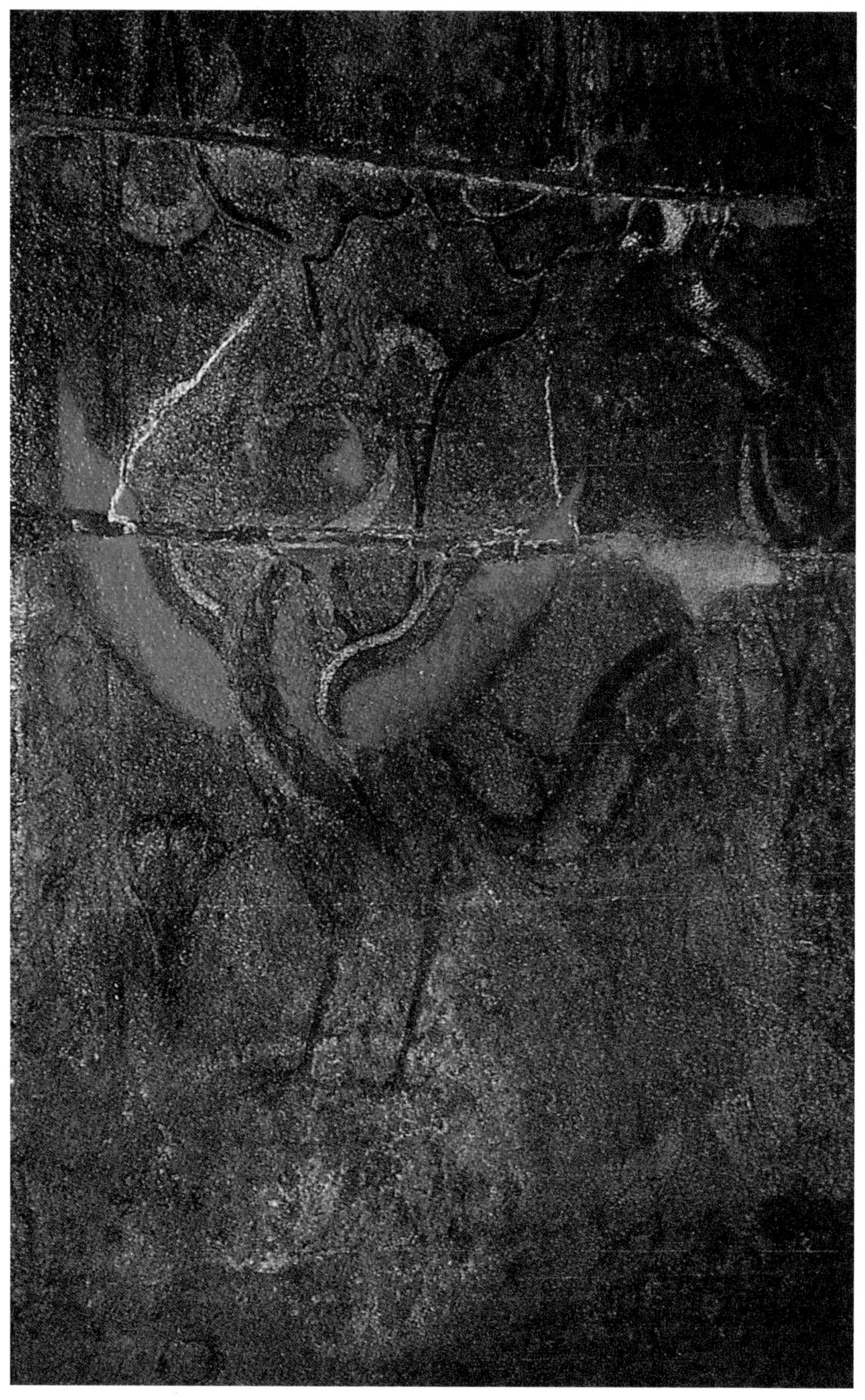

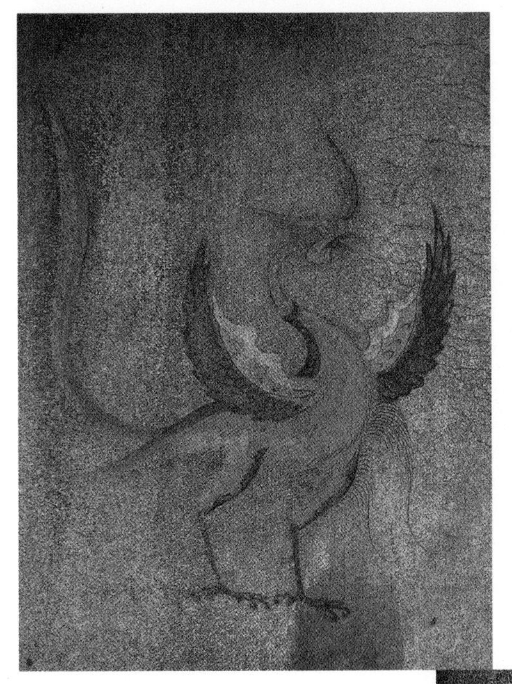

있다. 벽 위로는 사각을 엇갈려 쌓은 돔 형태의 천정(중국에서는 이런 천정을 조정藻井)이 있는데 그곳에 말할 수 없이 다양한 소재들의 그림이 그려져 있다. 신선神仙, 우인羽人, 비천飛天, 학을 타고 승천하는 사람, 해와 달을 받들고 있는 일월신선, 소와 소수레를 끌고가는 사람, 그리고 천정고임에 해와 달, 북두칠성과

← 이것은 남쪽 벽에서 문의 서쪽, 그러니까 백호와 연접되는 부분에 있는 주작의 그림이다. 주작은 남방위의 신神으로서 붉은색을 주조主調로 한다. 따라서 날개와 몸통이 붉은 안료로 칠해졌다. 본시 하얀 빛깔의 연좌대 위에 서있는 모습인데 연좌대의 모습은 거의 지워져 분간하기 어렵다. 주작의 머리 꼭대기 벼슬이 화염문양으로 멋드러지게 그려져 있다(현무 뒤에도 그런 문양이 있다). 갈색바탕에 붉게 타오르고 있는데 눈 또한 명료하게 부리부리하다. 목덜미는 분홍색, 몸통과 날개는 홍색으로 강렬하게 채색되어 있다. 날개는 녹색과 흰색으로 테두리를 만들었다. 긴 꼬리는 황·녹·홍색으로 나뉘어 채색되었다. 날개는 금방 날아갈 듯한 긴장감을 표현하고 있다. 새는 역시, 거북에 비하면 하늘을 상징한다.

본 페이지의 주작은 강서중묘의 남벽 양쪽에 있는 것인데 훨씬 그 상태가 양호하여 비교해보라고 실어놓았다. 중묘의 동쪽 주작은 붉은 구슬을 입에 물고 있는데 구부린 목과 불쑥 내민 몸통의 긴장이 높이 치솟은 꼬리로 완화되고 있다. 날개의 깃털 표현도 매우 리얼하며 몸통의 털을 세밀한 선으로 표현하여 흘러 내린 섬세한 표현은 주작의 지고한 표현이라 할 것이다. 율동의 긴장과 이완, 색감의 날카로움과 온화함이 너무 완벽한 조화를 이루고 있다. 5호묘의 주작은 조성연대가 강서중묘보다 훨씬 더 빠르다는 것을 알 수 있다.

고구려 고묘는 석굴암식의 돔을 만들지 않았다. 그렇게 되면 천정의 돌을 좁혀가며 전체를 돌로 덮을 만한 크기의 작은 천정을 만들어야 한다(조정藻井). 그러면 각진 구석을 가로지르는 돌을 쌓아 좁혀가는데 그것을 말각석抹角石이라고 한다. 벽 바로 위에, 대들보에 해당되는 양석梁石에는 청룡의 몸뚱이가 얽혀져 삥 둘러쳐 있다. 이것은 무한한 코스모스의 생명력의 발출인 동시에 천계의 경계를 나타내는 심볼리즘으로 해석될 수 있다. 그 아래는 벽면의 화염·연꽃문양이 엇갈려 보인다. 그 위에 북동 코너의 말각석이 있는데 그 바닥에는 연꽃문양이 있고 그 위에 흰옷을 입은 듯이 보이는 남녀가 보인다. 남녀가 모두 손을 모아 머리에 무엇인가 이었는데, 그림에서 오른쪽의 남자는 삼족오三足烏(흑점의 상징이라고 모두 말하지만 그런 현대과학적 관념에서 규정하는 것보다는 태양의 생명력을 과시하는 어떤 신화적 표현의 극대치로 보아야 할 것이다)가 들어있는 태양을 머리에 이고 있다. 왼쪽의 여자는 섬여(두꺼비)가 들어있는 달을 이고 있다. 월신의 경우 손모양과 달모양이 잘 보이지 않고 흰 우의羽衣(날개옷)가 뻗쳐 ↗

↙있어 손을 뻗고 있는 것처럼 보이지만 실상은 두손으로 달을 떠받치고 있다. 이들의 상의는 지금 우리가 입는 한복과 동일한 디프 스트럭쳐를 가지는 옷으로 동정이 주황색으로 선명하게 표현되어 있다. 월신은 녹색의 우의羽衣를 입었고 허리에 갈색의 영건領巾을 둘렀으며 일신은 갈색의 우의를 입었고 허리에 녹색의 영건을 둘렀다. 이 두 신은 모두 상체는 사람이고 하체는 용(뱀)의 형상으로 청룡의 몸체처럼 표현되었다. 그 사이에 홍, 황, 녹색의 잎을 가진 나무들이 쑥쑥 자라고 있다. 이 나무를 도식적으로 "보리수"라고 말하는데 여기에는 불교적 영향을 논할 계제가 아니다. 그렇게 함부로 개념규정할 필요가 없는 것이다.
천정의 세계는 무한한 신화의 세계이다. 그런데 이 신화의 양식을 설명하는데 중국학자들은 어느어느 중원신화의 한 종류라는 식으로만 해설을 가한다. 이것은 크게 잘못된 것이다. 하·은·주라고 해봤자 고조선과 동시대이며 맹자도 인정하듯이 중국의 고문명은 모두 이夷로부터 영향을 받은 것이다. 다시 말해서 중국의 신화가 북방에서 영향을 받은 것일 수 있다. 당대의 고구려가 더 선명하게 중국적 신화를 표현하고 있다면 그것은 당대 중국의 영향이 아니라 고조선으로부터 내려오는 그들 자신의 관념을 자유롭게 표현한 것으로 보아야 한다. 중국적 도식에 의한 연역적 설명은 고구려문명의 오리지날리티를 크게 왜곡시키는 것이다. 항상 문명이란 역逆의 교류가 가능한 것이다. 동시교섭의 장이지 한 방향의 영향으로 설명되는 그런 고정된 실체가 아닌 것이다.

남두육성이 그려져 있고(조정藻井의 동남면 말각석抹角石 위에 그려져 있는 우수인牛首人과 비천飛天은 매우 유명하다. 어떤 책자에는 우수인을 신농씨神農氏라 하고, 비천을 수인씨燧人氏라 해놓았는데 그런 식의 해설은 넌센스다. 고구려인들은 자기 스스로의 관념을 표현했을 뿐이다) 천정석에는 북극삼성과 청룡과 백호가 어우러져 으르렁거리고 있다. 천정 제일 아래 고임돌에는 용이 얽혀져 있는 모습으로 장식되어 있다. 용이 사면에 한마리씩 있는데 그 몸과 꼬리는 계속 엉켜져 연속적인 흐름을 형성하고 있다. 사실 이 5호묘벽화 하나만 자세히 분석해도 후기 벽화의 양식성의 모든 프로토타입을 말할 수 있을 것 같다. 그러나 현재 유감스럽게도 벽면의 사신도는 거의 보이지 않는다. 위대한 예술이 사라져가고 있는 것이다.

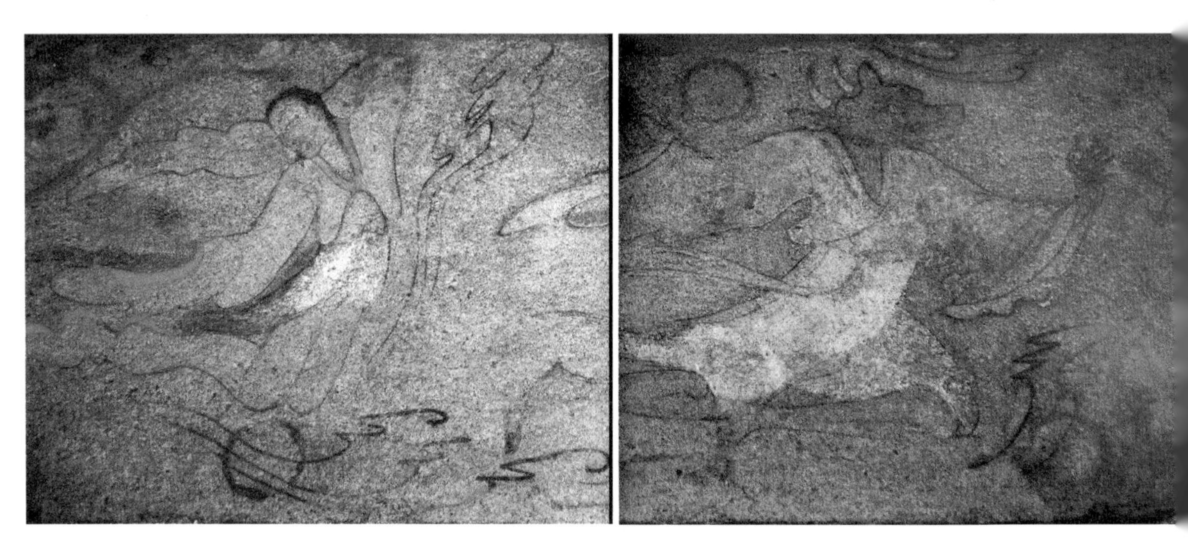

여기 신화적 양식의 해석에 관하여 우리가 주의하지 않으면 안될 또 하나의 실례가 있다. 이것은 남동 코너 말각석에 있는 매우 역동적인 두 이미지이다. 앞에 가랭이가 찢어질듯 신나게 달려가고 있는 남성은 머리가 소모양이라서 우수인牛首人이라고 한다. 오른손에 벼이삭을 들고 뒤따라 오는 이미지(飛天? 羽人?)를 유혹한다. 놀라웁게도 그 두 눈에는 값비싼 아름다운 청색의 터키석이 박혀있어 그 생동감은 이루 말할 수가 없다. 마치 눈동자가 끊임없이 움직이는 것 같고 그 스피드감은 우사인 볼트보다 더 빠르다. 녹색으로 선이 묘사된 동정과 옷고름, 그리고 넓은 소매, 허리에는 녹색의 영건을 둘렀고 풍만한 바지는 장단지 위까지 내려와 동여매여졌다. 길쭉한 다리와 건장한 장딴지 그리고 발은 까만 가죽신을 신었다. 옷도 하느적 거리는 것으로 보아 실크계열인 것 같다. 뒤따라오는 붉은 동정의 하느적 거리는 황색 우의를 입은 이미지는 아름다운 여인 같이 보인다. 허리에 흰 영건만을 두르고 그 아래는 하체가 나체로 노출되어 있는 것 같이 보여 매우 섹시하게 보인다.

그러나 실상 이 이미지는 남성으로 간주된다. 자세히 보면 얼굴이 각지고 머리를 풀어헤쳤으며, 입 주변에 수염이 난 자국이 있다. 무릎을 굽힌 채 앞으로 밑으로 구름이나 바람이 세차게 흐르는 형상이 있어 보통 중국사람들이 "비천飛天"이라 부르는 것이다. 비천 ↗

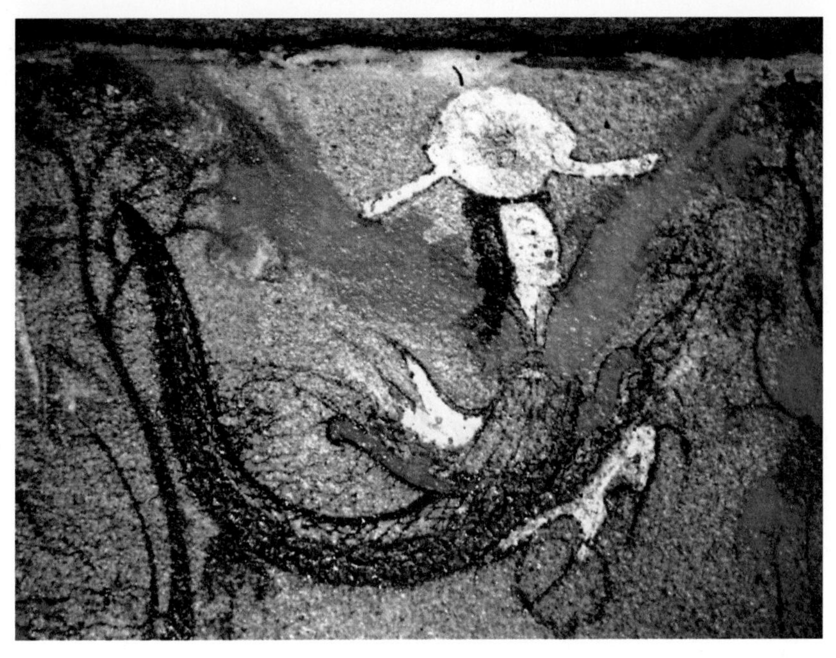

오회분 4호묘 달신의 모습. 80쪽의 달신과 같은 양식의 표현. 보다 선명한 이미지가 남아 있어 여기 싣는다.

↙이란 에밀레종의 문양처럼 날개 없이 날으는 이미지이다. 서양사람들은 날으는 물체라면 반드시 날개를 다는데 우리는 그런 식으로 유치하게 표현하지 않는다. 그런데 이 뒤의 이미지는 오른손에 횃불을 들고 있다. 이것은 불의 신, 고구려의 프로메테우스인 것이다. 인간세에 불을 갖다준 것으로 신의 노여움을 사지 않는다. 농사의 신과 불의 신은 같이 하늘을 신나게 날으고 있는 것이다. 이것을 신농씨, 수인씨라고 개념규정을 하는 것이 과연 온당할까? 오히려 그러한 관념의 원초성을 고구려인의 생동감 있는 표현 속에서 비개념적으로 느껴봐야 할 것이라고 나는 생각한다. 고구려인의 신화적 상상력은 환원주의reductionism적 발상으로 처리되어서는 아니 된다.

도굴사건을 저지른 책임소재를 명료하게 하는 문제는 향후의 과제상황이다. 그러나 그러한 사건으로 인하여 중국정부가 방어적 자세만 일삼는다면 이것은 인류의 불행이다. 일례를 들면 중국정부는 현재 벽화묘들에 대해서는 지도상에 명기하지도 않으며 다시 덮어버리고 만 후 폐쇄회로 경비장치만 어마어마하게 해놓았다. 또다시 도굴 당할 것만 걱정하고 있는 것이다.

그러나 이 벽화묘는 덮어버린다고 해결될 문제가 아니다. 이것은 너나 할것 없이 보존해야 할 인류의 고귀한 문화자산이다. 그것은 한국소유도 아니요 중국소유도 아니다. 인류문명의 객관적 자산이다. 광서 15년(1889), 북경의 탁본전문가인 이운종李雲從(이 책 49쪽에 언급된 인물)이라는 사람이 호태왕비를 탁본하러 이 집안지역에 내려왔다가 우연히 어느 고분을 들어가 벽화를 발견하고 이와같이 썼다: "벽면에 용과 봉황이 가득 드러나 있는데, 그 채색이

방금한 것처럼 신선하다. 壁上現龍鳳, 彩色如新。" 이것은 고구려벽화에 관한 최초의 기록이다. 그러니깐 19세기 말까지만 해도 벽화는 거의 손상을 입지 않았던 것이다.

지금 우리가 해야 할 일은 벽화에 관한 매우 상세한 도록을 작성하는 것이다. 현재 디지털사진기의 기술은 몇 년 전과도 비교가 되지 않는다. 따라서 중국에 있는 모든 벽화에 관한 상세한 자료를 만들어 학자들에게 공급해야 한다. 북한만 해도 벽화묘자료를 다 공개하고 있는데 중국은 단편적인 기록만 있을 뿐 전면적인 도록총서가 없다. 이것은 참으로 애석한 일이다. 조선일보사가 1993년 찍은 사진도 1천 커트가 되는데 조명시설이 제대로 공급되지 않은 상태에서 찍은 아날로그 사진들이래서 그 중 쓸만한 것이 200커트도 채 되지 않는다. 그나마 그 때 찍은 사진만큼의 보존상태가 양호한 유적의 모습도 지금은 없다. 그러한 작업을 중국정부가 나서서 해야하는 것인데 그냥 밀봉만 시켜놓고 있는 것이다. 결로와 퇴색과 오염과 화학반응으로 날로날로 사라져 가고만 있는 것이다.

시대착오적인, 그리고 이성적으로 왜곡되고 감성적으로 혐오감을 일으키는 "동북공정"을 때려치우자! 그대신 중국정부와 한국정부가 합작하여 "고구려사랑하기운동"이라든가, "동북사랑하기운동"이라든가, 고구려·발해유적의 보존과 복원과 발굴을 위한 협조체계를 만들어야 할 것이다. 참으로 애석한 일이다! 어찌하여 더 바람직한 방향의 논의를 하지 않고 미봉책에 만족하고 마는가?

이 모든 일차적 책임이 우리에게 있다! 우리가 못나서 아직도 남·북이 분열하여 싸우고 있고, 중국정부에게 통일된, 일관된 정책방향을 제시하지 못하고 있고, 학자라는 사람들은 모두 좌빨아니면 우빨, 편협한 패가름의 논리에 빠져있으니, 인류문명에 대한 보편적이고도 개방적인 비젼이 의식에 자리잡을 길이 없다. 동북아를 인류문명의 통섭의 장으로, 그 통섭의 메인 패러다임을 고구려라는 문화축으로 만드는 인식의 혁명! 그것이 바로 우리가 우리 스스로에게 요구해야만 할 과제상황인 것이다. 이것이 내가 고구려유적들을 바라보면서 하고 싶고 또 하고 싶은 말이었다.

옆에 있는 오회분 4호묘(JYM2104)는 정말 위대한 벽화묘이다. 봉토석실封土石室 벽화묘

4호묘는 봉토석실벽화묘인데 5호묘와 같은 구성을 보여준다. 묘도 입구가 매우 넓다. 1962년 6~8월 사이에 길림성박물관에서 조사를 행하였다. 봉토는 둘레가 160m, 높이는 8m 정도. 방향은 남향인데 편동 30° 이다. 묘도가 6m, 용도가 1.88m, 그 안에 거대한 화강암으로 체축砌築한 현실이 있는데 남북 3.68m, 동서 4.2m, 높이 3.64m. 5호묘와 비슷한 양식의 말각첩삽조정抹角疊澁藻井이다. 벽화의 주제가 다양하고 선율이 유창하며 색채가 선염鮮艶하다. 묘실에 관대가 3개 있는데 남쪽으로 조그만 석대가 하나 더 있는데, 거기에는 부장품이 따로 담아져 있었을 것이다.

오회분 4호묘야말로 고구려벽화가 나타내고자 의도한 신화적 상상력과 현실적 삶의 모습이 다양한 도안양식과 결합되어 하나의 코스모스를 형성하고 있다. 그러한 작품세계로서는 최상의 경지를 나타낸 걸작 중의 걸작이라고 나는 평가한다. 그 디테일에 숨겨진 중층적 차원은 고구려문명의 축적된 전통과 기상과 자신감을 유감없이 ↗

↙ 발휘할 뿐 아니라 무한한 해석의 여지를 남기고 있어, 상식적 관념으로 함부로 규정할 수가 없다. 세계신화사에 있어서 이토록 복합적인 관념을 이토록 밀집된 공간에 이토록 섬세하게 투영한 유례가 별로 없다. 세계미술사의 한 금자탑으로 기록되어야 마땅하다. 앞쪽의 사진은 현실의 도면을 보여주고 있다. 제일 밑바닥의 벽화는 거대한 청룡이 하강하고 있고 그 배경에는 화염·연꽃문양, 그리고 연대 위의 선인仙人이 보인다. 그 위에 동량석이 지나가는데 한 면에 두 마리의 용이 서로 꼬리를 물면서 꽈배기를 틀고 있다. 그러니까 4면에 8마리 용이 있게 된다. 그 위로 천정까지 말각석이 2층이 겹쳐있는데 제1단의 말각석에는 고개를 안으로 180° 회전시킨 용의 형상이 그려져있고 그 양단에 신화적 이미지가 있다. 제2단의 말각석 가운데 3족오가 들어있는 태양이 있는데 테두리는 주朱·흑黑색으로 둘러쳐있다. 오른쪽에 봉황을 타고 날으는 기악인伎樂人이 있는데 두 손으로 대금을 불고 있다. 코밑수염, 상투가 표현되어 있고 차색깔의 도포는 황색으로 소매테두리를 둘렀고 허리에 흰 띠를 둘렀다. 손목에는 홍·황 이색의 팔찌를 끼었다. 왼쪽에는 용을 타고 날으는 기악인이 있는데 상투가 확실히 보인다. 오른손에는 깃발 자루를 들었고 붉은 깃발이 바람에 펄럭인다. 왼손으로 악기를 불고 있는데, 악기가 하모니카 형태의 엮은 피리이다. 이와 같이 그 디테일을 조사해보면 말할 수 없이 많은 이야기가 숨어있다. 본 쪽은 천정을 확대한 것인데 중앙 최고最高 천정에 빨강·파랑·노랑·갈색의 강렬한 색채가 어우러져 주몽이 타고 승천한 황룡이 그려져 있고 그 두 눈에는 보석이 박혀 빛났었다고 한다. 그런데 그 말각석의 하면에도 또다시 용이 한 마리씩 그려져있다. 서벽에는 두꺼비가 들어있는 달이 그려져있다. 동벽의 태양과 짝을 이룬다. 해와 달을 동서로 배치한 것은 낮과 밤을 상징하고 있다. 4호묘의 세계는 그 황홀경이 무궁무진하다고 할 것이다. 『집안고구려 고분벽화』(조선일보사).

4호묘의 북벽 현무의 모습이다. 거북의 몸통이 작게 표현되었고 등짝의 무늬는 없다. 뱀의 꼬임이 5호묘와 비슷하나 선율이 보다 유려하다. 귀·사 두 얼굴이 마주보고 있는 것은 같다. 주변의 양식적 문양이 사신도를 가릴 정도로 현란하다.

동벽의 청룡도. 하늘에서 하강하여 남쪽을 향해 머리를 쳐들고 붉은 혓바닥을 널름거리며 포효하고 있다. 앞발을 둘 다 쭈욱 뻗친 것이 특징이다. 뒷발은 세차게 발길질하고 있다. 용신은 황·녹·홍갈색을 썼다. 앞발 앞쪽으로 날개가 휘날리고 있다.

남벽과 서벽을 가로지르는 말각석의 왼쪽 구석에 바퀴를 만드는 장인의 모습이 있다. 이것은 바퀴신輪神이라 부를 수도 있겠지만 평범한 바퀴장인의 모습일 수도 있다. 역시 장인이라 단발이며, 머리를 뭉텅 묶었다(기악인의 상투와 다르다). 그리고 황색 동정의 갈색옷인데 흰 허리띠로 묶었다. 그런데 아랫도리의 치마식 옷이 21세기 디자인보다 더 팬시하게 갈라져있다. 속바지는 허벅지까지 내려오고, 신발은 검은 구두. 왼손으로 바퀴를 잡고 오른손으로 망치를 내려치는데, 망치모습이 우리가 쓰는 것과 거의 같다. 바퀴살이 16개. 고구려인이 잘 쓰던 바퀴였다. 앞뒤로 생명의 나무가 자라고 있다.

바퀴신과 더불어 단야공鍛冶工, 야금의 신이 보인다. 역시 머리는 단발. 머리를 간결하게 점맸다. 그런데 황색 동정에 갈색의 옷을 입었는데 동정이 연결된 것을 보아 합임合衽이다(머리를 집어넣어 입어야 한다). 허리에 띠를 매었다. 왼손으로 붉게 달구어진 쇠를 철상鐵床 위에 놓고 오른손을 높게 쳐들고 두드리고 있다. 네모난 바위 위에 앉아 일하고 있는데 왼발은 구부렸고 오른발은 철상을 받치고 있다. 아주 단단하게 생긴 검은 구두를 신었다. 고구려 구두는 앞코가 길게 나와있다. 느낌이 여성적이다. 뒤로 있는 것은 휘어진 용의 앞발이다. 세 발가락이 보인다. 신단수 아래.

인데 둘레가 160m나 되고, 높이가 8m가 되며, 묘도墓道와 용도甬道와 묘실墓室을 갖추었는데 그 벽화구성의 완성도는 고구려문명의 극상을 보여준다. 이 4호묘는 조선일보사 전람회 때 상당히 자세히 보도되었는데, 지금은 그 때 만큼의 선명한 자료사진도 얻을 길이 없을 것이다. 고구려의 위대한 예술이 밀폐·은폐·무관심 속에 사라져만 가고 있는 것이다. 중국회화미술사에서 남북조시대의 실물 그림(화선지나 실크에 그린)은 거의 남아있지 않다. 모두가 당唐 이후의 것이다.

그런데 고구려 벽화묘의 그림은 어떠한 회화보다도 연구가치가 높다. 희랍 신화의 세계만큼 다양한 담론이 구성될 수 있는 여지가 있는, 인간의 상상력이 유감없이 발현될 수 있는 찬란한 우주이다. 5호묘와 4호묘는 동일 구역에 있으며 그 기법도 매우 유사하다. 아마 동일한 유파의 화가군에 의하여

오회분 4호묘와 3호묘가 보인다. 4호묘를 돌아 올라가면 사신총이 나온다.

사신총(YM2113)은 1935년 처음 발견되었을 때 사신도가 있어 사신총이라 불리었다. 절첨방추형截尖方錐形의 봉토석실묘인데 한 변의 길이가 25m, 높이는 8m, 4호묘 북방 50m에 위치한다.

그려졌을 것이다. 그 연대는 대강 6세기 중엽~7세기초로 보고 있다. 진흥왕 순수비가 서고 백제 익산 미륵사가 건조되는 그 사이 시기이므로 고구려문명의 난숙도는 이미 극치에 이르렀다 할 것이다.

그리고 동일한 시기의 같은 양식의 작품으로 간주되나, 그 예술성이 뛰어난, 우리가 역사에서 흔히 "통구사신총"이라 부르는, "사신총四神塚"이 바로 같은 무덤 구역에 있다. 물론 들어가 볼 수 없다. 우리는 "사신총"하면 사신도 벽화가 있는 유일한 고분인 것처럼 생각하기 쉬운데, 사신벽화도는 많은 후기 고분에서 발견되는 하나의 양식도라는 것을 알아야 한다 이 사신총의 현무 그림은 강서대묘 현무 그림보다 당연히 앞서는 것이다. 오회분묘의 것보다도

사신총의 북벽에 있는 현무도. 현재 사신총은 그냥 봉토로 다시 덮어놓기만 했는데 이 벽화는 조선일보사 전시기획단이 찍은 것을 보면 훨씬 더 많은 부분이 지워져있다. 참으로 안타까운 일이라 아니 할 수 없다. 윤곽은 흑선으로 선명하게 그려졌고 오회분 5호, 4호와는 달리 귀갑문양이 있다(강서대묘에는 있다). 사신蛇身이 적·녹·황·백색의 평행선으로 그려지고 그 배비늘의 모습으로 그 꼬이는 역동성을 잘 표현했다. 거북머리와 뱀머리의 만남도 대립적 관계가 아닌, 사이좋은 친구의 모습으로 그려졌고, 뱀의 꼬임도 과도하게 엉키지 않았다. 강서대묘의 단순함simplicity에 가장 가깝게 온다. 사신총과 오회분 4호·5호는 매우 근접한 거리에 있으므로 같은 유파의 화공畵工집단에 의한 작품으로 볼 수도 있겠다.

앞서는 것으로 볼 수밖에 없다. 현무그림의 기법상으로 그 순서를 배열하면 나는 5호묘 → 4호묘 → 사신총 → 강서대묘의 순으로 점점 단순화되어간 것으로 볼 수 있다고 생각한다. 사신총의 현무가 강서대묘의 현무에 가장 근접한다. 그러나 여러 문양의 양식적 변화에 따라 사신총(6세기 중엽) → 5호묘 → 4호묘(6세기 말)로 보는 견해도 있다. 하여튼 사신총의 현무는 거북과 뱀의 뒤엉킴과 마주 봄이 복잡한 구도를 가지고 있으면서도 명료한 우주적 흐름을 견지하며, 그 강렬한 기운생동의 느낌을 발출시킨다. 뱀꼬리의 묘사가 매우 사실적이며 그 뒤틀림의 역동성이 여실하게 드러나고 있다. 그리고 고졸하면서 화려한 색상이 너무도 아름답다.

정교수가 보라는 우산禹山 2112호 분묘도 그 근처에 있었다. 계단식석축묘였다. 또 그 가까이에 우산 2110호묘가 있는데, 이 분묘는 꼭대기에 사각의

우산2112호묘(JYM2112)는 사신총에서 서남쪽 30m 지점에 있다. 1966년에 조사했다가, 1994년 5~7월에 다시 청리淸理작업을 했는데 2004년에 세계문화유산으로 등록되었다. 이것은 좀 특이한 적석묘인데 많이 부서져서 그 원형이 남아있지 않다. 3급의 계단이 있는데 한 급은 4층의 석조로 첩축疊築되었다. 제2계단에서부터 광실과 묘도와 이실耳室이 축조되었다. 한 변의 길이가 18.7m 정도이고 잔고殘高는 3.2m 정도. 광실은 묘의 상부 중간에 위치하는데 남북 길이 6m, 동서 폭 5m이다. 1994년 이 무덤을 재조사한 결과 350여 건의 유물이 출토되었는데, 철기, 도금기, 금기, 은기, 와당 등이 나왔다. 이 묘는 적석묘이지만 중형이고 호태왕릉보다 후기의 양식이다(묘도와 이실이 있고 남향이다). 사신총, 오회분 봉토묘 옆에 있는 것으로 보아 봉토묘시대의 새로운 석실묘양식으로 간주된다. 중간자적 복합적 성격을 띠는 것으로 왕족묘로 간주된다.

뾰쪽한 남근형의 돌탑 같은 것이 서있어서 쉽게 분별된다. 나는 그것이 특별한 의미를 갖는 것인줄 알았는데, 동네사람들 이야기가 일제시대 때 그곳에서 총살형이 집행되었다고 한다. 우산 2110호묘는 고구려 초기의 왕릉으로 확정된 것인데 지금은 구릉처럼 그 위가 평퍼짐하다. 우산 2112호 분묘는 규모로 보아 왕릉으로 비정하기는 어렵다. 그러나 2110호 분묘는 왕릉으로 단정된다.

상부에서 고구려 와당과 파이프형 기와筒瓦 그리고 누공삼익은고철촉鏤空三翼銀箍鐵鏃 등 귀중품이 많이 나왔다. 건조연대가 2세기로 올라가는 초기 왕릉이다. 남북길이가 66.5m, 동서너비가 45m, 높이가 3.5~5.5m에 이른다. 이 분묘의 특징은 쌍묘병렬雙墓竝列이며, 쌍묘 내부에 각기 광실壙室이 있다는 것이다. 장군총처럼 계단식석축 정수리 부분에 하늘에 제사를 지내는 꽤 큰, 기와를 얹은 사당 건축물이 있었던 것으로 사료된다. 이와같이 고구려인들은 무덤에서 제천행사를 했던 것이다. 고구려의 왕들은 모두 천자天子였다. 고구려 왕들이 건원칭제하지 않았다하는 것은 중원중심사고일 뿐이다.

우산2110호묘(JYM2110)는 사회분四盔墳그룹과 2112호묘~사신총 사이에 있는 평원에 자리잡고 있는데 북쪽의 지대가 약간 높다. 이 묘는 역사적으로 "서강남대석릉西岡南大石陵" "온화보남대총溫和堡南大塚" 등의 이름으로 불리었다. 1966년 길림성 박물관이 조사할 때 JYM2110이라는 편호를 매기었고, 2003년부터 새롭게 조사를 진행시켰다.

이 묘는 장방형(긴 직사각형)이며 단이 있는 적석석광묘이다. 남북길이 66.5m, 동서너비 45m. 현재의 고도는 3.5~5.5m로서 불균하다. 동쪽에 돌계단 13급, 서쪽에 6~12급이 남아있다. 이 무덤이 장방형인 이유는 독립된 석광石壙이 남북으로 두 개 조성되어있는 특이한 구조 때문이다. 석광이 무너져 확실하게 남아있지는 않다.

여러가지 무덤의 구조와 체석의 방식이 매우 독특하고 오리지날하며 이것은 고구려 초기의 왕릉으로 간주되는데, 여러 정황으로 미루어 고국천왕故國川王의 능으로 비정된다. 충분히 가능할 수 있는 추론이다. 그렇다면 이 지역이 "고국천원故國川原"이 된다. "고국천"은 압록강이 될 것이다. 고국천왕은 발기의 동생이다. 석광을 2개 지은 것은 우부인을 배려한 것일 수도 있다. 그러나 우부인은 끝내 고국천왕의 무덤에 배향되지 못했다. 동천왕조에 보면 고국천왕의 혼이 우부인의 행실을 분하게 여겨 국인國人들을 볼 면목이 없으니 나의 무덤을 나무로 가리어달라고 무당에게 호소했다는 이야기가 실려있다. 이런 정황을 놓고 이 무덤을 바라보면 발기형제 네 사람의 기구한 사연이 연상될 수도 있다.

2110호묘에서 출토된
통와筒瓦: 기와가 중후하고 승문繩紋이 있다.

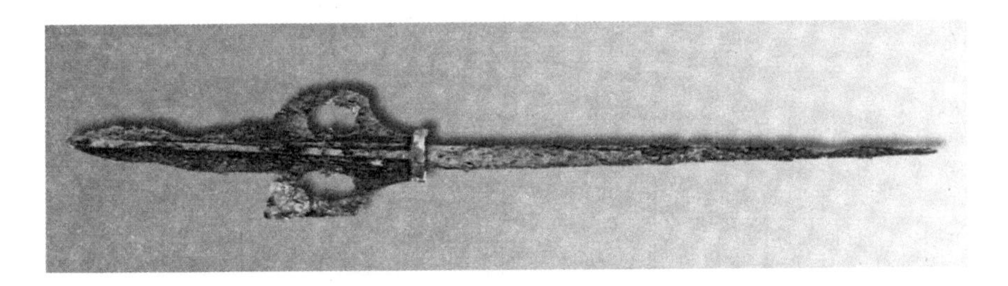

2110호묘에서 출토된 누공삼익은고철촉鏤空三翼銀箍鐵鏃

우산2110호묘를 서쪽에서 바라본 전경. 우산에서 흘러내리는 기운 때문에 북쪽이 약간 높다는 것을 알 수 있다. 이 묘는 지반을 특수하게 다지지 않고 그냥 지면의 황토층 위에 쌓아올렸다. 석축도 견고하지 않고 계단 내면도 하란석河卵石으로 가득 채워졌다. 출토물로 볼 때 능 자체가 뾰족하게 높았던 것 같지는 않고 상단 부분이 평평하고 널찍했던 것 같다. 그 위에 큰 신전이 있었던 것이다. 고국천왕 12년조 추9월에 "경도京都에 눈이 6척이나 쌓였다"는 표현이 있다. 경도는 국내성을 일컫는다. 경도에 비교하여 여기는 고국천원일 수가 있다. 고국천왕은 명재상 을파소乙巴素를 등용한 인물이다. 민심을 얻어 상하가 한 마음이 된 위대한 시대를 열었다. 욕심 많은 마누라만이 문제였다.

또 하나의 초기 왕릉으로서 압록강을 내려다보고 있는 임강묘臨江墓를 가보고 싶었으나 안내인이 잘 모르는 듯 했다. 그리고 그 유명한 무용총, 각저총을 찾아보고 싶었으나 팻말도 없었다. 도굴사건 후에 또 다시 도굴의 대상이 될 수 있는, 한국인들에게 잘 알려져 있는 무덤들은 숨기는 방향으로 보호하는 자세인 것 같았다. 지도에도 표기를 하지 않는다. 전문연구자들에게 배급되어 있는 상세한 지도자료는 전부 비밀문서인 것처럼 다루어지고 있다. 가소로운 일이다. 도굴꾼 수준이라면 그런 것을 모를리가 없다. 폐쇄회로 경비장치가 어마어마하게 되어 있고, 팻말이 없는 거대묘들이 꽤 있었는데 이 묘들이 바로 우리에게 잘 알려져 있는 묘들인 것 같다.

이 묘는 우산2110호 묘에서 서남쪽으로 있는 오회분 중 제2호 묘로 불리는 것이다(JYM2102). 이 묘는 초원에 독립적으로 우뚝 서있는데, 방추형 봉토석실묘이다. 그런데 고구려 봉토석실묘 중에서 가장 싸이즈가 큰 것이다. 둘레가 220m, 묘고가 15m나 된다. 묘도가 남쪽으로 나있을 것으로 사료된다. 이 기세가 굉위宏偉한 무덤의 특징은 무엇인가? 이것은 말할 것도 없는 왕묘이다! 그런데 가장 위대한 사실은 단 한 번도 파헤쳐진 적이 없다는 것이다. 고구려는 아직도 미지의 세계가 남아있다는 것이다!

우산하 고분군 중에서 가장 서쪽으로 위치한 곳에 작은 방추형의 봉토무덤이 4개 쪼로록 서있는데 이것을 보통 사회분四盔墳이라고 말한다. 사회분 맞은편의 좀 크게 보이는 방추형 봉토묘는 오회분 1호묘이다(JYM2101). 둘레가 120m, 높이가 6m 정도인데 이 1호묘 역시 한 번도 발굴된 적이 없다. 오회분 1호묘와 2호묘(확실한 왕릉)를 생각하면 북쪽 4개의 사회분은 일종의 배분陪墳일 수도 있다.

시간이 애매하여 시내로 돌아가 국내성國內城을 답사하기로 했다. 이춘호 할아버지가 국내성은 남아있는 것이 아무것도 없다고 했다. "아무것도 없다"는 말 자체가 그분의 인식체계를 반영하는 것이다. 이 지역에 오래 살았기 때문에 국내성이 파괴되어간 과정을 잘 알기에 한 말일 것이다. 우리는 그의 말을 고지식하게 받아들였다. 그는 빼스를 집안시내 한복판인 문화로文化路("로"는 동서로 난 길)와 동성가東盛街("가"는 남북으로 난 길)가 만나는 곳, 성벽이 양쪽으로 갈라져 절단되어 있는 그곳에 우리를 데려다 주면서 이렇게 말했다. "보통 국내성이라는게 요기 쪼끔 남아있는 거에요."

그런데 나는 그 단절면에서 동서로 비록 1~2m의 높이로 낮게 남아있긴 하지만 엄청나게 성벽이 연결되어 뻗쳐있고 그 앞에 초원이 잘 조성되어 있는

집안시내 문화로文化路를 따라 남아있는 국내성 성벽. 이것이 북벽이다. 시내에 현대건축물이 들어서면서 이 성장城墻은 심하게 파손되어 동벽은 거의 다 파괴되었고, 북벽은 보이는 바와 같이 1~2m 정도의 낮은 장기墻基만 남아있다. 이것의 원래 모습은 최소한 6m 정도 되는 높이의 장쾌한 것이었다. 그리고 성벽의 두께는 7~10m 정도 되는 것으로 그 장벽 위로도 물자교류가 가능했을 것이다.

것을 발견하고 그곳을 한참 따라갔다. 초원은 철책으로 보호막이 쳐져 있었지만 동네 아이들이 그 속에서 뛰어 놀길래 나는 그 철책 안으로 들어가 걸었다.

한 블록을 걸어 갔는데 "성관소시장城管小市場"이라는 작은 시장이 열리는 곳이 나왔다. 그런데 한국인 관광객 두 명이 나에게 인사를 하는 것이다. 그래서 물어본 즉 자기들은 국내성 성벽 전체를 돌고 있다는 것이다. 나는 그들의 이야기를 통해서 비로소 국내성 전체유적이 불완전하기는 하지만 옹그라니 남아있다는 사실을 알고 놀랬다. 이춘호할아버지는 오히려 이곳에 태어나서 살았기 때문에 잘 몰랐던 것이다.

나는 그들이 온 길을 물어 국내성을 한바퀴 돌기로 작정했다. 그런데 그 두 명이 나에게 같이 사진찍기를 원했다. 아무래도 사진이 멋있게 나오려면 철책 안에 들어와 성벽 앞에서 찍어야 한다. 그런데 철책이 상당히 높았다. 그래도 두 명이 철책을 넘어 들어와 나와 사진을 찍었다. 보통 나는 모르는 타인과 사진을 찍지 않지만 이국땅에서 만난 동포이기에 같이 찍자는 사진에 응해준 것이다. 여기까지는 좋았다.

국내성은 고구려시대 당대當代에도 계속 보수되었다. 청나라가 집안을 행정구역으로 만들면서 여러 차례 국내성을 보수했다. 그러나 민국 초년(1912년)의 전란 속에서 이 성은 많이 파괴되었다. 그리하여 1921년, 북양정부는 500명의 인부를 징발하여 대규모 보수를 진행시켰다. 이 사진은 1930년 초의 국내성의 모습이다. 국내성이 1930년대까지만 해도 엄청난 규모로 원양이 남아있었다는 것을 알 수 있다. 여기 보이는 것은 "치雉"라는 것인데 방어를 유리하게 만드는 돌출부분이다(중국말로는 마면馬面, 혹은 장대墻臺라고 한다). 이 치가 불규칙하게 열네군데 돌출되어 있었다고 하는데, 치는 고구려성의 특징이다. 실제적인 군사방어용 성장城墻이었다는 것을 알 수 있다.

이 중 한 명이 다시 철책을 넘어 가기가 구찮으니까 아랫동아리가 끊어져 있는 철책 하나를 옆으로 확 휘어놓고 빠져나간 것이다. 나는 철책을 살살 다시 원위치로 돌려놓는 작업을 하기는 했지만, 그것은 곧 떨어질 것임에 분명했다. 그러면 개구멍이 크게 날 것이고 이 동네 사람들이 성벽 앞터로 출입하게 될 것임이 분명했다. 그 한국 관광객은 지방 도청의 공무원이라고 했는데 어찌하여 남의 나라에 와서 그토록 무지막지한 훼손행위를 일삼는지 나는 망연자실했다.

나는 그 공무원에게 아무말도 하지 못했다. 근원적인 잘못이 나에게 있었기 때문이다. 철책 안 금지구역에서 사진을 찍지 말었어야 했다. 나는 이 철책사건

서벽에 서대하西大河로 흘러나가는 배수로가 있는 함동涵洞을 찍은 것이다. 여기 보이는 바위들은 그 덮개이고 그 덮개 밑으로 배수로가 있다. 배수로도 적들이 침투하지 못하게 상당히 공들여 만든 것이다.

으로 집안을 떠날 때까지 내내 가슴에 고통을 받았다. 한국 같았으면 내가 내 돈을 들여서 그 철책을 수리하고 떠났을 것이다. 나는 학교에서 학생들이 책상 하나도 칼이나 볼펜으로 마구 흠집을 내는 것을 보면 못 참고 야단을 친다. 공적인 물건에 대해 우리는 국경을 불문하고 훼손하는 파렴치한 행위를 해서는 아니된다.

아마도 그 공무원은 자기가 저지른 일로 해서 내가 그토록 가슴아파했다는 것을 꿈에도 생각하지 않을 것이다. 한국의 도청공무원이라는 자가 그 작은 편의를 위하여(철책을 뛰어넘는 수고를 아끼기 위하여) 국내성 유적 보호시설을 훼손하는 그런 행위를 하는 자세, 그러면서 자랑스럽게 국내성 일주를 한

다고 하는 그 파렴치한 당당함에 나는 내내 나의 경솔함을 자책할 수밖에 없었다. 이러한 우리의 무의식적 행위패턴이 중국의 "동북공정"을 자초했다는 반성을 새삼 심화시킬 수밖에 없었다.

국내성은 정방형에 가까운 오리지날한 모습이 거의 다 남아있다. 동벽 514m, 서벽 699m, 남벽 749m, 북벽 779m, 전체둘레 2741m가 서울의 성벽보다는 더 완정한 모습으로 연결되어 있다(기록자에 따라 길이가 좀 다르다. 혹왈 2685m). 현재 보존되어 있는 상태는 서쪽 성벽과 남쪽 성벽이 잘 보존되어 있는데, 서쪽 성벽은 최고 높이가 6m에 이르고, 통구하가 내려와서 압록강으로 들어가는 최하구부분인 서대하西大河 강변으로 공원이 잘 조성되어 있다.

압록강과 직각으로 만나는 통구하의 최하류를 서대하西大河라고 하는데, 서대하의 하변에 국내성의 서벽이 위치하고 있다. 『신당서』에 압록수가 국내성을 지나 "염난수鹽難水"와 만난다고 적혀있는데, 염난수를 나는 통구하로 본다. 그렇다면 『신당서』는 국내성의 위치를 정확히 기술하고 있는 것이다.

가장 파괴가 심한 곳은 동벽인데, 시내라서 건물을 많이 짓는 바람에 다 파괴해버린 것이다. 북벽은 비교적 잘 보존되어 있는데 기단부분 1~2m 정도의 높이만 남아있다.

국내성은 원래 6개의 문門이 있었는데 동서로 각각 2문이 있었고, 남북으로 각각 1문이 있었다. 동서로 있었던 4개의 문은 모두 동대문과 같은 옹문瓮門이었다. 『집안현지集安縣志』의 기재에 의하면, 민국 10년(1921)에 국내성을 중수重修할 때 삼문을 다시 지어올렸는데, 동문을 경무문經武門, 서문을 준문문濬文門, 남문을 금강문襟江門이라고 이름했다. 민국 20년(1931), 성문을 개수하면서 동문을 집문문輯文門, 서문을 안무문安武門으로 고쳤다. 그래서

이것은 동문인 "집문문輯文門"의 모습이다. 이 문은 1921년 국내성을 중수할 때는 "경무문經武門"이라고 불렀던 것이다. 그런데 1931년 성문을 개수하면서 "집문문輯文門"이라고 불렀다. 이 개수작업은 장학량의 치세 때 이루어진 것이다. 그러나 곧 9·18 사변이 일어나 장학량은 "부저항장군"이 되었고 일본관동군이 이 지역을 장악한다. 이것은 관동군이 이 지역을 장악한 직후의 사진으로 사료된다. 관동군이 보초를 서고있는 모습이 매우 코믹하게 보인다. 그러나 이것은 엄청난 역사의 비운을 암시하는 트래직한 사진이다. 왜놈관동군이 고구려성 위에 서있다니! 당태종도 이루지 못했던 꿈이었다. 이 성문은 1947년까지 이 모습대로 유지되었다. 그런데 왜 파괴되었을까? 바로 국공내전의 전화로 사라진 것이다. 왜놈과의 싸움으로 파괴된 것이 아니라 결국 중국인 끼리의 내전으로 고구려성이 파괴된 것이다. 인간세의 상전벽해가 이와 같다.

집문문, 안무문, 금강문이 1947년까지는 보존되어 있었다. 민국년간에 일본 관동군이 집문문 위에서 보초서고 있는 모습을 찍은 사진이 보존되어 있다. 결국 국내성은 1947년 국공내전 시기에 심하게 파손되어 사라진 것이다.

『삼국사기』에 보면 유리왕 22년(AD 3년)에 이곳으로 천도를 했다고 했는데 그 당시 집중적으로 수축한 것은 환도성丸都城, 즉 위나암성尉那巖城이었다(위나암성과 환도성을 별도의 지명으로 보아야 한다는 견해도 있다). 환도성의 돌벽은 그때부터 시작된 것이다. 그런데 당시의 국내성은 석성이었다기 보다는 풍납토성과

← 압록강변에 있었던 남문이 "금강문襟江門"이었는데, 그 모습이 1930년대 사진에는 이렇게 아름답게 잘 남아있다. 금은 합수머리 금자로, 두 강이 만난다는 뜻이다.

감개무량한 사진이다. 국내성의 서벽 전체 중 남쪽 부분을 보여준다. 성 앞을 흐르는 시냇물이 통구하 즉 염난수鹽難水(현재 이름 서대하西大河: 혹자는 염난수를 혼강渾江이라고 비정하는데, 그렇게 되면 국내성에서 너무 멀어진다)이다. 성문 위의 팻말이 "준문문濬文門"으로 되어있으므로 이 사진은 1931년 이전의 사진이 분명하다. 1931년에 이 문의 이름이 "안무문安武門"으로 바뀌었기 때문이다. 1920년대의 고국의 산하를 바라보는 비감이 무량하다. 오른쪽에 보이는 산들은 압록강 너머 만포시의 산들이다. 이곳은 조선인들의 항일투쟁 기지이기도 했다.

같은 토성이었던 것으로 사료된다. 그리고 이 지역을 발굴해보면 한대漢代의 와당이나 백옥이배白玉耳杯 등이 출토되며, 또 전국시대의 석부石斧, 석도石刀, 원형석기圓形石器가 발견되므로 이 지역에는 이미 고래로부터 어떤 문명집단이 자리잡고 있었던 것으로 보인다. 『삼국사기』에 보면 고국원왕故國原王 12년조에 "환도성을 수축하고 또 국내성을 쌓았다. 修葺丸都城, 又築國內城。"라는 말이 있는데 오늘의 이 성벽은 이 때(AD 342) 쌓아진 것으로 보여진다.

그런데 이 국내성의 위치를 정확하게 알려주는 문헌이 있다. 두우杜佑의 『통전通典』(AD 801년 완성)이 그것이다. 거기에 "압록수鴨綠水"를 기록하면서 수원水源은 동북말갈백산東北靺鞨白山(백두산)에서 시작하며 수색水色이 오리대가리 푸른색과 같아 속명이 그렇게 붙여졌다고 말한다. 그러면서 국내성이

국내성 서벽

국공내전으로 국내성이 파괴되면서 집안에 집을 짓는 사람들은 국내성의 성벽돌을 건재建材로 썼다. 사방에 국내성의 돌들이 박혀있는 것을 볼 수가 있다. 유적의 보존은 국혼의 보존이다. 그러나 이 지역사람들은 전혀 고구려에 대한 스스로의 아이덴티티가 없는 것이다. 고구려는 우리의 가슴으로 지킬 수밖에 없다.

압록수와 염난수鹽難水(=혼강渾江 혹은 통구하) 만나는 곳, 압록수 북쪽에 자리잡고 있다고 말하고 있는 것이다.

국내성안의 궁궐자리는 집안시정부, 검찰원이 자리잡고 있다. 우리는 국내성을 따라 계속 웅장한 모습에 감탄하고 또 감탄하면서 우리가 소위 역사에서 허언虛言인 것처럼 지나치고 말았던 국내성의 실체가 이토록 장중한 것인지,

우리의 역사비전의 오류를 다시금 바로잡고 또 바로잡아야 했던 것이다. 나는 집안시내에서 꼭 압록강을 찾아가보고 싶었다. 이춘호할아버지가 압록강은 내일 볼 수 있다고 했지만 분명 압록강은 집안시내 한복판을 흐르고 있음이 분명했다. 우리는 왠지 압록강은 가볼 수 없는 곳인 것처럼 생각하는 편견이 있는 것이다. 국내성벽 남쪽으로 내려가면 곧 압록강이 한강처럼 흐르고 있을 것 같았다.

조양남로朝陽南路를 따라 내려가니 연강로沿江路가 나왔다. 연강로를 따라 강둑길이 잘 조성되어 있었다. 그곳에서 한강고수부지를 내려가듯이 바로 압록강변으로 내려갈 수가 있었다. 나는 "EBS독립전쟁사"를 찍으면서 압록강을 수없이 보았지만, 압록강이 관념속에서만 흐르고 있었던 나의 일행들은 압록강을 직접 손으로 만져볼 수 있다는 감격이 그토록 가슴떨리는 일이었던 것 같다. 더욱이 나의 처와 최무영교수 부부는 각별한 느낌이 있었던 것 같다. 나의 장인이 의주사람이었기 때문에 그 고향이 이곳에서 멀지않다. 벌등도筏登島(강 한가운데 있는 섬) 앞 압록강변에서 석양에 외친 우리의 찢어진 가슴은 내가 후즈닷컴 카메라 앞에서 읊은 즉흥시구절에 잘 표현되어 있다.

압록강이 "국경"으로 인식된 것은 오직 20세기 현상일 뿐이다.
어찌 이 한 동네 개울이 건너지 못하는 국경일 수 있겠는가!

오~ 압록강

우리 고구려 육백년 도읍지

국내성 사람들의 삶

그 한가운데를 흐르는 냇갈

고구려 아낙들이 빨래하며 담소하던 곳

아~ 고구려 사내들

하늘을 찌르는 듯 뿔드리미는 황소의 숨결

생명의 터전 일구어낸

쟁기 씻을 때

그 은빛 칼날이

번쩍이었어라

천제의 황룡이

현무의 하늘을 수놓던

우리 마음의 고향

우리 심장의 뜨거운 피가

맥박치는 곳

오리머리깃털 보다 더 현묘한 물결

압록이여

영원하여라

영원하여라

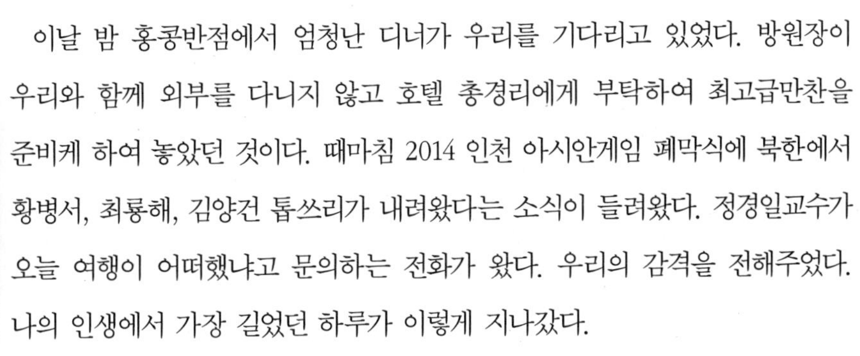

이날 밤 홍콩반점에서 엄청난 디너가 우리를 기다리고 있었다. 방원장이 우리와 함께 외부를 다니지 않고 호텔 총경리에게 부탁하여 최고급만찬을 준비케 하여 놓았던 것이다. 때마침 2014 인천 아시안게임 폐막식에 북한에서 황병서, 최룡해, 김양건 톱쓰리가 내려왔다는 소식이 들려왔다. 정경일교수가 오늘 여행이 어떠했냐고 문의하는 전화가 왔다. 우리의 감격을 전해주었다. 나의 인생에서 가장 길었던 하루가 이렇게 지나갔다.

용인대학교 이사장 이학李鶴선생은 나와 오랜 세월, 우정과 교분을 나눈 친구이다. 그는 세계적인 콜렉터의 반열에 낄 수 있는 특출한 인물이다. 그의 콜렉션은 단순히 희귀한 물건을 모은다는 차원을 떠나 그 나름대로의 삶의 철학이 담겨져 있다. 그와 앉아 콜렉션 여정의 뒷이야기를 들어보면 너무도 재미있는 고사가 많다. 여기 있는 이 토기는 2014년 용인대학교박물관특별전 "토기–그 질박한 역사의 여정"에 출품된 고구려 부장품이다. 집 출입문은 표현되어 있지 않지만 지붕과 창문을 갖춘 현실적인 고구려인의 생활주택을 보여준다는 의미에서 매우 충격적인 작품이다. 돌로 이중 기단을 깔고, 그 위에 양옆으로 기둥을 세웠으며, 대들보 위에는 단순한 맛배지붕을 올렸다(팔작지붕이 아니다. 용마루와 기와가 표현되어 있다). 안악3호분에 있는 가옥형태와 매우 유사한 심층구조를 보여준다. 삼각형 창문은 추운지방의 삶의 모습을 보여주는데 나무로 떠받히는 창문이 있었을 것이다. 집 전체를 황토벽으로 발라 보온을 강화했다. 아주 소박한 서민의 삶을 보여주는 이 부장품은 연질토기이며, 5세기 고구려가 가장 강성했을 때의 자신감을 보여주는 위대한 작품이라 할 것이다. 높이 15cm, 길이 17.1cm.

10월 5일, 일요일. 하우下雨

미천왕릉: 고국원왕 이야기

아침에 무지막지하게 많은 양의 대변이 쏟아졌다. 여행할 때 가장 위대한 소식이라 할 것이다. 몸이 가뿐해졌다. 단군과 추모왕의 영험이 나에게 서렸으리라! 그런데 오늘은 하늘이 상쾌하지 않다. 비가 내렸다. 그래서 무조건 실내에서 볼 수 있는 것을 먼저 보기로 했다. 최근에 잘 조성했다는 집안박물관을 가보기로 했다. 집안박물관을 들어가는 과정은 일제치하의 서대문형무소 감옥에 면회들어가는 것 보다도 더 무서운 느낌이 들었다. 일체의 촬영기구나 소지품을 못가지고 들어가게 할 뿐 아니라, 서있는 모든 박물관원이 무장경찰과도 같은 기세였다.

이 박물관은 처음부터 끝까지 "동북공정"의 위세를 과시하기 위하여, 한국관람객들에게 위압감과 공포감을 주기위하여 만들어진 박물관같았다. 인류의 보편적 박물관의 정신을 모두 위배한 범죄행위에 가까운 박물관이었다. 그러니까 모든 진열품은 동북공정의 감옥에 갇혀있는 셈이다. 그런데 웃기고

집안시박물관은 고구려유적의 수집, 발굴, 보존, 연구, 교육을 전문으로 하는 고구려역사문물전문박물관이기 때문에 우리에게도 중요한 의미를 지니는 한 역사문화거점이라고도 말할 수 있다. 이 박물관은 1958년 9월 15일 건립되었으나 당시는 집안현농업전람관이었다. 1962년, 박물관과 문물보관소를 합서판공合署辦公하면서 확장되었다. 1988년 5월에 집안시박물관이 되면서 고구려문물의 전문성 박물관이 되었다. 박물관 관사는 1964년에 지어졌고 그 후 1984년, 길림성 문화청의 발관撥款으로 증축되었다. 장군총, 호태왕릉비, 우산귀족묘지, 환도산성, 산성하묘구 등을 모두 이 박물관에서 관리하고 있다. 보다 개방적이고 인간적이며 정보를 공유하는 방향으로 집안시박물관의 자세는 개선되어야 한다. 앞의 큰 돌에 새겨진 "집안박물관"이라는 글씨는 공산주의이념을 중국역사인식에 도입시키는 데 큰 공헌을 한 사상가 꾸어 뭐루어郭沫若, 1892~1978(광동대학 총장, 전국문련 주석, 중국과학원 원장 등을 역임)의 것이다.

또 웃기는 일은 사진 못찍는 것은 그렇다치고, 진열된 작품들의 설명은 잘 해놓았는데, 그 설명한 부분에 관하여 수첩에 적는 행위도 못하게 하는 것이다. 박물관 내에서 관람객 본인의 수첩에 무엇을 적어도 안된다는 것이다. 뿐만 아니라 관람하는 학자들끼리 진열품을 놓고 그 앞에서 조용히 토론을 하는 것도 못하게 하는 것이다. 박물관이 존재하는 가장 아름다운 미덕을 거부하는 것이다.

세상에 이런 박물관이 또 있을까? 입장료도 엄청난 돈을 받으면서 이런 식으로 겁을 준다는 것은 도무지 인문정신, 박물관을 설립하는 인도주의적 정신을 근원적으로 위배하는 것이다. 박물관에 진열된 유물들의 가치는 많은 사람에게 공유될수록 좋은 것이다. 이날 우리가 제일 먼저 들어온 관람객이고 우리 외의 타 관람객은 거의 없었다. 그렇다고 특별히 긴장할 이유가 있었을까? 하여튼 우리가 느낀 집안박물관은 그 자체로 하나의 범죄행위였다. 나는 인류의 양심, 인문정신의 상식에 고발한다!

물론 박물관 그 자체를 범죄행위라 말할 수는 없을 것이다. 집안박물관은 고적보전을 위하여 많은 노력을 기울이고 또 많은 학술적인 업적도 쌓아가고 있다. 단지 박물관의 분위기를 연출하고 있는 사람들의 정책이 그러한 흉악한 공포감을 자아내고 있는 것이다.

박근혜대통령이나 앞으로 한국의 대통령될 사람은 반드시 시 진핑주석과 만난 자리에서 부드럽게 이런 문제를 거론해야 할 것이다. 박물관정신, 그 정도正道에 관한 몇 마디만 웃으며 나누어도 양국관계에 거대한 변화를 가져오는 계기가 될 것이다. 중앙에서는 이런 문제를 전혀 알고 있지 못한 것이다. 지방 관료주의의 경직된 멘탈리티가 이런 불행한 분위기를 만들고 있는 것이다.

좋다! 필기도 못하게 하는 박물관! 박물관원들이 내내 필기도 못하게 따라다니는 박물관! 좋다! 그럼 박물관의 자세한 도록이라도 만들어 제공해야 할 것 아닌가? 집안박물관은 도록을 안만든다고 했다. 도록이 근원적으로 없다는 것이다. 도무지 말이 안나왔다. 다행히

도록조차 없는 이 집안시박물관에서 내가 찍을 수 있었던 것이 정원에 딩굴고 있는 이 돌유적이 다였다. 고구려성터의 주춧돌, 받침대 등으로 여겨진다.

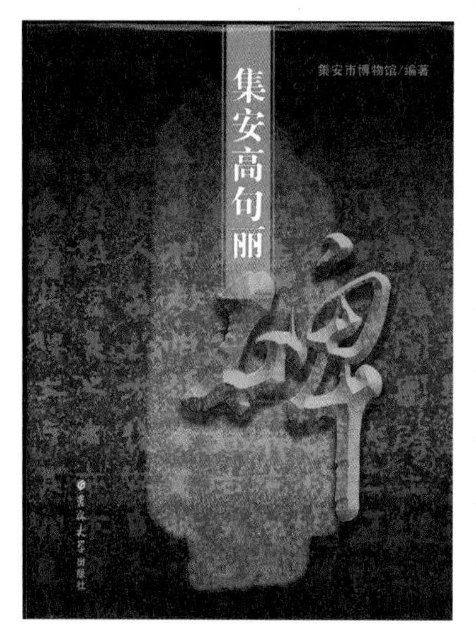

이 책은 집안시박물관에서 편저編著 하였고, 길림대학출판사에서 출판한, 마선향 마선하변에서 출토된(2012년 7월 29일) 고구려석비에 관한 상당히 수준높은 연구보고서이다. 껑 티에후아耿鐵華, 쑨 르언지에孫仁杰, 왕 즈민王志敏 등등의 훌륭한 학자들이 참여하였다. 이런 책의 출판이야말로 박물관의 보편적 가치를 발양시키는 위대한 사업이라 말할 수 있다.

최근에 발견된 마선고구려비에 관한 보고서가 있어서 그 책 한권은 살 수 있었다. 마선비는 박물관 내에 매우 잘 전시되어 있다. 박물관을 나서는 나의 느낌은 정말 씁쓸했다. 그러나 나는 나의 주장을 재확인 했다: "동북공정은 동북사랑운동으로 전환되어야 한다. 서로의 편견을 버리고 동북을 동북아시아의 새로운 허브로 만드는 개방적 문화정책을 수립하여 이 지역을 윤택하게 만들어야 한다!"

우리가 제일 먼저 가본 무덤은 집안권역에서 서남쪽으로 제일 멀리 위치하고 있는 서대묘西大墓였다. 이 무덤은 우리가 생각할 수 있는 고구려 무덤 중에서 가장 거대한 스케일에 속하는 몇 개 중의 하나이며, 왕묘로 간주되지 않을 수 없는 유적이다. 집안시에서 압록강을 따라 내려 오다보면 5.5㎞ 떨어진 곳에 있는데 마선향麻線鄕의 안자령安子嶺을 뒤로 하고 마선의 너른 하곡평원을 내려다보며 그 500m 아래에는 압록강이 도도히 흘러내려가고 있다. 완벽한 남향의 배산임수背山臨水 형국이며 아름답기 그지없는, 대형무덤치고는 퍽 높은 곳에 아름다운 전망을 지닌 곳에 위치하고 있다.

4각의 계단식적석석실묘인데 한 변이 57m 정도에 묘고가 10m 정도이다. 호태왕릉과 거의 비슷한 싸이즈의 무덤이다. 현재 그 원래 모습을 다 구성하기 어렵지만 지금 확인할 수 있는 계단으로는 14급정도의 거대한 분묘였을 것이라고 본다. 저부계단이 남측에는 비교적 잘 보존되어 있다. 이 묘가 북측은 높고 남측이 낮은 언덕에 축조되었기 때문에 남쪽으로 더 거대하고 육중한 석조石條를 썼다. 그래서 남쪽으로 밀리는 기운을 막았던 것이다. 그런데 불행하게도 이 무덤은 형체를 알아보기 힘들 정도로 파괴되었는데 중간의 석실을 파헤치기 위하여 5m 이상 깊이의 대도갱大盜坑 웅덩이가 형성되어 있다. 그 파헤친 형태의 무자비함으로 보아 이것은 정상적인 도굴꾼의 소행으로 볼 수는 없으며 전쟁의 참상의 한 형태로 밖에는 해석할 수 없는 것이다. 그리고 그 파헤침이 근자의 사건일 수는 없다는 것이다.

우리는 이미 환도성에서 광개토대왕의 친할아버지 제16대 고국원왕故國原王의 비극에 관하여 이미 논한 바 있다. 고국원왕 12년(AD 342) 서진西晉이 유지했던 중원의 질서가 엉크러지는 틈을 타서 홍기한 선비족 모용부의 강자, 연왕燕王 모용황慕容皝은 국도를 자성棘城에서 용성龍城(지금 요녕성 조양시朝陽市 서남)으로 옮기고 국가의 홍성하는 기운을 가다듬은 다음 고구려를 친다. 고구려를 치지 않고서는 도저히 중원을 제패할 수 없다고 생각했기 때문이었다.

고구려의 고국원왕도 결코 만만한 인물은 아니었다. 그는 이러한 국제적 기류에 대비하여 환도성을 보강하였고 국내성의 석성을 군방어시설로 증축하는 작업을 하면서 만반의 대비를 하였다(아마도 이때 국내성 성벽의 높이가 높아지고 치와 같은 부분이 보강되었을 것이다). 모용황은 드디어 4만의 정병을 직접 거느리고 보통은 험난하여 아니 다니는 남도로 진군하고, 장사長史(관직이름)인 왕우王寓로 하여금 1만 5천을 거느리고 북도로 나아가게 하였다(이것은 예상을 뒤엎은 행동이며 상대방의 헛점을 찌르는 역수였다). 5만 5천의 대군이 환도성으로 진격한 것이다. 이에 대하여 고국원왕은 아우 무武로 하여금 주력부대인 5만의

이 사진은 서대묘(JMM0500)가 얼마나 장쾌한 거대한 능인지를 잘 나타내고 있지는 않지만 압록강변에 위치한 서대묘의 지세를 잘 보여준다. 이 사진은 서대묘를 북쪽에서 내려다보면서 찍은 것인데, 압록강에서는 500m 정도 떨어져 있고(강건너가 우리북한 땅), 집안시 중심으로는 서남쪽으로 5.5km 떨어져 있다. 이 묘는 대형계단적석광실묘인데 현재 잔고殘高가 11m 정도 되지만 훨씬 더 높은 능이었다. 동변과 북변의 길이가 53.5m 정도, 서변이 56.7m, 남변이 62.5m 정도 되는데, 거의 호태왕릉의 싸이즈에 버금가는 대묘이다. 그러니까 4세기 전반부터 이미 고구려는 대형계단적석광실묘를 만들었음을 알 수 있다. 그러나 묘실이 일찍 파헤쳐 분쇄되어버렸기 때문에 그 묘실의↗

↙ 축구築構를 알 길이 없다. 현존하는 계단은 14급 정도로 보여지며 남측의 양쪽 모서리는 보존상태가 비교적 양호한 편이다. 이 묘의 북측 40.5m 정도에 이 능의 북변과 평행하는 하란석으로 만든 석장石墻의 유적이 있는 것으로 보아(너비 2m 정도, 남아있는 길이는 39m), 이 능은 사각으로 삥 둘러서 담이 쳐져있는 성역이었던 것으로 보인다. 동측 40m 정도에는 장방형의 제대祭臺도 발견된다. 뒷 페이지의 전면사진은 실제로 이 왕릉이 얼마나 거대한 적석묘인지를 보여준다. 하란석河卵石(강돌)뿐 아니라 산돌을 분쇄해서 쓰기도 하였다.

정병을 거느리고 남도로 가지 않고 북도로 나아가게 하는 실책을 범했다. 모용황의 역수에 걸려든 것이다. 그리고 본인은 약졸弱卒을 거느리고 남도를 방어하였다.

모사꾼인 모용한慕容翰이 남도에서 전초부대로 고국원왕의 부대를 곤궁으로 몰아갔다. 그러다가 갑자기 모용황의 대부대가 밀어닥치니 고국원왕의 남도부대는 대패를 할 수밖에 없었고 고국원왕은 단기필마로 도망하여 단웅곡斷熊谷이라는 곳으로 숨었다. 한편 북도에서는 고국원왕의 아우인 무武는 장사 왕우가 이끈 1만 5천의 부대를 완전히 괴멸시켰다. 그러니 고국원왕이 패주 했다고는 하나 고구려병사의 대세는 승리를 거두어 환도성으로 휘몰아닥칠 기세였음으로 고국원왕을 추적할 수 있는 여백이 없었다. 모용황의 완벽한 승리는 아니었던 것이다.

이에 환도성에 입성한 좌장사左長史 한수韓壽(연장燕將으로서 모사謀士이다)는 꾀를 내어 말한다: "고구려의 땅은 험난하여 우리가 지키기가 어렵습니다. 국왕은 도망하였고 백성은 흩어졌다고는 하나, 고구려는 국력을 금방 정비하여 반격할 수 있는 실력을 갖춘 날쌔고 강건한 나라입니다. 그러니 우리가 여기서 그냥 퇴각하면 두고두고 우리 연나라에 후환이 크게 미칠 것입니다. 그러니 왕의 아비의 무덤을 파헤쳐 그 시체를 꺼내어 수레에 싣고 그의 생모 주씨周氏를 사로잡아 같이 데려감으로써 국가분위기를 무기력하게 만들고, 려왕麗王이 속신자귀束身自歸(스스로 자기 몸을 묶어 투항한다는 뜻)하는 것을 기다려 은혜恩惠와 신의信義로 무마하는 것이 상책일 듯 하옵니다."

이에 모용황이 그 말에 좇아 미천왕릉을 파헤쳐 그 시체를 싣고 또 그 부고에 있는 누대로 전해내려온 국가의 보물을 취하고, 남녀 5만여명을 사로잡고, 그 궁실을 불지르고, 환도성은 헐어 버리고 돌아갔다(發美川王墓, 載其尸, 收其府庫累世之寶, 虜男女五萬餘口, 燒其宮室, 毁丸都城而還). 이 사실은 『삼국사기』에 명기되어 있는 대로다.

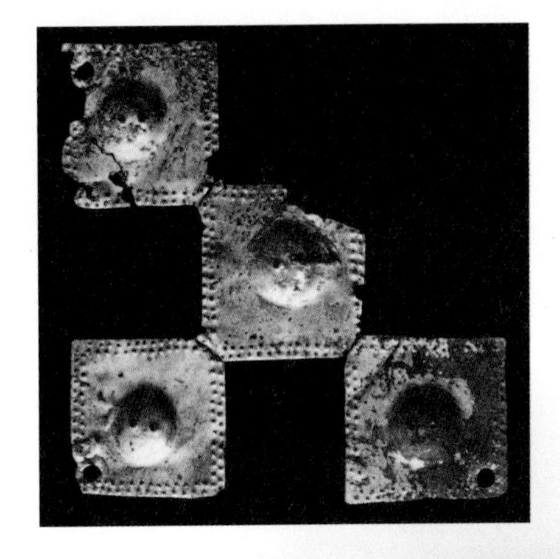

미천왕릉은 우리민족의 한 슬픈 장면을 여실하게 연출하고 있는 위대한 드라마 그 자체이다. 2003년에 길림성 문물부문文物部門에서 자세한 조사를 했는데 동, 철, 석기, 도자기, 도금기류의 유물이 38건이 나왔다. 그 중 문자가 있는 와당이 있었는데 "기축己丑"이라는 글씨가 확인되었다. 기축은 미천왕 30년, AD 329년에 해당된다. 이 묘는 미천왕이 돌아가시기 2년 전부터 축조된 것으로 사료된다. 옆에 있는 것은 이 묘에서 출토된 도금동제 오련방형식五聯方形飾이다. 다음 쪽에 파헤쳐진 처참한 무덤의 실상이 보이는데 남북으로(서쪽으로 기움) 갈라진 것이다. 이것은 단순한 도굴자국일 수가 없다. 대규모 전쟁의 상흔이다.

사료에 명기되어 있는 비극의 현장을 우리가 두 눈으로 목도할 수 있다는 것은 참으로 놀라운 일이다. 아니, 너무도 충격적인 사건이다. 이 서대묘는 바로 고국원왕의 아버지 미천왕美川王(재위 32년, AD 300~331)의 묘인 것이다. 미천美川이란 바로 이 묘 앞을 흐르고 있는 압록강을 일컫은 것이다. "미천의 들에 장사지냈다.葬於美川之原"라고 한 그 표현이 이 무덤에 올라와보면 그대로 들어맞는다. 같은 강이라도 옛 사람들은 구간에 따라 이름을 달리 해서 불렀던 것이다. 이 무덤의 주인에 관해서도 여러가지 설이 있었으나 최근에 문자가 있는 와당이 발견되었고, 그 면밀한 연구결과 서대묘는 미천왕릉으로 간주하는 것이 정당하다는 결론이 내려졌다.

그러나 무엇보다도 외관의 모습이 역사적 기록의 사실을 그대로 반영하고 있다는 목전의 리얼리티는 우리에게 엄청난 감회를 불러일으킨다. AD 342년의 비극적 사실이 기록되어 있고 그로부터 정확하게 1,672년이 지난 오늘 내가 그 사건의 잔해의 모습을 있는 그대로 쳐다볼 수 있다는 이러한 사태는 과연 무엇을 뜻하는 것일까? 이 단순한 하나의 일치를 통하여 우리는 니체가 말하는 바, "희랍비극의 현장에로의 공감empathy"과도 같은 공감의 장을 만나게 된다. 역사는 사건이고, 사건은 실존의 계보를 말해준다. 고구려는 나의 현실이었다.

생각해 보라! 좌장사左長史 한수韓壽의 말을 들은 모용황은 4만의 대군을 거느리고, 5만의 고구려 남녀를 노예로 삼아 압록강변을 따라 이 미천왕릉에 이르러 병사들로 하여금 이 무덤을 파헤치게 했던 것이다. 그의 본거지 요서 조양朝陽으로 갈려면 바로 이 길을 거쳐 갈 수밖에 없다. 이 무덤이 파헤쳐지는 참혹한 광경을 그 부인 주씨周氏는 눈물을 머금고 목도했을 것이다.

결국 모용황의 작전은 성공하였다. 고국원왕은 아버지 무덤이 파헤쳐지고 어머니와 부인이 사로잡혀간 마당에 달리 항거할 방법이 없었다. 두 달 후에(AD 343년 2월: 해가 바뀌었지만 실제로 두 달 정도밖에 되지 않는다) 고국원왕은 동생을 보내어 연나라에 칭신稱臣하고 입조入朝의 형식을 취하였는데 진귀한 물건을 엄청 실어보냈다. 모용황이 그토록 처참하게 국토와 국민을 파괴했는데도, 또 그렇게 많은 보물을 실어보낸다는 것은 참기 어려운 굴욕이며 또 국가의 허리가 휘는 쥐어짜냄이었을 것이다.

그러나 그것은 또 동시에 고구려가 이미 얼마나 강성한 나라였는가 하는 것을 말해준다. 그러나 어찌할 다른 도리가 없었다. 그 진귀한 물건을 보낸 양이 너무도 많아 "천단위"로만 셀 수 있었다라고 『삼국사기』는 표현하고 있다(貢珍異以千數).

이에 모용황은 아버지 미천왕의 시체를 돌려보냈는데, 그 어머니 주씨는 볼모로 붙잡아 두었다고 했다. 아마도 고국원왕의 부인도 같이 붙잡아 두었던 것 같다. 모용황의 거만한 자세, 그 승자勝者의 오만은 고국원왕과 고구려국인들의 입장에서는 서럽기만 한 굴욕이었을 것이다. 이 해 7월에 고국원왕은 환도성이 처참하게 무너졌음으로 달리 있을 곳이 없어 평양平壤 동황성東黃城에 이거移居하였다고 했다. 그리고 이어 말하기를 그 동황성은 지금 서경西京의 동편에 있는 목멱산木覓山 속에 있다고 했다. 사실 여기서 말하는 평양이 지금의 평양인지 아닌지 깊은 검토가 필요하겠지만(실제로 일어난 역사적 상황을 종합적으로 검토해보면, 전화의 상흔이 가시지 않은 절박한 상황에서 비극적 결말이 벌어진 수도 환도성으로부터 그토록 멀리 떨어진 대동강 평양으로 간다는 것도 단언하기 어렵다. 이것은 어디까지나 일시적 대피였기 때문이다. 관구검의 침략으로 동천왕이 평양으로 천도할 수밖에 없었다고 한 그 "평양"은 고조선의 왕검성이었고, 그 평양은 지금의 요양遼陽 지역이라는 것이 정설이다. 그렇다면 고국원왕은 현재의 요양지역인 평양 주변의 동황성東黃城으로 피신하여 사태를 수습해나간 것으로 볼 수 있다. 그러나 요양의 위치가 만만한 거리가 아니며 전략적으로도 불리한 곳이므로, 이러한 상황이라면 평양은 환도성에서 가까운 어느 곳에 비정되어야 할 것이다. 모든 설이 확정적으로 주장되기 어렵다), 김부식의 해설대로 그것이 조선반도 내의 평양이라고 한다면 많은 주제를 시사하고 있다.

이미 고국원왕 시절부터 반도내의 평양과 집안지역은 수로나 육로를 통하여 엄청나게 빈번한 왕래가 있었으며, 평양은 고구려문명의 또 하나의 센터로서의 역할을 하고 있었다는 사실의 방증이 되는 것이다(이러한 문제와 관련하여 우리는 안악3호묘의 문제, 그리고 낙랑국이 되었든 낙랑군이 되었든 하여튼 낙랑이라는 이름과 관련된 어떤 고도의 문화적 전승체가 평안도·황해도 지역에 독자적으로 존재한 것은 부인할 수 없는 사실이라는 문제를 동시적으로 고려하지 않을 수 없다. 고국원왕 때 백제가 고구려와 전투를 벌인 곳도 요동이라고 보는 설이 강하지만 그것도 단정적으로 말하기 어렵다. 그러나 백제는 당시 환황해권을 제패한 강성한 나라였다).

『삼국사기』에 이해 겨울 11월에 폭설이 내려, 5척이나 쌓였다고 했는데, 많은 감회를 느끼게 한다. 왕도 없는 텅빈 환도성 폐허에 두껍게 덮힌 백설은 뭔가 황량한 느낌을 전해준다. 343년 계묘癸卯년 한 해는 고구려인들에게 퍽으나 추운 한 해였다. 모용황은 그것도 모자라 또 2년 후(고국원왕 15년, AD 345) 그의 넷째아들 모용각慕容恪을 시켜 고구려 남소성南蘇城(흥경興京부근이라 하였다)을 친다. 성을 빼앗고 자기들의 주둔군을 두고 갔다. 그만큼 고구려라는 후환이 두려웠던 것이다. 고구려에게 계속 겁을 주어야만 했던 것이다.

고국원왕은 이렇게 거대한 슬픔을 겪고도 29년간 더 국정을 끌어나갔다. 고국원왕은 결코 만만한 인물이 아니었다. 당시 중원의 정세가 그로 하여금 그러한 슬픔을 겪게했어도 그는 꿋꿋이 고구려를 지켜나갔다. 모용황이 환도성을 친 사건은 미천왕 때부터 계속된 치열한 영토전쟁의 일환이었다. 모용은 선비鮮卑의 주축세력이다. 모용황이 세운 연燕나라는 중원을 침략할 야욕을 불태우고 있었고, 그러기 위해서는 배후의 후환을 먼저 제거한다는 생각이 있었던 것이다.

미천왕릉의 규모를 잘 보여주는 사진이다. 지금 보이는 축대는 이 능의 동남각에 남아있는 것이다. 어떻게 이 많은 돌을 날라왔는지 참으로 불가사의하다. 그런데 강돌과 짱돌을 쌓아가면서 외각으로 큰돌로 쌓아올리는 방식은 구조상 불안요소가 많다. 에집트의 피라미드는 내부까지 똑같은 거대석괴를 썼기 때문에 그 안정성이 확보된 것이다. 더구나 이 무덤은 북변이 남변보다 꽤 높다. 그러니까 산기슭에 비스듬하게 쌓아올린 것이다. 보통의 상식적 공법이라면 북변의 땅을 파서 평평하게 기단을 다지고 쌓았어야 한다. 그러나 고구려인은 항상 있는 그대로의 "그랭이공법"을 사랑한 것 같다. 이 사진에 남북으로 광실을 파헤친 흔적이 있어 꼭 쌍묘처럼 보인다. 그런데 파헤쳐진 돌들이 남쪽으로 흘러내려 남변은 꼭 여자앞치마 모양으로 돌들이 나와있다.

앞쪽의 축대를 확대한 것. 석재의 규격은 평균적으로 길이 1.5~2.7m, 높이 0.6~1m 사이. 제일 작은 석재가 길이 1m, 높이 0.5m. 서쪽 중단의 한 석재는 길이 3.3m, 높이가 1.5m인데 표면을 매끄럼하게 잘 다듬었고, 가운데 아래쪽에 "대길大吉"이라는 두 글자를 예서체 음각으로 파넣었다. 아마도 고구려 석공이 국가의 안위를 생각하면서 "대길大吉"이라는 글자를 주체적으로 파넣었을 것이다. 『신당서』에 보면 "고구려사람들은 배우기를 사랑한다(향학열이 강하다는 뜻. 오늘 우리 대한민국도 이 전통을 잇고 있다). 가난한 동네, 미천한 집안의 사람들에 이르기까지 고구려 사람들은 서로를 격려하면서 배우기를 힘쓴다. 길거리마다 한 구석에 큼직한 집을 지어, 그것을 경당이라 부르고 미혼자제들을 그곳에 보내 경전을 외우게 하고 활쏘는 것을 배우게 한다.人喜學, 至窮里廝家, 亦相矜勉, 衢側悉構嚴屋, 號扃堂。子弟未婚者曹處, 誦經習射。"라고 했는데 고구려가 얼마나 고도의 문명국이었나 하는 것을 알 수 있다. 모용황은 이러한 문명국을 그토록 야비하고 저열한 수법으로 침모한 대가로 연나라의 멸망을 자초하고 만다. 광개토대왕비의 유려한 문장도 이러한 문화의 보편적 바탕을 전제하지 않고서는 설명될 수 없는 것이다.

사실 인간세의 역사를 크게 본다면 모용씨와 고구려가 그토록 피터지게 싸워야 할 이유가 없었다. 알고보면 결국 고조선이 지배한 영역 속에 선비족도 포함되어 있었고, 중국의 사서에 말하는 동이東夷나 동호東胡의 큰 카테고리 속에서 명료한 분별이 불가능하기 때문이다. 얼마든지 외교적으로 해결할 수 있는 문제였다. 그러나 모용황은 너무 지나친 행동을 했다. 결국 그의 야비한 행동은 그를 몰락시켰다. 그는 고국원왕보다 먼저 이 세상을 뜬다(348년). 결국 고국원왕은 재위 제25년인 355년에 태후(엄마) 주씨周氏와 부인을 귀환시키는 어려운 일까지 성공시킨다. 참으로 집요한 삶의 성취였다. 보통사람 같으면 볼모로 잡힌 엄마나 부인의 거취에 관해 그토록 집요한 작전을 펴지 않았을 것이다. 그리고 고국원왕 40년(370)에는 연燕에 치명적인 보복을 가한다.

그런데 전진前秦의 세력이 새롭게 부상한다. 전진은 연을 제압, 멸망시킨다. 그 연의 영역을 놓고 고구려와 백제가 치열한 싸움을 벌이게 된다. 형제국이었던 두 나라가 불행하게도 적대적 관계로 다시 만나게 된 것이다. 근초고왕이 군사 3만을 이끌고 와서 평양성을 친다. 고국원왕은 친히 나아가 백제군을 막다가 유시流矢에 맞아, 며칠 후에 숨을 거두고 만다. 고국원왕의 전사는 고구려인의 가슴속에 피맺힌 원한을 심어주었다. 결국 고구려가 당나라에게 멸망당하게 되는 내홍의 남상은 고국원왕의 전사에까지 거슬러 올라갈 수밖에 없을 것이다. 그토록 집요하게 모용씨를 견제하면서 태후와 왕비를 귀환시키고 모용씨에게 구극적인 승리를 거둔 위대한 고국원왕은 형제의 나라 백제의 화살에 목숨을 잃고만 것이다. AD 371년 10월 23일의 일이었다.

고국故國의 들판에 장사지내었다고 했는데 우산禹山 992호묘가 그의 무덤일 것으로 추정되고 있다(북한 학자들은 안악3호분을 고국원왕의 무덤으로 보고 있다. 확정지을 수 없는 요소들이 너무 많다). 고국원왕의 시대에 고구려는 너무도 힘든 고비를 많이 넘겼다. 그러나 그의 치세 동안 결코 고구려가 쇠약해졌다고 볼 수 없다. 고국원왕은 치세기간 동안 고구려가 강성해질 수 있는 기반을 닦았다. 고국원왕이 쉽게 무너졌다면 중원에서 명멸하는 나라처럼 5호16국의 회오리바람에 흩날렸을 수도 있다. 그러나 그가 사랑했던 부인, 결국 적국에서 13년 동안이나 오래 붙잡혀 있었던 그 부인과의 사이에서 두 아들을 낳았는데(보통 남자 같으면 적국에서 13년이나 억류되었던 부인의 정절을 의심하여 그 부인을 버렸을 수도 있다. 그러나 고국원왕은 모든 것을 자기탓으로 돌렸고 집요하게

이것이 미천왕릉에서 내려다 보는 압록강, "미천美川"이다! 강너머가 만포의 평야! 북한주민들이 알뜰하게 농사를 짓고 있다. 이 압록강이 어찌 국경일 수 있으랴! 지리地理로써 역사를 말하라!

부인을 환국시키는데 성공한다. 그리고 바로 그 해에 태자를 책봉한다. 고국원왕은 참으로 의리있는 인물이었다), 그 두 아들이 소수림왕, 고국양왕이 되었고, 고국양왕의 아들이 광개토대왕이다.

고국원왕의 슬프고도 집요한 생애를 총체적으로 평가하기 전에 우리는 잠깐 그의 아버지 미천왕美川王의 이야기를 들어볼 필요가 있다. 미천왕은 바로 서대묘의 주인공이기 때문이다. 미천왕은 전대前代(제14대)의 왕인 봉상왕烽上王의 조카인 을불乙弗이다. 봉상왕은 고구려왕 중에서 보기드물게 기량이 못 미치는 인물이며, 그러기 때문에 매우 포악한 정치를 행한 폭군이었다. 어릴 때부터 교만하고 의심이 많았고, 주변에 자기보다 더 덕성이 뛰어나고 훌륭한 일을 하여 백성의 존경을 받으면 시기심을 참지 못해 모함하여 죽였다.

숙부이며 일대 충신인 안국군安國君을 죽였고, 또 자기의 친동생 돌고咄固가 자기에게 반심叛心을 품었다고 무고하게 사형을 내린다. 국인들은 돌고가 훌륭한 인물이며 무죄함을 알기에 돌고의 죽음을 애석하게 여기고 애통해 하였다. 그러자 돌고의 아들인 을불乙弗은 화가 곧 자기에게 미칠 것을 알고 궁전에서 도망쳐 나와 들판을 헤매는 신세가 되었다.

왕자의 신분에서 하루아침에 떠돌이가 된 을불은 신분을 속이고 남의 집 머슴으로 들어가야 했다. 수실촌水室村의 음모陰牟란 자의 집에 들어가 고용살이를 하였는데, 음모는 을불이 어떤 사람인지도 알지 못하고 몹씨 심하게 그를 부려먹었다. 낮에는 산에 가서 나무를 해오라고 다그쳤고, 밤에는 개구리가 울어 잠을 이룰 수 없으니 기와 쪼가리와 돌을 연못에 던져 개구리가 울지 못하게 하라는 심부름을 시켰다. 하루종일 한 숨도 쉴 수 없도록 일을 시켜먹는 것이다. 을불은 참다 참다 못해 일년쯤 지나 그 집을 나왔다.

그리고 동촌東村 사람 재모再牟라는 자를 만나 같이 소금장사를 하게 되었다. 하루는 배를 타고 압록강 하류 동쪽의 사수촌思收村 집에 기류하였는데, 그 집 노파가 소금을 달라하므로 한 말 가량을 주었다. 그랬더니 그 노파가 또 한 말을 달라고 떼를 쓰는 것이다. 그래서 주지 않았는데, 다음날 을불이 떠나는 짐 속에 자기 신발을 넣어 두었다. 을불은 알지도 못하고 길을 가는데 그 노파가 쫓아와 이 놈이 내 신발을 도둑질해갔다고 생떼를 쓰며 을불을 압록태수太守에게 고소하였다. 태수는 조사해보니 과연 을불 짐에서 신발이 나오는지라, 을불을 태형에 처하고 신발 값만큼의 소금을 노파에게 주었다. 이렇게 억울하게 볼기를 맞아도 군소리 한번 못하고 행색은 점점 남루해져갔고 얼굴은 고생으로 파리해져서 왕자의 기품마저 사라진 듯 싶었다.

이렇게 7년이 흘러 세상도 험악하게 흘러갔는데, 재상 창조리倉助利는 도저히 봉상왕의 폭정을 국민이 더 이상 견딜 수 없다고 판단하여, 심복 조불祖弗과 소우蕭友를 파견하여 어렵게 어렵게 을불을 찾아낸다. 이들이 비류하가에 이르러 배 위에 한 장부가 서있는 것을 보았는데 얼굴은 초췌하나 동작은 범인과 격이 달랐다. 수소문한 바의 여러 정황을 참작해볼 때 자기들이 찾고 있는 을불임에 틀림없다고 판단하였다. 소우와 조불은 나아가 엎드려 절하고 조아린다: "현금 국왕이 흉악무도하기가 이를 데 없어 국상國相이 군신群臣과 논의하여 국왕을 폐하려 하는 바, 왕손王孫(을불을 가리킴)의 조행操行이 검약하시옵고 인자하심이 백성을 사랑하시오니 조업祖業을 이으실 만하므로 신臣을 보내어 봉영奉迎하고자 하나이다."

을불이 허허 웃음지으며 말하되, "나는 일개 야인野人이요 왕손王孫이 아니외다. 다시 잘 살펴보기를 바라오."

소우 등이 간절히 아뢴다: "왕손이시여! 지금 주상主上이 인심을 잃은 지 오래이오이다. 족히 국주國主가 될 수 없으므로 군신이 한마음으로 간절히 당신을 받들고자 하는 것이오니, 왕손이시여! 의심치 마옵소서."

창조리는 그들이 모셔온 왕손의 거처를 극비에 붙이고 국왕이 전렵을 행할 때 쿠데타를 거행하여 폐위시킨다. 봉상왕은 사태가 이미 돌이킬 수 없다는 것을 깨닫고 화가 미칠 것이 두려워 두 왕자와 함께 자결한다. 그리하여 왕위에 오른 을불이 미천왕이다.

미천왕은 인생의 고락을 겪으면서 민중의 고통을 뼈저리게 체험한 사람이다. 그리고 인간적으로도 성숙하여 모든 판단에 그릇됨이 없었다. 그는 백성의 삶을 안정시키는 길은 우선 대외관계에서 안정을 되찾는 길밖에는 없다고 생각하여 국제관계에서 수세에만 몰려있던 고구려를 적극공세의 새로운 국면을 개척하게 만들었다. 사마씨가 더러운 집안싸움으로 몰락해가는 상황(팔왕의 난)에서 고조선 고토회복의 기회를 움켜쥔 것이다. 302년, 직접 군사 3만을 거느리고 현도군을 공격하고, 311년에는 서안평을 습취襲取하고, 313년에는 낙랑군을 점령, 314년에는 대방군을, 315년에는 현도성(요녕성 무순 지역)을 공파攻破하였다.

뿐만 아니라 그는 백성들의 삶을 살펴 부패를 청산하고 윤택한 경제토대를 구축하는데 총력을 기울였다. 기실 미천왕은 국민의 사랑을 가장 많이 받은 고구려의 중흥조였으며 고구려가 강성해질 수 있는 탄탄한 국력의 기초를 쌓은 인물이었다. 그러니까 미천왕 → 고국원왕 → 소수림왕 → 고국양왕 → 광개토왕 → 장수왕으로 이어지는 고구려 전성시대의 시작이 미천왕대의 토대로부터 이루어진 것이다.

그 미천왕, 전 국민의 사랑을 받던 미천왕의 무덤이 이토록 처참하게 파헤쳐진 이 사태를 우리는 어떻게 느끼고 해석해야 할 것인가? 나는 미천왕의 무덤이 처참하게 파헤쳐진 그 현장에 우뚝 서서 많은 상념이 교차하였다. 역사는 상징의 체계이며, 해석의 체계이며, 느낌의 체계이다. 역사는 사실을 바탕으로 해야 하지만 해석의 뒷받침이 없으면 사실은 의미를 상실한다. 해석은 "느낌"으로부터 우러나오는 것이다. 우리는 지금 고구려를 느껴야 한다!

미천왕릉의 거대함을 느끼게 해주는 사진이다. 미천왕릉에서 내가 특별히 감회가 깊었던 것은, 이곳은 관광객의 발길이 닿는 곳이 아니었기 때문에, 공안이 우리를 괴롭히지 않았다는 것이다. 이날 유독 고국원왕 부인과 그 시어머니(미천왕 부인)가 흘린 눈물과도 같은 비가 계속 부슬부슬 내렸다. 이날 미천왕릉에 서려있던 고구려의 애가를 마음속으로 실컷 불러 볼 수 있었다.

혹자는 이런 반문을 한다. 이것이 과연 미천왕의 무덤이라고 한다면 그것이 파헤쳐진대로 그대로 두었을 것인가? 묻은지 12년이 지난 미천왕의 시신은 이미 형체를 알아볼 수 없었을 것이고, 고국원왕이 시신을 되찾어왔을 때 왕은 평양 동황성東黃城(요녕성 요양)에 이거移居하였을 뿐 아니라, 아버지 무덤을 보수할 수 있는 국력의 기반이 전혀 없었다. 그 어수선한 시국에 무덤을 복원하는 일보다는, 파헤쳐진 무덤을 그대로 둠으로써, 국가적 재난에 대한 경종으로 삼았을 것이다.

고구려인들의 프라이드가 이와 같았다. 역사는 땜질되어서는 아니 된다. 우리에게는 더 큰 미래가 기다리고 있다. 우리는 미래를 준비해야 한다. 아버지의 무덤의 보수가 지금 내가 해야할 일이 아니다! 그런데 우리가 이러한 문제와 더불어 인지해야만 하는 더 중요한 과제는 이 미천왕의 무덤을 파헤친 모용황이라는 인물을 에포크로 하여 전개되어 나간 동아시아 역사의 새로운 국면에 대한 통찰력을 심화시키는 일이다.

우리는 우리 역사서에 등장하는 고유명사에 관하여 전혀 구체적인 의미기술이 없이 그냥 지나치고 말 때가 많다. 그러나 이 "모용황慕容皝"이야말로 중국역사의 거대한 한 분수령을 기록한 너무도 중요한 인물이다.

모용황은 키가 7척 8촌(약 191cm)이나 되는 거구의 인물이었으며 창려자성昌黎棘城(현재 요녕성 의현義縣)의 모용선비족 사람이다. 용무강의勇武剛毅하였으며, 모략謀略에 뛰어났으며 경학經學을 숭상하였고 천문天文에도 밝았다. 『삼국사기』의 봉상왕조와 미천왕조에 보면 고구려를 내침하는 모용씨 수장으로서 "모용외慕容廆"라는 인물이 계속 등장하는데 모용외야말로 하북·요녕성 지역에 광범위하게 분포되어 있던 선비족을 통일하여 새로운 국가체제를 만들어나간 선비족의 수령이었다. 이 모용외의 아들이 바로 모용황이다.

"선비鮮卑"라는 명칭은 원래 "선비산鮮卑山" 주변으로 살던 부락민이라는 데서 유래하였다고 하는데, 선비산은 대체로 대흥안령大興安嶺 산맥의 북면을 일컫는 것으로 보고 있다. 1,200㎞에 걸쳐 외외히 뻗쳐있는 대흥안령! 그로부터 아시아대륙의 북부를 가로지르는 8,000㎞의 대초원이야말로 또 하나의 문명의 요람이었다. "선비"라는 말의 뜻은 상서로운 동물의 뜻인데 대체로 "순록馴鹿"을 의미하는 것으로 보기도 한다. 그러나 이들이 숭상하는 신수神獸인 선비鮮卑는 자백玆白, 또는 백박白駮이라고도 하는데 『산해경』『일주서逸周書』『관자管子』 등의 문헌에도 언급이 있다.

그들이 신앙의 대상으로 삼는 백박의 형상에 관한 기술을 살펴보면, 1) 형상이 말과 같다 2) 뿔이 하나이다 3) 말발굽 같이 생긴 발굽에 호랑이 이빨이 나있다 4) 북이 울리는 것과도 같은 소리를 지른다 5) 날을 수 있다 6) 호랑이와 표범을 잡아먹는다, 등등의 특징이 있다. 하여튼 백색을 숭상하는 특이한 문화전통이 있고, 호전적인 유목민족의 기질, 대흥안령에서부터 펼쳐진 이들의 활동영역 등등은 고조선의 디프 스트럭쳐와도 통하는 그 무엇이 있다. 지금 우리가 일상적으로 쓰는 "시베리아"라는 말의 "시베Sibe"와 "선비Sŏnbi"는 동원이라는 것이 사계의 정설이다.

그만큼 선비족의 분포는 광범위한 것이며, 단부段部, 모용부慕容部, 우문부宇文部, 탁발부拓跋部(=투발부禿發部), 유연부柔然部, 토곡혼吐

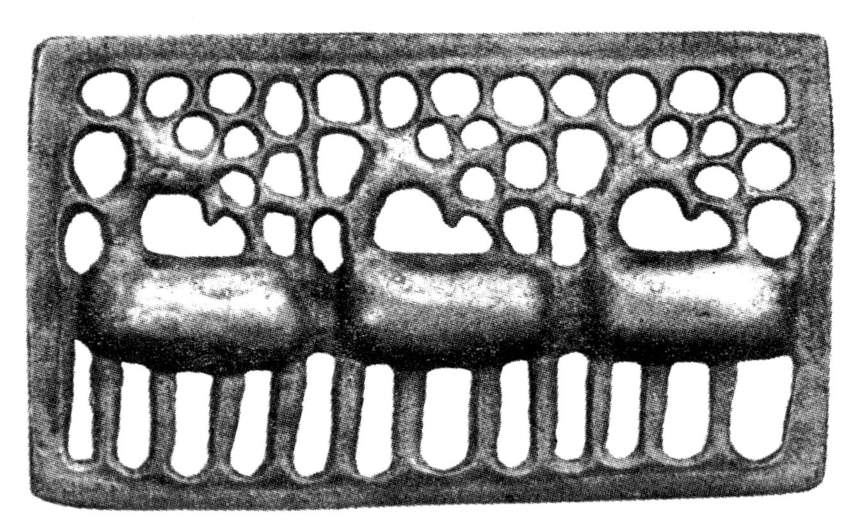

이것은 금으로 만든 삼록문금패三鹿紋金牌라는 것인데 탁발선비족拓拔鮮卑族의 전형적인 장식물이다. 이 장식물을 보아도 선비족의 문화의 깊이를 알 수 있고, 백박은 역시 순록계열의 동물이라는 것을 알 수 있다. 탁발선비가 북위를 만들었고 운강석굴이라는 장엄한 예술세계를 창조했다. 북위는 장수왕과도 사돈관계를 맺어 존경심을 가지고 서로를 존중했다. 운강석굴사원은 불교예술이 중국에서 개화되는 첫 장이었고 그것은 용문석굴로 계승되었다.

谷渾 등등의 다양한 지파가 있다. 그 중에서도 최초로 조직력을 가지고 광범위한 세력을 형성한 것이 바로 모용부였다. 이 모용부의 수장이 모용외였고, 우리가 논의하는 모용황은 바로 모용외의 친아들이었다. 모용외는 태흥太興 4년(321) 12월 요동군공遼東郡公으로 봉해졌고 모용황은 세자로 책봉되었다. 결국 모용황은 반제叛弟들을 평정하고, 단부段部를 소멸시키고, 337년에는 칭왕하고 연燕나라를 건국한다.

그러니까 고구려 환도성을 침략한 모용황은 연나라를 건국한 창업주였다. 그가 건국한 연나라를 후대에 명명하는 후연後燕, 북연北燕, 서연西燕, 남연南燕과 구별하여 전연前燕이라 부른다. 그에게는 그를 보좌하는 위대한 참모들이 많았다. 환도성공략의 전술을 짠 모용한慕容翰은 모용황의 배다른 장형庶長兄이었다. 그리고 모용황은 매우 전투에 뛰어난 아들들을 많이 두었다. 그의 두째아들 모용준慕容儁은 전연을 황제의 나라로 만들었고, 다섯째아들 모용수慕容垂는 후연後燕을 건국했다.

하여튼 이 모용황의 등장으로 중원은 선비와 기타 북방세력의 각축장이 되었고 서진西晉에서 북위北魏로 넘어가는 과도기의 오호십육국五胡十六國시대를 연출시켰다. 결국 오호십육국의 난맥상은 같은 선비족인 탁발부拓跋部 북위北魏에 의하여 통일되어 남북조의 북조를 성립시켰다.

그러니까 모용황의 환도성공략(342년)은 중원에 입성하기 위한 후방균히기 전략이었다. 미천왕의 무덤을 파헤친 것도 자기 부친 모용외가 미천왕에게 당한 것에 대한 보복심리도 있었을 것이다. 그러나 이 모든 선비족의 활약상, 모용부와 탁발부의 지향처는 중원의 패자가 되는데 있었다. 위진남북조시대를 통하여 이 선비족은 철저히 한족으로 동화되면서 그 아이덴티티를 상실해 갔다.

중국의 북방초원민족을 크게 대별하면 흉노匈奴, 돌궐突厥, 동호東胡로 삼분된다(물론 이것도 중원중심사고를 전제로 하는 것이다). 이 흉노족의 호조문금식패虎鳥紋金飾牌는 흉노족의 호랑이숭배를 표현하고 있다. 제일 위에 구름문양, 다음에 새문양, 제일 밑에 호랑이가 있는데 몸에는 찬란한 보석이 박혀있었다. 흉노의 영역과 인종, 그리고 존재방식에 관하여 여러 설이 분분하지만, 전국시기로부터 동한에 이르기까지 300년 강성한 세력을 형성했는데 고조선과도 관계가 깊을 것이다. 우리고대사는 아시아대륙의 북방민족사와 깊은 연관이 있다. 아래는 우리 민화 호랑이그림.

나는 이 파헤쳐진 미천왕의 무덤이야말로 고구려가 중원문명에 동화되지 않고 오히려 중원문명을 비열한 변방문명으로서 바라보게 만드는, 자기의 독자적 아이덴티티를 확립해가는 분기점의 상징이었다고 생각한다. 고국원왕이 곧바로 평양을 재건하면서 요동의 패권을 굳게 지킨 것도 그 한 상징이다. 고구려도 만약 고국원왕이 모용황을 쳐부수고 중원으로 진출했더라면 오호십육국의 하나처럼 육조시대를 통하여 명멸한 하나의 건원칭제지국으로 중국역사에 이름을 남겼을지도 모른다. 그러나 분명 고구려는 그 뿌리가 달랐고 발전경로가 달랐다.

미천왕의 파헤쳐진 무덤이 그 모습 그대로 남아있는 가장 큰 이유는 더 이상 중원의 양아치들의 더티 께임에 한다리끼고 싶지 않다는 각오가 깔려있었던 것이다. 고국원왕은 월왕 구천처럼 와신상담의 복수를 꿈꾸지 않았다. 모용씨의 발흥에 근원적인 거리감을 유지하면서 오히려 자기만의 자기세계를 재건해 나갔던 것이다. 그것은 매우 이지적인 전략이며 미래지향적인 슬기였다. 『삼국사기』의 저자 김부식은 이러한 시각이 없다. 오직 고구려의 대외관계를 중원양아치들과의 관계에서 생기는 다이내믹스로만 풀어갈려고 하는 것이다.

모용황은 어떤 의미에서 요하유역에서 피어난 징기스칸과도 같은 존재였다. 그러나 그렇게 급부상하는 유목민족의 성쇠 싸이클의 급락急落은 이미 예정된 것이었다. 사실 우리가 중국문명을 바라보는 시각은 너무 통짜배기 하나의 중원질서의 연속성에 길들여져 있다. 그러나 중국역사는 통일과 분열의 연속일 뿐이다. 분열시기의 중국은 통짜배기 하나의 아이덴티티를 갖지 못한다. 중원(=중화질서) 그 자체가 해체되어 분산되어 있는 것이다.

미천왕에서 장수왕에 이르는 그들의 세계는 중원을 향한 세계가 아니라 환도성–상평양–하평양을 중심으로 하는 또 하나의 세계질서였다. 1979년 충북 중원군中原郡에서 발견된 고구려석비(현재의 공식명칭: 충주고구려비)는 얼마나 고구려가 조선반도를 중심으로 한 세계질서를 소중히 생각했나 하는 것을 잘 말해주고 있다. 미천왕의 파헤쳐진 무덤은 더 말할 수 없는 국가적 재난이었다.

그러나 그 재난을 극복하는 과정에서, 몇 년을 지속하지 못하고 중원의 용광로에서 사라져가는 모용씨들의 허세를 바라보면서, 자신들이 걸어가야 할 길이 무엇인지를 분명히 깨달았던 것이다. 벽화무덤이 생겨나는 것도 대개 이 이후의 사건들이다. 그러니까 고구려는 산해관 너머의 중원을 바라보지 않고 독자적인 자기중원문명을 창조했던 것이다. 그리하여 오늘 한국인의 가슴속에 현무의 뱀 몸통이 휘감고 있는 우주의 맥박을 여실하게 남겨주었던 것이다.

중원고구려비는 충북 중원군 가금면可金面 용전리龍田里 입석立石마을에 있다. 국보 제205호. 1979년 4월, 지방의 문화재애호가들의 모임인 예성동호회가 입석에 글자가 새겨져있다는 것을 발견하여 세상에 알려지게 되었다. 이 비문은 너무 심하게 마멸되었고, 그 문장내용이 명료하게 주체를 밝히지 않아 해석의 여지가 많다. 나는 이 비는 장수왕 때 건립된 것으로 고구려의 중원진출을 확고하게 만들기 위하여 세운 것으로 본다. 이 비문의 내용에 신라를 "동이東夷"라고 부르는 점, 그리고 신라영토 내에 고구려군대가 주둔하고 있었다는 사실은 고구려패러다임의 인식을 명료하게 재확인시켜준다.

중국학자의 진술에 의하면 일본학자들이 1936년에 이 묘를 조사했을 때 묘 꼭대기에서 "천추만세"가 새겨진 명전銘磚을 발견하여 "천추묘"라 했다고 했다. 그러나 조선총독부에서 간행한 『조선고적도보朝鮮古蹟圖譜』Ⅰ에 의하면 명전을 발견한 것은 대정大正 4년(1915) 이전의 사건으로 보여진다. 왜냐하면 여기 이 4개의 벽돌사진을 『조선고적도보』가 싣고 있기 때문이다. 그 「서언緒言」에 의하면, 세키노關野貞, 타니이谷井濟一, 쿠리야마栗山俊一 세 학자는 일본정부의 촉탁으로 대한제국을 합병한 1910년부터 1914년까지 매년 가을겨울 3·4개월 동안 조선의 13도를 아니 다닌 곳이 없이 훑었다고 했다.
구운 벽돌이 하나만이 아니라 여러 점이 나왔는데 서체가 다 다른 것을 보면 본이 여럿 있었다는 것을 알 수 있다. 묘지 위에서 이런 벽돌이 나온 것을 보면 묘지 위에 꽤 큰 제사사당이 있었다는 것을 알 수 있다. 지금 대략 20×20m 규모의 평평한 사당부지가 꼭대기에 남아있다. 그리고 또 천추묘로부터 서남쪽 300m 가량의 강변부지에 별도로 천추묘부속의 제사건축지가 남아있다. 무덤 위에서는 하늘의 제사를 지내고 하변에서는 땅의 제사를 지냈을 것이다. "천추만세영고千秋萬歲永固"라는 것도 단순히 무덤이 영원토록 단단히 제 모습을 지키라는 뜻은 아니었을 것이다. 고국원왕의 업적이나 혼백, 혹은 고구려라는 나라가 천추만세 영고永固하기를 비는 뜻으로 문자를 새겨넣었을 것이다. "고固"도 굳건하다는 뜻이지, 고착된다는 뜻은 아니다.

천추묘

서대묘에서 집안시내방향으로 올라오다 보면, 마선향 동네 큰길 옆 압록강 변 쪽으로 천추묘千秋墓라는 매우 거대한 무덤유적이 있다. 철조망으로 둘러 쳐져 있고 들어가는 문이 잠겨져 있는데 전화번호가 적혀있었다. 들어가 보고 싶은 사람이 있으면, 전화하기만 하면 열어준다는 것이다. 그런데 전화가 통하지 않았다. 고구려 중기, 그러니까 고구려가 강성했던 시기의 무덤으로 사료되는데 싸이즈로 보면 현존하는 왕릉으로서는 최대의 것이다.

사각형의 계단식적석광실묘인데, 동변이 67m, 남변이 60.5m, 서변이 62.6m, 북변이 71m니까 제일 아랫변의 둘레로 말해도 광개토대왕릉의 크기를 능가하는 것이다. 지금 남아있는 높이는 평평한 꼭대기가 불규칙한데 동쪽은 7.9m, 남쪽은 10.8m, 서쪽은 10.9m, 북쪽은 8.6m가 남아있는데 묘실의 입구가 서쪽으로 나있었기 때문에 서쪽에 무게중심이 있었다. 묘의 잔고殘高는 11m 정도로 보면 된다. 이 묘는 형식적 면에서 광개토대왕릉이나 동명성왕

앞 사진 설명

천추묘(JMM1000)는 고구려왕릉 중에서도 최대의 규모를 자랑하는 것으로 그 외관이 무척 아름다웠을 것이다. 대지도 평평하고 무너진 곳이 없는 것을 보면 이 무덤은 역사적으로 인간들에 의하여 파괴되었을 것 같다. 집안 국내성으로부터는 3.5km 떨어져 있으며, 마선하와 압록강이 만나는 지점으로부터 동편에 있다. 그러니까 마선하 동안東岸 300m, 그리고 압록강으로부터는 700m 지점에 있다. 현재 묘정최고점은 해발 192.09m이다. 1966년에 실측을 한 바 있고, 2003년 봄에 길림성 문화청에서 정밀한 조사를 했는데 문물과 표본이 1,100여 건이나 나왔다. 문자전文字磚만 해도 300여 건이 나왔는데, "천추만세영고"의 본은 7종으로 확인되었다. 그리고 금기金器, 금사金絲, 도금동기, 철기, 기타 금속류, 동령, 홍마노관식紅瑪瑙管飾 등이 나왔다. 뒤에 보이는 산봉우리는 마선하 지역에서는 어디서든지 잘 보이는 북한의 산봉우리이다.

릉(=장군총)과 매우 유사한 심층구조를 지니고 있고 그 시대의 과도기적 묘제패러다임을 나타내고 있다.

천추묘는 계단적석광실묘階壇積石壙室墓(중국학계의 명명방식)인데 한 계단은 5층 내지 6층의 석조石條로 구성되어 있다. 제일 아래의 제일 큰 석재는 길이 2m, 높이 0.5m 정도의 꽤 중후한 것이다. 계단은 원래 10단은 되었으리라고 보는데 현재도 서남각으로 5단 정도가 남아있다(들어갈 수가 없어서 남쪽 면은 사진을 찍지 못했다). 그런데 그곳 서남각에 가보면 광개토대왕릉에서 본 것과 같은 거대한 호분석護墳石이 두개 남아있는데 그 거리로 보아 한 면에 5개, 그러니까 총 20개의 호분석이 있었던 것으로 사료된다(석재를 채취하는 사람들이 돌을 깨서 가져간 것으로 추정된다).

천추묘의 남서 코너

그리고 시신이 안치된 석실이 꼭대기에 있었고, 또 묘의 정수리에는 신전이 있었던 것으로 추정된다. 묘 꼭대기에서 통와筒瓦, 판와板瓦, 와당瓦當 잔편이 다수 발견되었다. 그리고 광개토대왕릉에서 나온 것과 똑같은 양식의 한자가 옆으로 모인模印된 명문전銘文磚들이 여러 개 발견되었는데, 거기에는 "천추만세영고千秋萬歲永固"라고 명료하게 쓰여져 있다. 그래서 이 묘를 "천추묘"라고 이름하게 된 것이다.

위의 것은 천추묘에서 나온 연화문수막새인데 앞에서 언급한 바 있는 유금와당박물관의 소장품이다. 유금와당박물관의 콜렉션은 각 분야의 대표적인 정품精品을 포함하고 있다. 아래 것은 동경東京 스미타구墨田區 토오쿄오토에도토오쿄오박물관東京都江戶東京博物館에 소장되어있는 연화문수막새인데 그것을 발굴한 사람이 이 수막새는 평양에서 얻은 것인데 천추묘에서 발견한 것과 너무도 비슷하다고 써놓고 있다. 연꽃 꽃잎이 보통은 8개짜리가 많은데(장군총의 것은 9개) 전체적으로 고구려의 와당은 6개짜리가 주종을 이루고, 이것은 재미있게도 발해의 수막새의 전형을 이룬다. 가운데 씨방 주변에 두 줄의 테가 있고 꽃잎 사이로도 두 줄, 제일 밖에도 두 줄의 권선이 있는 것이 특징이다. 꽃잎 주변으로 두 개의 점이 튀져나와 있는데 중앙 씨방의 점과 같은 것으로 보아, 생명의 꽃술의 DNA 같은 것으로 간주될 수 있을 것이다.

이 묘는 장군총, 호태왕릉과 양식적 면에서 가장 근사할 뿐아니라 동시대적 패러다임을 대변하고 있다는 맥락에서(석광石壙에서 석실石室로 변해가는 중간단계에 해당된다. 그리고 계단석의 외연에 장군총에서 보여지는 멈추개턱=철릉凸棱이 있다. 서대묘보다 발전된 형태이고 광개토대왕릉보다는 전 단계로 볼 수 있다. 서대묘 → 천추묘 → 호태왕릉의 순이다) 천추묘의 주인은 바로 호태왕의 아버지 제18대 고국양왕故國

천추묘에서 나온 문자전은 두 종류가 있는데 하나는 "천추만세영고千秋萬歲永固"가 새겨진 것이고, 또 하나는 "보고건곤상필保固乾坤相畢"이 새겨진 것이다. 이 전도 본模具이 두 종류 있다. 이 사진은 1915년에 간행된 『조선고적도보』에서 온 것이다. 재미난 것은 두 글자마다 아래에 네모 속에 ×가 들어가 있는 문양이 있다. 그 뜻 인즉, 사람들이 새기기를 "하늘과 땅이 서로 끝날 때까지 보전되고 굳건하소서"라고 한다.

그런데 여기서 중요한 사실은 "곤坤"이라는 글자가 내 "천川"자로 되어 있다는 사실이다. "건곤"이라는 것은 평범한 의미를 가지는 일상적 언어심볼이 아니다. 하늘 땅이라면 천天과 지地를 쓰지 "건곤"을 쓰지 않는다. 건곤이란 반드시 『주역』의 괘상을 전제하지 않고서는 의미를 가질 수 없는 것이다. 그런데 왜 "건곤"이 "건천"이 되어있을까?

1972년에 장사長沙의 마왕퇴馬王堆라는 곳에서 한묘가 발굴되어, 그 부장품이 기실 에집트의 투탄카문을 능가하는 내용을 담고있어 사계에 충격파를 던졌는데, 그 중 가장 충격적인 것은 『노자』와 『주역』의 텍스트가 BC 168년 매장 당시의 모습대로 발견되었다는 사실이다. 이 백서 『주역』에는 "곤坤"이 "천川"으로 되어있다. 다시 말해서 고구려인들은 『주역』을 읽었고, 그들의 『주역』 텍스트는 오늘 우리가 알고있는 텍스트가 아닌 백서텍스트에 더 가까운 것이었다는 사실이 입증되는 것이다.

⊠ 심볼도 『역』의 점복占卜과 관련있는 심볼로 보여지고 "건곤상필"이라는 말도 고구려『역』의 상투적 언어로 보여진다. 그 뜻은 "동해물과 백두산이 마르고 닳도록"의 뜻이 아니라, 하늘과 땅이 상생相生하는 것을 돕고 보전한다는 매우 심오한 뜻을 담고 있다. 『구당서』를 보면 고구려인들은 오경五經 및 『사기』 『한서』 『문선』 등의 수많은 책을 읽었다고 적고 있다. 고구려문명의 심도를 이 문자전 하나에서도 새롭게 느낄 줄 알아야 한다.

壤王임에 틀림없다는 것이 사계의 추론이다(그러나 일각에서는 고국양왕의 능을 호태왕릉의 동북 200m에 있는 JYM0540호묘로 비정하기도 한다). 그러니까 호태왕시기에 이 무덤을 지으면서 같은 양식으로 호태왕묘의 축조를 구상했을 것이다(그러니까 나는 이 천추묘가 고국양왕의 험난한 시대에 지어졌다기보다는 호태왕시대에 축조된 것으로 본다).

고국양왕은 성은 고高, 이름은 이련伊連, 소수림왕의 동생이다. 소수림왕에게 아들이 없었기에 그 아우가 계승한 것이다. 고국양왕은 재위기간이 8년밖에 되지 않지만 재위기간 동안 혁혁한 무공을 세웠다. 모용황의 아들 모용수가 세운 북연北燕을 아작내고 요동을 제압하였다. 백제와 누차 전쟁을 벌였으나 북연과의 긴장관계 때문에 뚜렷한 성과가 있을 수 없었다.

고국양왕과 긴장관계에 있었던 북연의 모용수慕容垂는 다름아닌 모용황의 아들이다. 모용황의 전연前燕은 전진前秦에 의하여 패망하였으나, 다시 전진이 몰락하는 틈을 타서 모용수는 후연後燕을 재건하고 하북과 요서를 압박했다. 그러므로 고구려와 후연의 대립은 불가피했다. 그런데 백제 또한 이 기회를 노려 요서지역으로 진출을 꾀하게 된 것이다. 그러므로 고국양왕은 후연과

유감스럽게도 천추묘를 들어가보지 못했다.

백제를 대상으로 숱한 전쟁을 치르게 된다. 그러나 그는 건강이 좋질 못했다. 재위 7년만에 세상을 뜬다. 치세 말년에는 신라와 수호修好하여 백제를 견제하려 하였다.

죽기전에 그는 든든한 아들 담덕談德에게 왕위를 물려주었다. 담덕이 곧 광개토대왕이다. 호태왕의 생애를 지배했던 국제관계의 패턴이 이미 고국양왕대에 드러나 있다고도 말할 수 있다. 천추묘와 호태왕릉은 같은 맥락에서 비교해서 생각해볼 가치가 있다. 동시대를 살아간 사람들의 발자취의 연속성이 느껴지는 것이다. 이 왕릉은 단지 죽은 사람의 무덤으로 우리에게서 소외되어 있는 것이 아니라, 헤겔의 말처럼 소외를 통하여 다시 우리 핏줄 속으로 즉자대자화卽自對自化an und für sich될 수밖에 없는 것이다. 이러한 변증법적 과정을 통해 고구려의 생명의 맥박은 오늘 우리 실존에로의 연속성을 과시하고 있는 것이다.

마선하 고분군

마선2100호무덤을 찾으려고 마선하麻線河를 따라 올라갔는데, 이춘호할아버지가 초등학교 옆길을 가리키며 이리로 올라가 보라고 한다. 마선향 명덕소학明德小學이라는 정문문패가 걸려있는 아담한 학교의 모습이 매우 정겹다. 그래도 소학교가 구실을 할 정도로 아직까지는 이 동네에 젊은부부들이 살고 있다는 얘기다. 학교 옆길을 따라 계속 올라갔는데 동네사람들이 모두 친절하게 대해준다. 점점 고도는 높아지는데 도무지 묘가 있을만한 자리가 아니었다.

집안시 마선향麻線鄉 명덕소학明德小學

사실 이춘호할아버지도 고구려분묘에 대한 정확한 지식이 없는 분이었다. 대강 알고있는 것이다. 결국 우리에게 엉뚱한 길을 가르쳐 준 것이다. 그런데도 방호범원장이 계속 올라가더니 압록강 건너 북한땅이 한눈에 들어오는 곳에 돌무지 무덤을 하나 발견했다. 의외의 발견이었다.

평지가 아닌 산꼭대기 언덕에 한 변 10m 정도의 아담한 방추형 석총이

동네 할머니들의 모습이 매우 정겨웁다. 우리가 묻는 길을 즐겁게 가르쳐주신다. 동네 언덕길을 올라가고 있자니 압록강이 굽이쳐 흐르는 모습이 보인다. ↓그런데 천추묘 배경으로 보이던 북한의 산봉우리가 너무 잘 보인다. 그런데 그 꼭대기에 있는 젖꼭지 같은 것도 고구려무덤인 것 같았다. 당시 국내성의 개념은 당연히 만포구역을 포함하는 것이었다. 고구려 초기의 고분군도 자강도 초산군楚山郡 운평리雲坪里에서 발견된다(157기의 적석총, 봉토분).

있었던 것이다. 이것은 곧 대단한 귀족이 아니더라도 자기가 사는 동네 언덕위에 묘를 조성할 수 있었다는 것을 의미하는 것이다. 이 묘의 특징은 마치 요즈음 우리가 산에 묫자리를 잡듯이 산에 묘를 만들었다는 것이다. 돌을 나르기가 무척 힘들었을 것이다. 우리는 이 묘를 "방묘方墓"라 이름지었다. 방원장이 제일 먼저 발견했기 때문이다.

이름 모를 적석묘는 마선하 주변으로 너무도 많다. 마선하구역에 조사된 것만 2,539기가 있는데 이것은 1966년 통계이고 그 이전에는 엄청 더 많은 숫자가 있었을 것이다. 옆 페이지 할머니 사진을 보면 동네 길가 화단이나 집벽으로 모두 고구려총의 돌을 사용하였다는 것을 알 수 있다. 이 방묘도 결코 작은 싸이즈의 무덤이 아니다. 그런데 이것을 모두 "귀족묘"라는 애매한 말로 다 도매금처리 할 수는 없는 것이다. 제각기 삶의 이야기가 있었을 것이다. 문제는 귀족이든 서민이든, 그만큼 풍요로운 삶의 토대가 이 지리권地理圈에 존재했었다는 사실을 망각해서는 아니 된다는 것이다.

방묘에서 바라본 눌묘. 방묘는 하란석을 썼는데 눌묘는 산돌을 깨서 썼다. 눌묘 밑으로 비석이 세 개 보이는데 현대인들의 묘를 주변에 쓴 것이다. 고구려무덤이 명당이라고 생각되어 주변에 묘를 만들었다. 그 아래 포도밭이 있다. 그런데 고구려인들의 장례습관에 관하여 『수서』에 재미있는 기록이 있다: "사람이 죽으면 우선 그 살았던 집안에 빈소를 차리고 빈殯을 한다(시체를 썩히는 것이다). 3년이 지나고 나서야 길일을 택하여 공식적으로 장례를 거행한다(뼈를 거두어 장지로 감). 그리고 장례 이후 부모와 남편의 상에는 3년 동안 복服을 입는다(3년상의 전통을 지킴). 형제는 3개월 복한다. 초종(막 죽었을 때)에는 곡과 읍을 하지만, 공식장례를 지낼 때는 북을 치고 춤을 추고 풍악을 울리며 장지로 간다. 매장이 끝나면 죽은 자의 의복과 완구와 거마를 모두 무덤 곁에 두는데, 장례에 모였던 사람들이 앞을 다투어 가져간다.死者殯於屋內。 經三年, 擇吉日而葬。 居父母及夫之喪, 服皆三年, 兄弟三月。 初終哭泣, 葬則鼓儛作樂而送之。 埋訖, 悉取死者生時服玩車馬置於墓側, 會葬者爭取而去。" 빈과 장의 구분이 있고 3년상을 지켰고, 재화의 순환이 있다. 고등한 문명의 모습이라 할 것이다.

방묘에서 바라보니 더 깊은 산골 중턱에 또 하나의 돌무덤이 보였다. 그 돌무덤에 먼저 도달한 사람은 자눌이었다. 그래서 그 무덤은 "눌묘訥墓"라고 이름 지었다. 방묘와 눌묘는 같은 싸이즈의 같은 양식인데 방묘는 냇갈 둥근돌

무덤 속의 벽화를 잘 들여다본다고 해서 고구려를 잘 알게 되는 것은 아니다. 고구려는 고구려가 존재했던 바로 그 땅에 지금도 살아있다. 이 광활하고 비옥한 땅을 보라! 무덤 곁 평범한 밭이지만 그 황토흙의 검붉은 색깔이 고갱이 그린 타이티 여인보다 더 짙다. 나는 이런 모습, 바로 2천년 전에도 동일할 수밖에 없었던 이 땅의 모습에서 고구려를 느낀다. 농사를 지어본 사람은 풍요로운 소출을 낼 수 있는 땅을 가지고 있다는 것이 얼마나 뿌듯한 일인가, 그 행복감을 느낄 수 있을 것이다. 고구려에 대한 인상을 특징 지운 『삼국지』「고구려전」에 다음과 같은 기사가 있다: "큰 산과 깊은 계곡 투성이이고 너르고 기름진 평원은 없다. 산골짜기의 지세에 따라 집을 지으며 졸졸 흐르는 석간수에 의지하여 생활한다. 좋은 전지田地가 없어 부지런히 농사를 지어도 항상 구복을 채우기에 부족하다. 그들의 풍속은 음식은 아껴 먹으나 궁실은 크게 짓는다. 多大山深谷, 無原澤。 隨山谷以爲居, 食澗水。 無良田, 雖力佃作, 不足以實口腹。 其俗節食, 好治宮室。"

이러한 소위 「위지동이전」의 기사가 고구려에 대한 우리의 인상을 크게 왜곡시켜놓았고, 계속 그러한 이야기는 중국정사에 정형구처럼 반복되어 나타난다. 일례를 들면 『고려사』에 보면, 임금이 스님을 대접하는데 잔치규모가 1만 명의 스님은 보통이다. 말을 이야기해도 수천 필은 다반사에 속한다. 그런데도 사가들은 고려의 인구와 국력은 조선왕조의 반도 안되는 것처럼 기술한다. 말사스 인구론적 발상은 틀린 것이다. 고려의 국력이 조선왕조를 능가할 수도 있고 고구려의 국력이 고려를 훨씬 능가하는 것일 수가 있는 것이다. 고구려제국은 풍요로운 하부구조가 없이 존속할 수 없었다.

河卵石을 썼고 눌묘는 깬돌의 모난돌을 썼다. 이제 보이는 모든 돌무지가 모두 고구려 무덤으로 보이기 시작했다. 그만큼 신선한 느낌도

바로 앞 쪽에 이 지역 현대인들의 묘를 쓰는 습관이 보여지고 있는데 봉토분이 있고 그 앞에 비석을 세우고 또 그 앞에 상석에 해당되는 돌을 깔아놓은 것은 우리와 비슷한데, 하나 특이한 것은 밖으로 묘도墓道를 만들어놓았다는 것이다. 관 속으로 누가 기어들어갈 수 있는 것도 아닌데 그러한 묘도를 상징적으로 만들어놓았다는 것 자체가 고구려 묘제를 계승하고 있는 것으로 보인다.
↑위의 무덤 또한 현대인의 묘인데 하부에 벽돌을 쌓아 기단을 만들고 그 위에 봉토분을 만들었다. 그리고 정면 상석 앞에 어김없이 묘도를 만들어놓았다. 하여튼 역사의 연속성historical continuity이라는 것은 이렇게 사소한 주변풍경에서도 느껴지는 것이다.

떨어진다. 무엇이든지 너무 많이 보면 지겨워진다. 고마운 것은 날씨가 개어 가고 있다는 것이다. 박물관을 나온 후로 보슬비는 내렸어도 비에 시달리지 않았다. 나는 독립전쟁사를 찍느라고 만주벌판·시베리아벌판을 헤맬 때도, 비가 오는 중에서 내가 행동만 개시하면 비가 개었다. 나는 하늘의 도움을 받는 사람인 모양이다. 그래서 이런 말이 생겨났다: **"도올이 가는 곳엔 일월日月이 명랑明郞하다."**

우리가 찾으려고 했던 무덤은 마선구묘구麻線溝墓區 중에서 비교적 연대가 상대上代로 거슬러 올라가는 것으로 벽화가 발견되어 유명해진 초기무덤이었다. 마선1호묘(JMM0001)라는 것이었는데 마선묘구 내에서 벽화가 있는 유일한 무덤으로 알려졌다. 무덤의 구조도 묘도, 전실(양측실이 있다), 용도, 현실을

마선1호묘(JMM0001)는 고구려 석실분묘 묘제의 발전단계에서 중요한 의미를 지니는 무덤구조를 과시하고 있다. 크게 그 단계를 5단계로 나누는데, 현실과 묘도만 있는 단실묘(제1단계)에서 묘도의 감실이 발전하여 측실이 되고 측실의 천정이 묘도천정보다 높아지는 제2단계에 해당된다고 본다. 현실의 한가운데 두 개의 관대 사이로부터 천정중앙까지 여러 둥근 기둥 석괴를 쌓아 올린 거대한 원주圓柱가 있다. 그리고 천정모습을 잘 보면 알 수 있듯이 말각석抹角石을 활용한 조정藻井이 아니라 궁륭고임조정穹隆式藻井(점점 둥글게 좁혀감)이라는 것이 특징이다. 이 원주는 단순히 천정을 지지하는 것으로 볼 수도 있지만 땅과 하늘을 연결하는 어떤 신화의 상징적 장치일 수도 있다. 남쪽 측실에도 영주楹柱들이 그려져 있는데, 그 모습이 매우 상징적이다.

꺽대기 천정에도 연꽃의 문양적 장식이 있다. 현실 벽면에는 시종들을 거느린 무덤 주인부부(동벽), 말과 사람 모두 갑옷과 투구로 완전무장한 기마무사 한 명(북벽), 두 사람의 무용수(남벽) 등이 있다.

← 옆 그림은 남측실의 남쪽벽과 조정을 보여주는데 위의 연꽃 문양은 미창구 장군묘 안의 것과 매우 유사하다. 그 아래 기하학적 문양이 있고 그 아래는 건물 내부의 기둥을 묘사하고 있는 듯한데 매우 상징적이다.

이 마선1호묘는 1972년 다시 조사했을 때는 이 위대한 벽화가 흔적도 없이 전부 탈락하고 말았다고 한다. 중국인들은 이러한 고구려 유적의 변화에 별다른 책임의식을 느끼지 않는 듯하다. 애석한 일이다.

이것이 바로 내가 말하고 싶은 고구려의 모습이다.

앞쪽에서 마선1호묘의 벽화가 방치 속에서 사라진 이야기를 했는데, 이 벽화는 1961년 발견하여, 1962년 가을부터 1963년 봄에 걸쳐 조사를 한 것이다. 그런데 1972년에 다시 조사를 했을 때는 이미 벽화는 존재하지 않았다. 이 마선1호묘는 돌 위에 석회를 바르고 그 석회 위에 그림을 그린 것이었기 때문에 각별한 보호장치가 필요했던 것이다. 그러나 문화혁명시기 동안 그런 것 신경쓸 여유가 있었을 리 없다. 고구려유적은 지금도 이런 식으로 급속히 망가져가고 있다. 가장 중요한 것은 벽화에 대해서는 정밀한 사진자료를 남겨놓아야 한다는 것이다. 그러면 언젠가 복원이 될 수도 있다. 그런데 중국학자들은 이러한 문제에 관하여 매우 소극적이다. "동북공정"을 통해 고구려를 중화인민공화국의 소유물로 만들어도 아무 상관없다. 역사적 진실은 오직 진실로서 영원하기 때문이다. 그러나 그러한 유적 한 오라기에 대해서도 가져야만 하는 애착, 애호, 보전의 감정은 "공정"을 뛰어넘는 인류보편적 가치에 대하여 우리가 지켜야만 하는 최소한의 도덕성이다. 우리나라의 동북아 운운하는 연구는 대부분이 일차자료를 중국학자들에게 의존하고 있기 때문에, 그들의 연구성과를 베끼거나, 앞으로의 하오꾸안시好關系를 위하여 그들의 눈치를 보는데 급급한 어리석은 자들이 많다. 우리나라의 재단활동은 기초적인 자료들을 보전하는데, 사진자료를 만들거나, 이념을 떠난 공통의 연구자료를 만드는데 기여하는 것이 되어야만 한다. 모든 것이 여의치 못한 것이 참으로 애처롭다.

갖춘 것인데 봉토의 전체 둘레가 50m, 높이가 5m 정도 되는 아담한 싸이즈의 것이다. 이 무덤의 가장 특이한 구조는 현실의 한 중앙에 돌기둥이 솟아있어 조정의 한가운데를 떠받치고 있다는 것이다. 그리고 벽화도 매우 특이한 내용을 담고 있다.

그런데 불행하게도 이춘호 할아버지는 이 무덤의 소재를 알지 못했다. 그리고 마선하 동쪽 동네 한복판에 있는, 그냥 별 의미없는 무덤 앞에다 우리를 데려다주었다. 그 앞에 통구고묘군 마선묘구라는 팻말이 있었기 때문에 그 뒤에 있는 무덤이 중요한 그 무엇으로 생각했던 것 같다.

"통구고묘군 마선묘구"라는 팻말에는 중화인민공화국 국무원國務院에서 1961년 3월 4일, 전국중점문물보호단위로 공포한 것을 집안시인민정부가 입立했다고 써놓았다. 이 말은 좀 설명이 필요할 것 같다. 1966년 길림성 문물관리위원회는 운봉수고雲峰水庫 측량대測量隊를 초청하여 통구고묘군에 대한 실측을 시행하고 편호編號를 매겼는데 당시 통구고묘군의 총수가 11,257좌座로 집계되었다. 통구고묘군은 다음의 5구로 나뉜다.

하해방묘구下解放墓區 51좌(51)
우산하묘구禹山下墓區 3,883좌(3,904)
산성하묘구山城下墓區 1,583좌(1,582)
만보정묘구萬寶汀墓區 1,516좌(1,506)
칠성산묘구七星山墓區 1,708좌(1,708)
마선구묘구麻線溝墓區 2,516좌(2,539)

이전복李殿福이 1980년『집안고구려묘연구集安高句麗墓硏究』에 보고한 것은 11,300여 좌로서, 1966년의 총수보다 조금 더 많다(상기의 괄호 속 숫자). 하여튼 마선지구에만 2,539좌가 있다고 하니 고구려무덤이 얼마나 많은지를 알 수가 있다.

최근(2003년) 이 무덤을 새롭게 조사했을 때 나온 묘정墓頂의 기와파편들. 이 사진에서 꼭대기에서 두 번째 줄에 기와모서리를 손가락으로 꾹 누른 듯이 보이는 기와가 있는데(북한학자들 용어: 손가락누름무늬 납새기와) 이 기와는 발해에서도 지속적으로 나타난다. 『구당서』「고구려전」에 보면, "사람들의 주거는 반드시 산계곡에 분포되어 있으며 대부분 띠풀로 이엉을 엮어 지붕을 잇는다. 오직 불사, 신묘, 왕궁, 관부만이 기와로 지붕을 잇는다. 일반 백성들은 좁은 집에 검소하게 살고, 겨울에는 긴 구덩이를 땅밑으로 파고 그곳으로 불을 때서 방을 덮힌다. 其所居必依山谷, 皆以茅草葺舍。唯佛寺神廟, 及王宮官府, 乃用瓦。其俗貧窶者多, 冬月皆作長坑, 下燃熅火以取暖。"라고 되어 있는데 기와는 일반서민가옥에는 쓰지 않았다는 것을 알 수 있다. 그러니까 무덤 위에 신묘神廟가 있었던 것이다. 그리고 온돌에 대한 매우 정확한 기술이 있으며 그것이 서민적 삶의 필수도구였다는 것을 알 수 있다. 작은 집에서 열을 안 빼앗기는 환경을 조성했다.

나중에 알고보니까 마선1호묘는 마선하 서쪽 100m 정도에 있으며 압록강으로부터 북쪽으로 4km 떨어져있다 하니 한참 북상했어야 했다. 우리가 간 곳은 동네꼬마들이 무시로 드나드는 언덕이 되어있었다. 이 무덤은 봉토묘인데 지금은 온전한 형태가 남아있질 않았다.

동네 한복판 무덤에서 빼스를 돌려 내려오다 보면 마선향 명덕소학에 도달하기 이전에 중간쯤 되는 지점에 서쪽 공터에 거대한 무덤이 나타난다(무덤 북쪽으로 마선중학이 있었는데 지금은 폐허가 되었다). 거의 방치되어 있기 때문에 편안하게 접근할 수 있었다. 이 무덤은 마선2100호묘(JMM2100)라고 부르는 것인데 여러가지 정황으로 볼 때 광개토대왕릉 이전 시대의 한 왕릉이라는 것은 의심할 여지가 없다. 1966년에 측회測繪를 했고, 70년대말 이래로 수차례 조사를 했다. 2003년에 길림성 문물부분에서 아주 본격적이고도 상세한 조사를 했는데, 금기金器, 도금기, 동기, 철기, 도기, 기와류 등 500여 건이 출토되었다. 묘장의 형제形制는 계단적석광실묘階壇積石壙室墓인데 대략 정방형이다.

현존하는 무덤의 묘고는 6m 정도이고, 동변 33m, 서변 32.2m, 남변 29.6m, 북변 33m이다. 제1급(級: 계단)이 올라가기 전에 바닥에 기초석을 깔았고, 제1급은 지금 불규칙하게 보이지만 대강 6층 정도의 돌벽돌로 이루어져 있다. 제2급은 제1급보다 50cm 정도 안으로 들어가서 올라갔는데 높이가 0.9m 정도이고, 돌벽돌砌石은 6~7층 정도이다. 현재 4급(계단) 정도가 남아있는데 전체적으로 보면 원래의 모습이 7계단 정도의 적석이었던 것 같다.

묘정墓頂은 지금 평대平台를 이루고 남북 길이 18m, 동서 폭 11m 정도의 장방형이다. 묘실이 중앙에 있었던 것으로 보이는데, 묘정의 파괴가 하도 심하여 묘실의 모습을 파악할 길이 없다. 묘상墓上에 대석재가 없는 것으로 보아, 묘실 천정에 큰 개석蓋石이 없었던 것 같다. 묘정에 기와 파편이 잔뜩 널브러져 있는 것으로 보아 묘정에는 멋있는 신전이 있었을 것이다. 그리고 무덤 사방주위로는 두꺼운 돌담이 부분적으로 남아있는 것으로 보아 담장이

마선2100호묘(JMM2100)의 서북각. 제1급의 단과 제2급의 단의 돌은 싸이즈의 차이가 있다. 불규칙성이 특징이며 초기 왕릉임을 알 수 있다.

마선2100호묘(JMM2100)를 남동쪽 코너에서 찍은 사진. 한 변이 33m 정도 되는 정4각형의 무덤이고 요즈음 시골 돌담을 쌓아올리는 식으로 소박하게 7계단을 만들었고(한 계단이 0.5m씩 들어간다) 그 속은 몽땅 하란석으로 메꾸었다. 그러니까 집안 동명성왕릉(장군총)이 만들어지기 전에는 무덤의 모델이 규모는 크지만 비교적 소박한 설계를 가지고 있었다는 것을 알 수 있다. 광개토대왕 시대를 전후로 하여 고구려문명의 도약이 있었다는 것을 알 수가 있다. 그만큼 노동력이 조직화되었고 설계가 정밀해지고 국가체제가 정비되었다. 바로 이러한 체제변화는 정신적인 문명의 기반이 탄탄해지지 않으면 안된다. 바로 그 기초공사를 다진 인물이 이 무덤의 주인공 소수림왕이었다. 주변으로 학교들이 있다는 것도 매우 상징적이다.

둘러쳐져 있었던 것으로 보인다. 묘 서남 약 200m 되는 곳에 건축지가 남아 있는데 그 건축지도 담장과 관련있는 것으로 보인다. 그렇다면 매우 거대한 능원이 조성되어 있었을 것이다.

중요한 출토물로는 철경鐵鏡, 철모鐵矛, 유금마형누공편식鎏金馬形鏤空片飾,

유금봉조누공편식鎏金鳳鳥鏤空片飾, 순금보요식純金步搖飾 등 비교적 화려한 금제장식품이 발견되었고, 와당도 목과 다리가 긴 선학仙鶴이 수미상접首尾相接하여 날으는 모습을 새긴 것이 있어 격조가 높다. 동전銅錢도 한 닢 나왔고 피혁도 1건 있었다. 이러한 정황으로 보아 이 무덤은 왕릉이 분명하다(철경鐵鏡이나 도금철도鐵刀, 와당의 존재는 왕릉에서나 볼 수 있는 것이다).

그렇다면 과연 이 무덤의 주인은 누구일까? 나는 아무래도 이 무덤의 주인은 이 무덤을 남북으로 마주보고 있는 천추묘와의 관계를 떠나 생각할 수 없다고 생각한다. 그리고 미천왕릉과의 관계도 같이 생각해봐야 한다. 크게 보면 이 무덤과 천추묘는 미천왕릉과 삼각관계를 형성하고 있다. 미천왕릉을 동쪽에서 아래위로 보좌하고 있는 형국인 것이다.

중국학자들은 고국원, 고국양이라는 지명이 모두 "국강상國岡上" 부근일 것이라고 추론하지만, 집안 일대는 "부근"이라는 개념이 어느 한 좁은 지점을 중심으로 생각할 수 없는 것이다. 천추묘 지역도 얼마든지 고국양이 될 수 있다. 혹자는 이 무덤을 봉상왕烽上王의 묘라고 말하지만, 별다른 근거가 없다. 더구나 봉상왕은 고구려역사를 통하여 가장 사악한 왕이며, 국상 창조리倉助利가 대의를 걸고 쿠데타를 일으켰다고는 하나, 실제로 국민들이 합심하여 폐위시킨 인물이다. 국민들 앞에서 화를 면치 못할 것이 두려워 두 아들과 함께 자살한, 천하에 버림받은 인간이다. 이러한 인간을 이렇게 평온한 평지 한복판에 거대한 성지를 만들어 그의 뭇자리를 잡았을 리 만무하다.

그를 묻었다고 한 곳이 "봉산지원烽山之原"이라 했는데 이때 "봉烽"은 외적의 침입을 알리는 봉화대이므로, 봉산지원은 봉화대가 있는 산언덕이었을 수도 있다. 하여튼 나는 이 묘를 소수림왕의 묘로 비정한다(동북아역사재단 편 『고구려를 찾아서』에서도 그러한 견해를 밝혔다). 여기는 강변의 평원이고 온화한 지세에 하류지역이므로 너구리나 족제비 같은 소수小獸가 많이 드나들어 소수림小獸林이라 불렀을 것이다. 위대한 할아버지 미천왕을 소수림과 고국양 두 형제가 지켜보고 있는 형국인 것이다.

소수림왕은 누구인가? 과연 어떤 사람이었는가? 소수림왕은 공연히 앞에 작을 "소小"자가 들어있는 바람에 손해를 본다. 작고 초라한 사람처럼 보이는 것이다. 게다가 역사에서 "소수림왕"이라고 말하면 곧 "불교전래"라는 이미지와 겹쳐있다. 소수림왕 2년, "372년"은 국사를 배운 우리나라 사람들에게는 무의식적으로 암기되는 숫자이다. 그러나 과연 고구려에 불교가 소수림왕 2년에 최초로 들어왔을까? 이런 것이 우리가 역사를 도식적으로 배운 데서 오는 폐해 중의 하나이다. 고구려에 불교가 372년에 들어왔다손 치자! 과연 "불교가 들어왔다"는 것이 무엇을 의미하는가? 머리 깎은 순도順道라는 사람이 한 명 들어왔다고 갑자기 고구려가 불교국가가 되는가?

"불교"라는 게 도대체 고구려인들에게 무엇을 의미하는가? 불교는 "고등한 철학"이다. 그것이 국민에게까지 이해되려면 수백 년이 걸린다. 그러나 고구려인들에게는 자신들의 삶과 밀착된 자기들의 토착종교가 있었다. 그것은 스님이나 목사와 같은 제도화된 전문 성직자는 없었지만, 제사와 관련된 다양한 제관들이 있었고, 또 시령에 따라 페스티발을 주관하는 제도가 있었다. 고구려인들의 종교는 그들의 삶의 리듬에 내재하는 축제였다. 그러한 고구려인들의 삶의 관습이 순도나 아도가 들어왔다고 하루아침에 바뀌는 것은 아니다.

오늘날 우리나라는 기독교가 하도 승勝하여 마치 기독교국가라고 해도 될 듯이 보인다. 그러나 과연 우리나라가 기독교국가일까? 그렇다고 불교국가일까? 우리민족에게는 우리민족 고유의 상식과 관습과 가치관이 있는 것이다. 그것은 외래의 제도종교exogenous institutional religions에 의하여 규정될 수 없는 것이다. 우리민족의 역사가 서양의 중세기로 되돌아가지 않는 한 우리는 영원히 기독교국가가 될 수는 없다.

그러니까 한 나라의 종교문화도 "외래적 사건"에 의하여 이해될 수는 없다. 인도와 중앙아시아의 불교가 동점을 감행했다면 그것은 당연히 천년왕국인 고구려제국에도 동시에 전달된 사건이었을 것이다. 고구려가 불교의 수용과

저멀리 보이는 거대한 무덤이 고구려왕릉 중에서 최대의 규모인 고국양왕의 무덤이다(전술). 이것은 내가 소수림왕릉에서 망원으로 찍은 것이다. 그러니까 형님이 아우를 지켜보고 있는 모습이다. 그 뒤로 보이는 산이 북한 산이고 가운데 트럭길이 나있다. 왕릉의 오른쪽으로 공장이 하나 보인다.

동시에 고등종교를 가지는 고등문명국가가 되는 것은 아니다. 대체적으로 고등종교라 하는 것이 오히려 저등한 것일 때가 많다.

소수림왕은 고구려역사에서 가장 비극적이라고도 말할 수 있는, 그러면서도 가장 슬기로웠다고도 말할 수 있는 위대한 임금 고국원왕의 아들이요, 미천왕의 손자이다. 그 핏줄이 만만치 않다. 그는 고국원왕시절부터, 아버지의 고뇌를 몸소 겪으면서 동고동락하였다. 그리고 엄마가 볼모처지에서 13년만에 귀환하면서 태자가 되었다. 그리고 아버지가 백제 근초고왕의 침략군에게 유시流矢를 맞고 전사하는 바로 그 장면에 있었을 뿐 아니라, 그 사후대처를 도맡아했고, 백제군을 물리쳤다.

『삼국사기』는 소수림왕을 "신장대유웅략身長大有雄略"이라는 표현으로 그 성품의 특징을 기술했는데, 이것은 매우 중요한 사실기록일 것이다. 김부식에게 매우 생생한 사료史料들이 있었음을 입증하는 대목이다. 소수림왕, "구부丘夫"(이름)는 거대한 몸매의 인간이었다. 190㎝는 족히 되었을 것이다. 그리고 웅략이 있다 했으니, 사물을 거시적으로 관망할 줄 아는 현명한 인물이었다. 한마디로 소수림왕은 인텔렉츄얼 자이언트였다.

그가 "불교전래"와 연결되는 것은 불교라는 신앙체계와 관련이 있다기보다는, 그의 웅략雄略과 관계가 있다는 것을 의미한다. 그에게 목전, 최대의 관심사는 아버지의 원수, 즉 백제였다. 백제에게 아버지의 원수를 갚는 것은 아버지와 함께 전장戰場에 있었던 아들로서는 너무도 당연한 일이었다. 그러나 이것은 결코 사감私感의 문제가 아니었다. 고구려의 입장에서는 백제의 급부상이야말로 가장 무서운 적수의 출현을 의미하는 사건이었다. 자기 아버지 고국원왕을 괴롭혔던 선비족 모용황은 천벌을 받아 일찍 죽는다. 손자대에는 그가 세운 연나라 자체가 전진의 부견苻堅에게 멸망당한다. 전진前秦은 결국 화북을 통일하지만(376년) 강남에는 동진東晋이 버티고 있었다. 전진이 동진을 멸하고 중국을 통일하기 위해서는 고구려라는 후방과 나쁜 관계를 유지할 필요가 없었다.

나는 유감스럽게도 운강석굴을 아직 가보지 못했다. 아직 가보지 못한 곳이지만 꼭 가보고 싶은 곳이 너무도 많다. 그러나 몸은 하루하루 늙어가니 집필시간을 계산하면 마구 여행을 다닐 수도 없다. 이 사진은 나의 맏딸 김승중 교수가 찍은 것이다. 운강은 역사 속에서는 "대동大同"이라는 지명으로 알려져 있는데, 그것은 당나라 때 대동군이 주둔한 지역이라서 생긴 이름이고 옛날에는 "평성平城" 혹은 "항주恒州" "정양定襄" "운주雲州" 등으로 불리었다. 오호五胡를 제압하고 굴기한 선비탁발부鮮卑拓拔部가 북위왕조를 정식으로 건립하고 평성에 정도한 것이 AD 398년이다. 그런데 이 북위왕조가 대동성 서쪽 16km에 있는 무주산武周山(=武州山) 남록에 담요曇曜라는 스님의 주도로 석굴을 파기 시작한 것이 460년경으로 확정될 수 있는데, 천도한 시점을 생각하면 운강의 굉대한 석굴사원이 불과 35년, 최대로 잡아야 70년의 세월 동안에 다 완성된 것이다. 254개의 동굴(주요동굴 54좌)에 51,000여 존尊의 불상이 어떻게 불과 3·40년만에 완성될 수 있는가? 그것도 5세기 세계미술의 최고수준을 과시하는 위대한 조형예술인데? 다음 페이지에 →

이 미스테리는 북위라는 북방정복왕조의 문화적 열망으로만 풀리는 것은 아니다. 우리는 이 위대한 예술을 창조한 예술가(=석공)집단이 단지 북위의 사람이라는 생각을 해서는 아니 된다. 남·북방, 전세계의 예술인들이 이 역사적 사업에 다 몰려들었던 것이다. 북위 왕조는 이들을 재정적으로 지원한 것이다. 그러니까 불교의 전래라는 것을 한 방향에서만 생각할 수 없다. 운강석굴을 만든 사람들의 상당수가 고구려인이었던 것이다. 소수림왕 때 전진의 부견이 불상과 불경을 보내왔다는 뜻은 고구려인들과 전진의 사람들이 호상교류했다는 것을 의미한다. 서로 주고 서로 배우는 것이다. 운강석굴을 만든 사람들은 운강석굴사원사업이 쇠퇴하게 되면서 또다시 용문석굴사업으로 옮아가기도 하고, 고구려로, 신라로, 백제로 다시 흩어져 각 지역에서 불사의 역사役事에 주도적으로 참여하게 되는 것이다. 어떻게 외국에서 온 스님의 말만 듣고(말도 잘 안 통할 텐데) 금방 그토록 정화로운 예술품들을 만들 수 있겠는가? 모든 국제교류의 문화사업의 밑바닥에는 신비로운 비밀결사로만 간주할 수 없는, 프리메이슨집단과 같은 흐름이 자연스럽게 존재하는 것이다.

↑ 이 석불은 제19굴의 주존좌불主尊坐佛이다. 천정이 궁륭식穹隆式의 돔을 형성하고 있고 부처님은 결가부좌를 하고 있는데 그 높이가 16.8m에 이른다. 귓밥이 어깨에 이르고 있고 오른손은 시무외인施無畏印을 하고 있다. 그런데 운강의 석질은 사암砂巖이며 돔천장도 그냥 파들어간 것일 뿐이다. → 그러나 경주 석굴암의 부처는 훨씬 다루기 힘든 단단한 재질의 화강암을 다듬은 것이며 천정도 기하학적 방식으로 돌을 깎아 맞춘 것이다. 양자를 크기로만 비교할 수는 없다. 석굴암과 운강석굴은 공통의 디프 스트럭쳐를 지니지만 석굴암부처가 훨씬 더 세련되고, 기하학적 구도의 완성미를 과시하고 있으며, 또 내려감은 눈과 방금 터질 듯한 미소를 머금은 입술의 정갈한 표현이 무상無上의 순정純淨한 초연함을 드러내고 있다 할 것이다.

웅략이 있었던 소수림왕은 아버지의 원수를 당장 무력침략이라는 방식으로 되갚을 필요가 없었다. 중원의 패자인 전진前秦의 부견, 그리고 강남의 동진東晋 세력과 우호적 관계를 맺음으로써, 백제를 고립화시킬 필요가 있었던

소수림왕시대보다 약간 후대이지만 북위의 운강석굴조성사업은 동아시아문명세계에 혁명적인 변화, 문명의 3대 요소 중의 하나인 아름다움Beauty의 창조적 상향의 폭발적 에포크를 가져왔다. 그것은 단시간 내에 이루어진 것이기 때문에 그만큼 충격과 반향이 컸다. 그 중 가장 중요한 것이 "반가좌사유상半跏坐思惟像"의 출현이다. 물론 인도나 중앙아시아의 예술표현에도 이 양식이 없는 것은 아니겠지만 반가좌사유상은 북위 운강에서 태어나 동아시아 전반의 흐름을 주도한 새로운 양식으로 정형화되었다. 그 최초의 작품이 바로 운강석굴 제6동洞(중국인들은 "굴窟"이라는 표현을 쓴다)의 불본행고사佛本行故事를 그린 장면이다. ↑부인 야쇼다라가 아름다운 얼굴의 미소를 띠며 편안히 팔을 베고 누워있다. 둘이서 섹스를 방금 마친 모습이거나, 만의滿意한 부인과(야쇼다라는 이때 아들 라훌라를 낳아 신세가 편했다) 섹스를 할까말까 고민하고 있는 모습일 수도 있다. 싯달타의 뒤에는 시종여인이 오른쪽 무릎을 세우고 두손 모아 공경하고 있고, 야쇼다라 침대 아래에는 4명의 악사들이 아주 권태스러운 모습으로 판에 박힌 음악을 연주하고 있다. 싯달타는 오른손으로 얼굴을 괴고, 왼손으로는 오른발을 잡아올려 침대 위에 놓고, 출가를 할 것이냐 말 것이냐? 그것이 문제로다! 하면서 고민하고 있다.

우리는 불상을 바라볼 때, 모르는 서양아이들이 다 똑같이 보이듯이, 다 똑같이 바라본다. 그러나 모든 불상이 세부적인 의미를 지니고 있다. 싯달타상은 보통 태자상太子像이라고 하는데, 이것은 범인의 모습이다. 범인의 위대함은 고민하고 생각한다는 데 있다. 여래상은 해탈인의 모습이다. 번뇌를 이미 초탈한 것이다. 이 해탈상은 반드시 결가부좌를 하고 있다(석굴암 본존처럼). 반가좌는 인간적인 포스쳐humane posture이다. 사랑하는 부인과 섹스를 해서 또 애를 낳을까 말까, 저 악사들의 음악을 듣고 살 것인가 말 것인가, 이런 고민을 하는 인간의 모습이다. 고조선-고구려의 사람들에게 여래가 더 매력적이었을까? 고민하는 태자가 더 매력적이었을까? 당연히 인간 태자, 어중간하게 앉아있는 싯달타가 더 매력적이었던 것이다. 이 반가좌사유상은 19세기 말에는 오거스트 로댕의 "생각하는 사나이Le Penseur, The Thinker"로 재창조되었다. 이 조각은 원래 지옥의 문The Gates of Hell이라는 번뇌세계의 앞에 있었다. 오른손으로 얼굴을 괸 모습. 팔굽이 왼쪽 무릎 위에 있음으로 해서 틀어진 몸의 긴장감, 올라간 왼쪽다리, 그 위에 놓인 손가락의 표현이 반가좌사유상과 거의 같은 구조를 하고 있다. 인간 고뇌의 영원한 표현이라 할 것이다.

↑북위시대에 만들어진
독립된 석조반가좌사유상

이 반가좌사유상은 정형화되면서 미륵사상과 결합된다. 이 부처는 제8굴 동벽감龕에 있는 것인데, 미륵상생사상을 나타낸다. 미륵이 도솔천兜率天에서 설법을 하고 있다. 결가부좌를 풀고 편하게 교각交脚의 의좌상倚坐像으로 앉아 설법을 하고 있다. 미륵상생사상이란 미륵이 상생한다는 것이 아니라, 미륵이 항상 이 모습으로 설법하고 있는 도솔천에 왕생往生하고자 하는 민중의 열망을 나타내는 것이다. 그 얼굴의 표현이 우리나라 반가좌상의 미륵얼굴의 조형이라 할 수 있다. 화려한 관을 쓰고, 어깨에 이르는 귓밥에 화려한 귀장식耳飾을 하였다. 이 모습에서 오른손이 얼굴로 올라가고 오른발이 왼발 무릎 위로 올라가면 반가좌사유상이 된다. 미륵상생사상은 반드시 미륵하생사상과 결합하는데 미륵하생의 혁명적 사회변화를 신앙하는 젊은 무사들의 단체가 화랑이었고, 이 화랑의 이데아적 모습이 또다시 반가좌사유의 싯달타와 결합하는 묘한 예술적 흐름을 형성하게 되었다(고구려의 무사집단인 조의皂衣도 관련하여 생각해 볼 수도 있겠다).

우리나라 국보 제78호이며 국립중앙박물관 소장의 이 반가좌상은 1912년 일본인 후찌가미 사다스케淵上貞助(1869년 생, 몰년미상. 1884년 상인 아버지를 따라 부산에 상륙. 돈을 많이 벌고 골동품을 엄청나게 수집. 우리나라 미술사문헌에 대부분 연토정조淵土貞助라고 써놓고 있는데 연토라는 성은 일본에 존재하지 않는다. 한국학계정보의 부정확성은 때로 참기 어렵다)가 입수하여 총독부에 기증하였다는 기록만 있고 이 유품에 대한 정보는 전무한 실정이다. 결론부터 이야기하면 나는 이것을 고구려작품이라고 단언한다. 우선 옆에 있는 신라 반가상과 비교해보면 보관으로부터 의상, 팔찌, 그리고 선의 흐름이 신라 것과는 매우 다르다. 내심에서 우러나오는 고요한 미소는 있으나 형태의 윤곽과 눈의 찢어짐이 매우 호쾌하며 북방무사적 기질을 나타내고 있다. 가장 결정적인 것은 미륵의 이미지가 훨씬 더 강하게 부각되어 있으며 운강·용문의 북위 예술의 영향을 보다 직접적으로 느끼게 한다. 띠의 둘림이 마치 강서대묘의 현무의 뱀꼬랑지 얽힘을 연상케 한다. 이 작품은 삼산반가좌사유상(p.187)이나 광륭사 사유상에 밀려 사람들에게 바른 평가를 얻지 못하고 있으나 고구려예술의 장쾌한 모습을 나타내는 대표적인 것으로 재평가되어야 마땅하다. 높이 80cm, 금동.

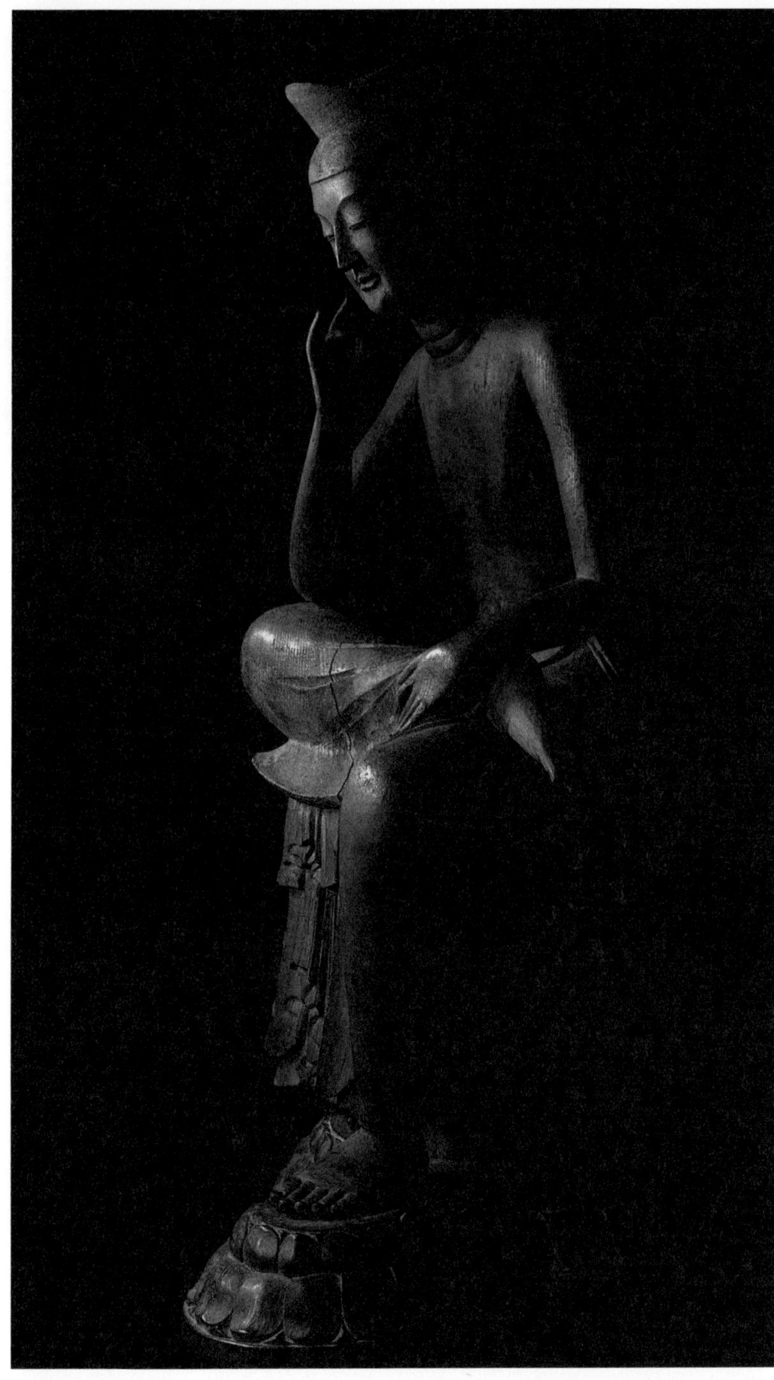

이것은 교오토京都 우쿄오쿠右京區 우즈마사太秦, 진언종 계열의 광륭사廣隆寺에 있는 반가좌사유상으로 일본국보 제1호(조각 부문)이다. 서양에 모나리자가 있다면 동양에는 광륭사 사유상이 있다 할 정도로 아시아를 대변하는 예술작품으로서 칼 야스퍼스가 인간이 상상할 수 있는 모든 세속의 기운이 한 티끌조차 붙어있지 않은 성스러움의 극치라고 극찬한 것으로 유명하다. 그런데 일본의 국보 1호가 신라의 작품이다. 이것은 일본인이 "도래인渡來人" 운운하는 일본 내의 신라인의 작품이 아니라 온전한 신라의 작품이 건너간 것이다. 우선 이 작품은 84.2cm의 높이인데, 국박의 높이 93.5cm 삼산반가좌사유상(p.187)과 놀라웁게 동일한 수법으로 모든 것이 이루어져 있다. 동일한 이데아(본)의 두 버젼으로 볼 수밖에 없다. 그런데 국박의 것은 금동, 그러니까 동 주물이고, 이것은 연좌대를 포함하여 하나의 통나무로 조각된 목조작품이다. 나무조각에다가 옻칠을 하고 그 위에 금박을 입혔으니 외형으로는 차이가 없었을 것이다. 지금은 칠이 다 벗겨져 나무재질의 색감과 결이 드러나 훨씬 더 품격이 높아졌다. 그러나 그 본래 자태의 이데아가 지상 여타의 형태에 비견할 수 없는 열반의 고결함을 발하고 있다. 일본 국보1호가 어떻게 신라작품이라 단정할 수 있는가? 일본에서는 목각이 예외없이 쿠스노키楠라는 장목樟木 목재를 쓴다. 그러나 이것은 아카마쯔赤松 계열이며 당대 일본에는 없었던 것이다. 그리고 『일본서기』에 성덕태자가 진하승秦河勝이라는 도래인에게 불상을 주었다는 기사가 있고, 동 31년에는 신라가 성덕태자에게 불상을 선물했는데, 그 불상을 광륭사에 안치했다는 기록이 있다. 이 위대한 신라인의 걸작품은 신라의 왕이 성덕태자가 훌륭한 정치를 행한다고 생각하여 그에게 선물한 것이다. 별다른 해석의 여지가 없다. 북위로부터 고구려를 거치면서 그 순화된 싯달타의 고뇌하는 순결한 모습이 인류사의 가장 위대한 예술로 승화되어 나타난 것이다.

고구려에서 신라로 가는 불교의 루트는 일반여행로인 조령루트와 죽령루트의 두 길이 있었다. 조령루트는 한강 하류, 여주 → 충주를 거쳐 조령을 넘어 문경 → 함창 → 상주 → 선산에 이른다. 선산을 통해 경주로 간 것이다. 죽령루트는 충주에서 단양에 이르러 죽령을 넘어 영주 → 봉화 → 안동 → 의성 → 군위軍威로 간다. 군위에서 대구를 거쳐 경주로 들어간다. 그런데 반가좌상은 이 두 루트를 통해 다 발견된다. 고구려의 스님 아도가 신라로 내려갔을 때 조령루트를 통해 선산으로 갔다. 그러니까 수도 경주를 접근하기 전에, 문경, 선산, 봉화, 안동, 의성, 군위의 주변에 불교의 뿌리를 심었던 것이다.

이 지역은 모두 석탑, 석굴, 마애불이 있다. 그런데 백제의 경우에도 바다를 건너온 승려들이 부여로 가기 전에 서산瑞山 지역에 뿌리를 박았다. 그러한 서산의 분위기를 바로 유명한 미소의 서산마애불이 나타내고 있다. 많은 사람들이 별 생각없이 삼존마애불이라고 부르는데 평상적 의미에서 삼존이라 부를 수는 없다. 쳐다보는 사람입장에서 오른쪽 협시보살은 문수보살이 아닌 매우 코믹하게 생긴 반가좌사유상이다. 마른 부처가 아니라 통통한 부처이며 고민하는 것이 아니라 생글생글 아주 포만한 듯이 웃고 있다. 가운데 석가여래(2.05m)도 인자하고 구수한 동네 할아버지 같고, 왼쪽 입상도 보현보살로 보기 힘들다. 사유상은 1.09m. 상반신 나형裸形, 세요細要에 하상下裳, 기타 특징은 반가좌 사유상의 구조적 특징을 공유한다. 이 서산마애불과 같은 삼존은 세계불교사 어디에도 유례가 없다. 그만큼 조선의 사람들은 불교를 자기식으로 이해했다. 이 지역에서 개그맨이 많이 배출되는 것도 마애불의 미소와 관련있을 것이다(한국미술사에서는 왼쪽 보살을 뎨화갈라보살로, 오른쪽 보살은 미륵으로 보아 과거, 현재, 미래의 삼존으로 본다. 이렇게 보아도 기존의 삼존의 틀에서는 벗어나는 유니크한 것이다).

것이다. 이러한 외교정책은 바로 소수림왕시대를 특징지우는 "문치주의"로서 드러나게 된다. 문치주의의 한 상징으로서 스님과 불상, 경문을 교환하는 제스쳐는 고구려라는 국가에게 품위를 주고, 백제에게 위압감을 던져줄 수가 있는 것이다.

우리나라 국박에 소장되어 있는 국보 제83호의 금동반가좌사유상. 머리에 쓴 관이 3면의 둥근 산 모양이라서 보통 "삼산반가좌사유상"으로 불린다. 광륭사 사유상의 조형이다. 그러나 얼굴 표현이 광륭사 목조 사유상에 비해 훨씬 더 양식적이고 코와 입모양이 품격이 떨어진다. 이것은 나무를 깎아가면서 만든 것이 아니라 주물이기 때문에 생기는 문제일 수도 있다. 콧방울을 드러내기 위하여 홈을 판 것, 그리고 미소진 입술이 부자연스럽게 볼록한 것, 그리고 뺨의 살이 하악 쪽으로 처지면서 너무 통통한 것은 평범한 신라인의 얼굴일 수는 있으나 귀티를 느끼게 하지 않는다. 아마 나처럼 이 국보의 생김새를 정직하게 표현하는 사람은 없을 것이다. 아쉬웁기 그지없는 작품이다. 코와 눈썹을 연결하는 선도 깔끔하지 못하다. 그리고 전문가들이 함부로 "금동미륵보살반가좌상"이라고 이름짓는데, 이것은 순결한 청년 싯달타의 고뇌하는 모습이다. 역사적 인간의 모습을 그린 것이다. 미륵적인 요소를 없앤 것이다. 미륵은 싯달타와 관련없는 56억 7천만 년 후에 이 세상에 나타날 미래불이다. 역사적 싯달타Historical Siddhārtha가 아닌 신화적 보살이다. 초기한역이름은 자씨慈氏였다. 마이트레야Maitreya가 자비로운 스승이라는 뜻이기 때문이다.

소수림왕은 불교를 받아들인 같은 해에 태학太學을 세운다. 소수림왕 때 고구려에 최초로 국립대학이 만들어진 것은 아니다. 고구려는 이미 문명국이었고 방방곡곡에 "경당扃堂"이 있었으며 미혼자제들은 모두 오경을 통달하였다고 했다. 그러니까 불교를 받아들였다는 것도 불교가 최초로 들어왔다는 얘기가 결코 아니다. 외적으로는 부견으로부터 승려를 받아들이고, 또 내적으로는 태학을 설립함으로써 기존의 국가정신기반을 제도적으로 통일하려는 새로운 문치주의를 표방한 것이다.

그러나 그의 문치의 속셈은 백제를 무력적으로 복속시키는 것이었다. 고구려를 더욱더 강성하게 만들기 위하여 문화적 역량을 업그레이드시키는 작전을 수립한 것이다. 그리고 소수림왕 3년에는 "율령律令"(통일된 법조문: 부족마다 가지고 있었던 관습법을 보편적인 국가성문법에 복속시킨다는 것을 의미한다. 이것은 소수림왕의 정책이 중앙집권적 권력의 강화를 꾀했다는 것을 의미한다)을 반포한다. 이러한 소수림왕의 정책이 고구려가 광개토대왕의 대제국시대를 맞이하게 되는 새로운 코스모스의 기반을 확립했다는 것을 의미하게 된다.

고구려는 위대한 나라였다. 내가 "위대하다"고 말하는 것은 상하의 일체감이 있었다는 것을 의미하는 것이다. 창조리가 봉상왕을 폐위하기 위하여 쿠데타를 일으키고 그를 감금했을 때, 창조리는 국인들에게 이렇게 말한다: "나와 마음을 같이하는 자들은 내가 행하는 대로 행하라." 그리고 그는 갈댓잎蘆葉을 관 옆에 꽂는다. 그랬더니 국민들 모두가 따라서 갈댓잎을 머리에 꽂았다. 이것은 고구려의 문화가 아테네의 폴리스에서 볼 수 있는 민주적 제도와 상통하는 어떤 개방적 합의체계를 가지고 있었다는 것을 의미한다. 고구려의 특징 중의 하나가 훌륭한 지도자가 속출했다는 것이다.

아마도 이러한 국론의 기반과 제도를 형성하는데 가장 큰 공헌을 한 사람이 바로 소수림왕이었을 것이다. 소수림왕은 진실로 위대한 왕이었다. 그러나 그가 능동적으로 획책한 백제와의 끊임없는 전쟁은 그를 지치게 만들었다. 백제는 이미 옛날의 백제가 아니었다. 14년 피로 속에 세상을 하직하고 동생 고국양왕에게 왕위를 물려준다.

회고컨대, 소수림왕이 부견과 교류하면서 불상과 경문을 받아들인 것은 부견이 중원을 통일해가는 과정에 능동적으로 참여하면서 불교라는 당대의 보편문화를 국가의 간판으로 내걸었다는 것을 의미한다.

선비족의 한 부파인 탁발부가 북방을 통일하여 수립한 북위北魏정권이 조성한 운강석굴雲岡石窟(산서성 대동大同, 무주산武州山 석굴: 불교가 중국에 전래된 후 국가가 주도하여 세운 최초의 석굴 프로젝트)의 규모와 그 예술적 향취를 생각하면(5세기), 고구려도 그러한 흐름에 부응하지 않을 수 없었던 것이다. 고구려불교문화도 소수림왕의 진취적 수용과 더불어 어떤 도약의 계기를 맞이했음이 분명하지만 고구려는 신라처럼 불교를 국가기반의 심층구조로서 수용하지는 않았던 것 같다. 그만큼 토착적 문화가 강했다. 고구려의 사신도도 도교의 영향 운운할 것이 아니라 고구려에 내재하는 그들의 토착적 문화가 불교의 유입에 자극받으면서 더욱 세련화되어간 것으로 보아야 할 것이다. 고구려불교문화는 운강석불의 조성과 궤를 같이하여 생각해보는 것이 마땅할 것이다.

우리나라에서 발견되는 반가좌사유상의 걸작품들이 고구려를 거쳐 신라로 유입되는 루트를 그리는데 그것은 대개 북위 예술의 영향으로 간주되는 것이지만 반가좌사유상의 정화로운 변화는 조선민중에게 내재하는 어떤 심미적

여기 내가 독자들에게 자랑스럽게 내보이는 것은 실물이 아니라 두 개의 사진이다. 그렇지만 이 사진은 진실로 사진 그 자체로 위대한 예술이라는 것을 나는 말하려 한다. 왼쪽의 부처는 운강석굴 제5굴 누각상층 동측감실 내에 있는 좌불인데 고구려, 신라의 반가좌사유상의 조형을 이루는 걸작으로서 운강석굴 전체를 대표하는 가장 정묘精妙한 작품이다. 콧등의 날카로운 깎임에서 눈썹으로 연결되는 율동을 날카로운 선으로 표현하였고 내가 국박 삼산사유상의 가장 실패적 요소라고 한 콧방울선이 여기서는 매우 여유롭게 길게 표현되면서 자연스러운 인간미를 드러낸다. 광륭사 사유상은 콧방울선이 극도로 절제되어 있다. 이 부처의 입술라인은 삼산사유상처럼 볼록 튀져나오지도 않았고 광륭사 사유상처럼 매우 여유롭고 길게 표현되었다. 국박 사유상처럼 입술이 인중보다 튀져나오면 품위를 잃는다. 운강좌불은 석불이다. 돌을 다듬은 솜씨가 참으로 경이롭다. 눈을 내리감았지만 세상을 굽어보는 눈망울은 그 속에서 살아 움직인다. 오른쪽 사진은 이미 앞에서 설명한 광륭사 사유상이다. 그런데 이 사진을 여러분에게 공개하는 것을 행운으로 여긴다. 지금 광륭사에 가면 반가좌사유상은 너무 높고 멀리 모셔져 있어 잘 보이지도 않고 일체 사진을 찍을 수가 없다. 그런데 내가 동대東大학생시절, 1975년에 쿄오토에 갔을 때, 광륭사는 거의 폐찰 같은 느낌이었다. 사람이 거의 가질 않았고, 지상전차가 근처까지 다녔는데, 우즈마사역에서 내려 그곳엘 가면 꼭 토굴 같은 곳에 어마어마한 예술품들이 펜스도 없이 그냥 진열되어 있었다. 국보1호 사유상을 1m 정도 가까이에서 빙빙 돌아가며 볼 수 있었다. 어두운 조명에 가람 밑바닥은 다져진 흙바닥이었다. 전체 분위기가 아름답기 그지없었다. 나는 그때 이 작품을 보면서 그 아름다움에 넋을 잃고 또 분곡憤哭했다. 어찌하여 이 신라인의 작품을 일본국보제1호로 칭송만 하고 되찾아올 생각을 못했을까? 이 작품은 신라가 보낸 것이므로 우리가 가지고 올 수는 없다. 그러나 조지훈이 "승무"와 같은 시를 이 작품에 대해 썼더라면 이것은 이미 우리 마음의 국보가 되어 있을 것이다. 오상순, 정지용, 윤동주 같은 시인들이 다 이 동네에 살았었는데 어찌하여 이 작품을 노래하지 않았던가? 내가 1975년 그곳에서 원판사진을 하나 구했는데,

나는 그 어느 곳에서도 내가 소지한 사진만큼 잘 찍힌 광륭사 사유상을 볼 수가 없었다. 위대한 어느 일본작가의 작품이리라! 지금은 아무리 잘 찍어도 목조사유상 자체가 시간의 입김을 너무 쐬어 이토록 청순한 모습을 얻을 길이 없다. 이삿통에 한동안 이 사진을 어디 두었는지 알 길이 없었다. 이 책을 편집하면서 찾고 또 찾았다. 서재 한 구석에서 발견했을 때의 기쁨은 이루 다 형언할 길이 없다. 독자들이여! 여여한 신라의 향기를 흠향하소서. 운강에서 우즈마사에 이르는 인류사 최정最頂의 두 작품을 연결하는 것은 고구려패러다임이었다(나중에 이 사진의 작가가 동경 마루키丸木사진관의 문하생으로서 나라奈良에 아스카엔飛鳥園을 설립한 오가와 세이요오小川晴暘, 1894~1960라는 것을 알게 되었다. 그의 모든 작품 중에서도 가장 걸출한 것으로 이 사진 한 장으로 인하여 일본고미술의 연구가 활발하게 되었다고 한다. 1925년 촬영이며, 관람객의 입김이 거의 스치지 않은, 손가락이 부러지기 이전의 작품이다).

감성이 고도의 예술적 표현을 발휘한 것으로 간주된다. 쿄오토 광륭사廣隆寺에 있는 신라의 반가좌사유상은 고구려 강서대묘의 현무玄武의 모습과 쌍벽을 이루는 인류 지고의 차원의 예술창작이라 일컬을 만하다.

마선향에서 점심먹으려고 찾아보니 마땅한 곳이 없었다. 나는 굶기로 했다. 대원들의 불만이 이만저만 아니겠지만, 점심 먹는다고 엉덩이를 붙이면 좌우지간 2시간은 날아간다. 햇볕이 있는 동안, 고구려가 안계眼界 속으로 마구 날아들어오는 이 긴박한 시간에, 육신의 쾌락을 위하여 시간을 허비한다는 것은 죄악이다. 굶어라! 배고픈 사람은 구멍가게에서 식빵이라도 사먹어라! 허기만 면하면 될 것이 아닌가?

> 一寸光陰不可輕
> **일촌의 광음도 허비하지 말지어다.**
>
> 句麗瞬過不復回
> **고구려는 순간에 지나가고 다시 돌아오지 않는다.**

마선향지역에 포도밭이 많았다. 이 지역은 포도의 집산지로서 포도주를 만드는 큰 공장이 있었다. 무영이 부인 이금숙교수가 포도주공장에 가서 큰 탱크에 쏟아지는 포도주 한 통을 샀다. 공장을 견학하다 미안해서 한 통 샀다고 했다. 그런데 숙성이 안돼서 맛이 없었다.

칠성산 고묘군: 태조대왕과 서천왕

포도주공장 앞에도 거대한 왕묘가 있었는데 하도 무덤 쳐다보기가 지겨워져서 그냥 지나쳤다. 우선 정경일 교수가 꼭 가보라고 당부했던 칠성산七星山 871호(JQM0871)무덤을 가보기로 했다. 우리를 안내하는 이춘호 할아버지도 우리가 가보고자 하는 871호무덤의 위치에 관해 잘 몰랐다. 대강 통구하(서대하)를 건너기 전에 있다는 것만 알고 무덤에 올라가는 골짜기를 정확하게 기억하고 있질 못했다. 어느 골짜기에서 어른거리고 있는데 그곳의 건장한 토백이 아저씨가 큰 전봇대를 가리키며 다시 오던 길로 내려가 다음 골짜기에서 그 전봇대 있는 곳으로 올라가면 된다고 매우 친절하게 일러주었다. 아저씨 말대로 올라가보니 비로소 정경일 교수가 왜 이 무덤을 꼭 가보라고 했는지 그 이유를 알 듯했다.

물론 지금은 수풀이 우거지고 높은 건물들이 들어서서 그 원모를 파악하기 어렵지만 지세를 분별할 줄 아는 사람이라면 이 무덤터가 음택으로서는 천하의 둘도 없는 명당이라는 것을 알아차릴 수 있다. 고구려의 젖줄인 통구하(서대하)와 압록강이 만나는 너른 평지를 굽어보는, 웅장한 칠성산七星山 남파南坡에 있는 이 무덤은 서대하와 국내성과 압록강을 한 눈에 내려다보고 있기 때문이다(묘정 해발 232.06m). 통구하를 중심으로 생각하면 국내성과 871호묘는 동·서로 위치하고 있다.

그러니까 국내성을 중심으로 생각하면 호태왕릉이 있는 자리는 오히려 편벽한 곳이다. 국내성을 바로 굽어보는 자리에 있는 칠성산871호묘야말로 국내성을 가슴에 껴안고 있는 배산임수의 최고명당이라 말하지 않을 수 없다. 경복궁에서 남산이 잘 보이듯이, 국내성의 궁궐에 앉으면 서쪽으로 871호묘가

웅장하게 보였을 것이다. 그렇다면 이 묘소는 그렇게 쉽게 잡힌 자리가 아니다. 국조國祖가 아니면 차지하기 어려운 자리였다. 그렇다면 과연 이 묘소, 분명한 왕릉으로 추정되는 이 묘의 주인공은 누구였을까?

우선 이 문제를 다루기 전에 이 능의 현황부터 살펴보자! 이 능은 1966년 길림성박물관에서 측회를 했고, 80년대 여러 차례의 조사를 거쳐 왕릉이라는 것을 확인했다. 1997년에 길림성문물고고연구소와 집안시문물보관소에서 공동조사를 하여 특대형의 계단적석석광묘階壇積石石壙墓라는 것을 밝혔다. 2003년 5월~7월 사이에 문물부문에서 정밀한 검사를 하여 6건의 중요한 유물을 발굴하였고 기와표본을 채집하였다.

칠성산 기슭 871호묘에서 바라본 집안시내와 압록강

칠성산 871호묘 전경

남동쪽에서 바라본 태조대왕릉. 제일 아래쪽 들국화 위로 계단식 적석의 흔적이 보인다. 이 왕릉은 국내성에서 잘 보였기 때문에 일찍부터 도굴꾼들이 들끓었을 가능성이 있다. 이 묘의 꼭대기는 서북각 3.61m, 동북각 9.20m, 동남각 8.70m, 서남각 5.21m의 불규칙한 높이로 적석이 남아있다. 묘의 서북쪽 22m에 건축지가 있는데, 지표에 판와板瓦, 통와筒瓦, 용석熔石이 널브러져 있었다. 그 중 사파수四坡水의 방형도옥정方形陶屋頂, 수수형척식獸首形脊飾 등의 보기드문 건축자재가 있었다.

이 왕릉은 상당히 초기의 것이다(2세기 이전). 능을 쌓은 방식이 치밀하지 못하기 때문에 세월의 침식을 당하면서 매우 심하게 망가졌다. 석물의 기초공사가 없이 그냥 쌓아올리는 방식으로 축조한 대형적석묘이기 때문에 쉽게 파괴가 되었을 것이다. 묘실의 구조도 정확히 알 수가 없다. 북변 46m, 동변 48m, 남변 46m, 서변 40m의 둘레를 지니고 있는데 남쪽변은 호형弧形으로 나와있다. 현존하는 단壇의 잔해로 보아 12단이 있었던 것으로 보인다. 그리고 축조한 방식이 안에서 밖으로 돌을 쌓아올렸으며(돌은 하란석이 아니라 자연산석自然山石이다), 계단은 위에서 아래로 만들어나간 것으로 보인다. 그리고 북쪽에 4개의 배분陪墳이 있었던 것으로 사료된다.

지금 우리가 이 묘의 잔해에 관하여 아무리 이러쿵저러쿵 해봐야 별로 큰 의미가 없을 것 같다. 그 지리적 위치와 개활開闊한 시야, 국내성에서 생각할 때 가장 중요한 위치를 점하는 음택자리라는 것, 그리고 배총이 있고, 제대祭臺, 제사 올리는 건물, 그리고 묘역에 석판을 깔았다는 등등의 사실로 미루어 이 묘는 고구려가 국내성으로 천도한 이래 가장 중요한 의미를 지니는 대왕의 묘일 수밖에 없다는 결론에 이를 수밖에 없다. 바로 이 묘는 제6대 고구려천자인 태조대왕太祖大王의 능인 것이다.

임 조교가 내 뒤 좀 높은 위치에서 어렵게 찍은 사진인데 저 앞에 보이는 산들이 북한 만포시의 산들이고 그 앞으로 압록강이 흐른다. 그리고 직각으로 만나는 큰 하천이 통구하이다. 압록강 한가운데 있는 벌등도筏登島도 보인다. 그 두 강이 만나는 동쪽으로 국내성이 있으니, 이 능의 위치가 풍수상 얼마나 중요한 자리인가를 알 수 있다.

전체적으로 보면 계단이 12단 있었음을 추측할 수 있다. 아래에 보이는 동네집들의 입구에 놓인 돌들이 모두 태조대왕릉에서 가져온 것임을 알 수 있다. 태조대왕릉의 기초석이 이렇게 다 흩어진 것이다.

하천가에 있는 돌, 집담장 밑의 기초석들이 모두 태조대왕릉에서 가져다 쓴 것임을 알 수가 있다. 아파트를 지어 아예 파손되는 것보다는, 그래도 태조대왕의 혼백이 깃든 돌이 동네돌담에라도 남아있는 정경이 정감이 간다. 그러나 이 묘가 우리 강역 속에 있다면 보수를 해서 태조대왕이 누구인지를 가르쳐주는 기백이 담긴 글이라도 안내판에 써놓을 텐데 … 그런 아쉬움이 남는다.

우리는 고구려 하면 가장 위대한 왕으로, 소수림왕에서 광개토대왕, 장수왕에 이르는 4·5세기의 화려한 그림을 떠올리게 되지만, 진실로 고구려를 중원의 천자국으로 만든 인물은 제6대 태조대왕이었다. 우선 태조대왕은 그의 재위기간이 햇수로 94년이나 되고 그가 사망했을 때의 나이가 119세가 되므로, 이러한 사실로부터 함부로 추론하여 그의 실존성에 관한 의문을 제기하는 자들이 있다. 그러나 동명성왕이나 유리명왕의 나이도 그렇게 리얼하게 기술하는 사람들이 태조대왕의 나이를 뻥튀기했을 까닭이 없다.

그렇다고 119세라는 나이가 969년을 산 므두셀라Methuselah처럼 황당한 것도 아니다. 므두셀라는 아무 것도 한 일이 없기로 유명한데, 어수於漱(태조대왕의 어릴 적부터의 이름)는 재위 94년 동안 너무도 짭짤하게 많은 일을 했다. 94년간의 재위는 무엇을 의미하는가? 놀라운 연속성! 국가의 강성한 아이덴티티를 위대한 리더십에 의하여 장기간 고수했다는 것을 의미하는 것이다.

태조대왕이 다스린 1세기 중엽부터 2세기 중엽의 시기는 왕망의 정변을 거치고 새로 수립된 동한의 정권이 매우 불안정한 혼란을 거듭한 시기였다. 태조대왕의 시기는 광무제로부터 시작하여 명제明帝, 장제章帝, 화제和帝, 상제殤帝, 안제安帝, 소제少帝, 순제順帝, 충제冲帝, 질제質帝 등 10명의 왕이 교체되었다. 광무제로부터 장제에 이르는 60여 년간은 후한의 토대가 확립되는 안정된 시기였으나, 화제에서 질제에 이르는 시기는 외척세력과 환관세력이 국권을 농락하는 시기였다. 이 시기의 왕들은 모두 3살에서 15살에 이르는 어린아이들이었다.

처음에는 외척이 득세하다가 왕이 나이가 들면 환관중심으로 근위세력을 형성하여 외척을 견제한다. 결국 이런 피비린내 나는 싸움 속에서 조정은 혼란을 거듭했고 곳곳에서 농민봉기가 일어났다. 결국 후한의 무대는 황건적의 난을 거치면서 영웅호걸들이 풍운을 휘몰아치는 삼국시대로 돌입하게 된다.

그 호걸들의 막이 오르기 이전에 고구려에서는 태조대왕이 막강한 무력을 과시하면서 지속적으로 동한을 친다. 동한은 고구려의 공략에 속수무책으로 당할 수밖에 없었다. 태조대왕의 목표는 서한시대에 침략당한 고조선의 고토를 회복하는 것이었다. 우리가 고구려의 강역이 광개토대왕 시기에 가장 넓어진 것처럼 생각하지만, 실제로 태조대왕이 개척한 고구려의 강역은 광개토대왕이 개척한 강역보다 실제로 더 광대한 지역이었다. 요서는 물론 하북

지방, 산동 이하로 양자강 이남의 대륙 동해안 지역(지금의 상해 지역을 포함)에 이르기까지 광대한 지역에 고구려는 지배권을 확립하였던 것이다(이러한 문제에 관하여 박영규의 『고구려왕조실록』을 참고할 것. 박영규는 사학계의 다양한 논의를 평심하게 포용하고 해박한 지식으로 평이하게 역사를 서술한다. 그 정보가 자세하면서도 큰 줄기를 잃지 않는다). 태조대왕시절의 동한은 단 한 번도 제대로 고구려를 제압하지 못했다.

『삼국사기』에 보면, 태조대왕은 "태어나면서부터 곧바로 눈을 뜨고 사물을 인지할 줄 알았고, 어려서부터 뛰어나게 영리하였다 王生而開目能視, 幼而岐嶷"라고 기록했는데 『후한서』에도 비슷한 기록이 있다(중국기록은 부정적인 멘트를 첨가). 『후한서』 「고구려전」에는 "구려왕 궁宮"에 대한 기술이 그 전체의 반을 차지한다(태조대왕의 이름이 궁). 그만큼 태조대왕의 기억이 강렬했고 또 저주스러웠던 것이다. 『삼국사기』 46년조에 보면, 왕이 동으로 책성柵城에 순수할 때 서쪽 계산에 이르러 백록白鹿을 잡고, 책성에 이르러서는 군신과 연회를 열었다는 기록이 있다. 이 책성은 훈춘琿春에 있는 살기성薩其城이다. 나는 2014년 12월 6일, 내가 가르치는 대학원학생들을 데리고 살기성을 답사했다. 그때만 해도 "태조대왕"이 누구인지를 몰랐기에 과연 그가 이 훈춘지역에까지 왔을까 하는 의아심을 품었다. 그러나 태조대왕은 우수리강까지 확고하게 그 영역을 확보하여 읍루와 대치했으며, 요서遼西에도 10개의 성을 쌓았다. 훈춘의 살기성은 나중에 발해의 주요거점이 되며, 일본과 왕래하는 중간기착지로도 유명했다.

훈춘은 우리나라로 치면 최북단에 위치하며, 그 맞은편이 경원慶源이 된다. 훈춘은 중국과 한국과 러시아가 만나는 지역이라서 앞으로도 동아시아의 허브가 될 수 있는 가능성이 있는 곳이다. 나는 지금 훈춘의 너른 들판을 뒤로 하고 살기성을 학생들과 함께 올라가고 있다. 이때 해가 저물기 시작했다. 기온이 영하 25° 나 되는 맹추위 속을 걸어야 했다. 지금은 그 찬바람이 오히려 그립다.

살기성은 지금도 호랑이 발자국이 눈 위에 남아있다. 돌로 쌓은 산성인데 둘레길이가 7km나 된다. 성안은 남쪽이 높고 북쪽이 낮아 비탈모양을 이루었다. 성벽은 산등성이에 쌓았는데 성벽기초의 너비는 5~7m, 성벽 높이는 2~3m이다. 성문자리가 다섯 개 남아있는데 기본적으로 환도산성과 비슷한 구조를 가지고 있다. 출토유물도 환도산성의 것과 거의 같은 시대의 것이며 같은 문양, 같은 느낌의 것이다. 고구려의 주요군사요새였던 것이다.

여기 보이는 너른 들판이 훈춘벌인데 보이는 정경이 높은 건물이 없어 참 정겨웁다. 『신당서』「발해전」에 보면 "책성의 된장柵城之豉"이 천하의 명품이라고 했는데 이 벌은 콩밭이었을 것이고, 여기서 생산되는 콩으로 만든 발효음식이 당나라사람들에게 아주 인기가 높은 품목이었던 것 같다. 이것은 무엇을 의미하는가? 동북의 벌판이 결코 변방이 아닌 풍요로운 센터였다는 뜻이다.

우리는 "태조대왕太祖大王"이라는 이 한마디의 의미를 주목할 필요가 있다. 중국에서는 예로부터 천자를 그냥 "왕王"이라고만 했다. 제후국의 왕은 "군君"이라 했다. 진시황 때부터 비로소 "황제皇帝"라는 말을 쓰기 시작했다. 그래서 전한·후한부터 위진남북조를 거쳐 수나라에 이르기까지 모두 "제帝"로 칭한다. 조종祖宗의 묘호는 당나라 때에나 이르러 확립된다. 일국을 개창한 사람에게 "태조太祖"라는 묘호를 쓰는 것은 오대五代를 거쳐 송나라 때에나 확립되는 것이다.

그런데 재미있는 것은 이 중국역사의 "태조"의 묘호가 바로 고구려에서 시작된 것이라는 사실이다. 제6대 "태조대왕"이야말로 그 최초의 용례인 것이다. 물론 "태조대왕"이 고구려라는 나라의 개창자는 아니지만, 고구려인들은 실제로 태조대왕을 고구려라는 제국의 틀을 창조한 개조開祖로서 인식했던 것이다. 그래서 태조대왕의 별칭이 "국조왕國祖王"이다.

그리고 "대왕大王"이라는 말에도 우리는 특별한 주목을 해야한다. 고구려는 천자를 "대왕"이라 불렀으며, 복속된 지역의 우두머리를 "왕"이라 불렀던 것이다. 그러니까, 미창구의 무덤이나, 옥도리의 무덤, 산성하 왕자묘에서 "왕王"자가 나오는 것도 이상하게 생각할 것이 없다. 고구려라는 국가체제의 성격을 정확히 규명하는 일이 더 중요하다.

중국의 태조용례가 고구려를 본뜬 것이라는 사실은 곧 태조대왕 때의 고구려는 중원의 동한제국을 제압하고, 오히려 동한을 변방으로 간주할 만큼 강성한 우주의 중심축이었다는 것을 의미하는 것이다. 내가 말하는 "고구려 패러다임"은 이미 태조대왕시기에 당대의 세계에 각인된 인식체계였다.

역사라는 것은 유물과 더불어 인식할 때 비로소 그 생명력이 느껴진다. 태조대왕을 몰랐을 때는 그렇게 초라하게 보였던 871돌더미가 갑자기 웅장하고 권위로운 모습으로 나에게 드러나는 것이다. 그 장엄했던 1세기의 역사를 우리가 그토록 모르고 살았다니! 순간 나는 아까 포도주공장 앞에서 지나치고 말았던 칠성산211호묘가 생각났다. 871과 211은 지도상의 위치로 보면 거의 정확한 남북축에 위치하고 있고, 그 직선거리는 1km가 채 되지 않는다. 871 남쪽으로 900m 되는 곳에 211이 있는 것이다. 둘 다 왕묘이고, 211 또한 871 못지않게 중요한 위치를 차지하고 있는 것이다.

칠성산211호묘(JQM0211)는 통구고묘군 칠성산묘구의 최남단에 위치하고 있는데(그 편호는 1966년에 매겨진 것이다) 칠성산묘구에 있는 모든 무덤 중 최대의 것이다. 원래의 묘장 평면은 정사각형에 가까운 것이었는데 현재 남변은 58m, 동변은 66m가 남아있다. 호태왕릉의 원래 모습(63m×63m)과 거의 비슷한 싸이즈의 것이다. 더 크면 컸지 작다고 볼 수 없는 웅장한 모습의 대릉이다.

우리나라 조선말기의 명의 동무東武 이제마李濟馬, 1837~1900가 쓴 「광제설廣濟說」이라는 문장 속에 "천하의 악惡 중에서 투현질능妬賢疾能보다 더 무서운 악은 없고, 천하의 선善 중에서 호현낙선好賢樂善보다 더 지고한 것은 없다"라는 유명한 말이 있다. "투현질능"이란 현인을 시기하고 능력자를 질시한다는 말이다. 그는 의사이지만 투현질능만큼 지독한 사회적 질병의 근원이 없고, 호현낙선(현인을 좋아하고 선한 자를 그리워함)만큼 위대한 대약大藥은 없다고 단언한다. 앞으로 읽어가면서 독자들이 알게 되겠지만 이 무덤의 비극은 봉상왕의 "투현질능"에서 생겨난 것이다. 봉상왕이 서천왕 때 숙신을 제압한 명장 달가達賈(봉상왕의 작은아버지)를 죽이고 모든 현자들을 닥치는 대로 죽이는데서 모든 스토리가 생겨난 것이다. 투현질능이야말로 우리시대의 가장 큰 질병일 수 있다는 생각을 하면서 이 211호묘의 이야기를 들어보자!

지금 큰길가의 편안한 평지에 자리잡고 있는 이 능은 압록강에서 1.2㎞ 떨어져있고 집안 국내성에서는 1㎞ 정도 떨어져있다. 의산방수依山傍水, 지세고상地勢高爽의 명당에 위치하고 있는 것이다. 시야가 개활開闊하고 범위가 광대하다. 그런데 이 묘의 특징은 미천왕릉묘처럼 가운데가 푹 파헤쳐져 있고 꼭 쌍묘처럼 보인다는 것이다.

우리 빠스가 서있으니까 동네사람들이 모여서 지껄이는 말을 들어보면, 일제시대 때 일본놈들이 도굴해서 이 모양이 되었다 하는 사람도 있고, 또 어떤 사람은 국공내전시기에 국민당이 폭격해서 이 꼴이 되었다고 설을 편다. 전혀 신빙성이 없는 이야기다. 왜냐하면 파헤쳐진 모습이 폭격의 흔적이 아니며, 또 도굴꾼의 소행으로 보기에는 너무도 엄청난 인력이 소요되는 대규모 사업인 것이다. 그리고 파헤쳐진 흔적이 최근의 사태일 수 없으며 기나긴 역사의 상흔을 담고 있다. 이것은 분명 고구려 당대 전쟁사의 한 장면에서 그 해답을 찾을 수밖에 없다. 그러므로 역사적 사건에 부합되는 방식으로 그 실상을 추적해 들어간다면, 해답은 명료하게 초점이 모아진다.

1961년 국무원 공포로 국가중점문물보호단위가 되었고, 1966년 길림성박물관과 집안현문물보관소가 측회를 하였다. 1970년대 말부터 1980년대 중반에 걸쳐 여러 번 복사復査를 했다. 1997년 조사에서 이것은 특대형 적석석광묘積石石壙墓이며 일좌의 고구려왕릉이라고 결론지었다. 현재 묘정墓頂은 서각이 6.39m, 동각이 14.52m, 중부의 잔고가 약 7m 정도 남아있다. 이것은 자연석을 다듬어 아래서부터 쌓아올려가는 방식으로 만든 첩압식계단疊壓式階壇이라는 것인데(급級에 따라 점점 안으로 들어가고, 단이 높아질수록 작은 돌을 쓴다), 묘상부 중앙에 광실壙室이 있었고 그 광실을 하란석으로 완전히 덮은 모습이었던 것이다.

그런데 도갱으로 인하여 완전히 파괴되어 그 모습을 추측할 길이 없다. 도갱은

서천왕릉: 칠성산이 병풍처럼 둘러쳐져 있는 명당이다.

쌀 까부는 키처럼 생겼는데(파기형簸箕形), 갱구가 30~40m나 되고, 바닥의 너비가 2m나 된다. 서북-동남으로 뻥 뚫린 도구盜溝는 지면보다도 약간 내려가 있다. 이 도구의 파괴로 전체 급수級數도 알 길이 없으나 서남각에서 잔존 3급을 헤아릴 수 있다.

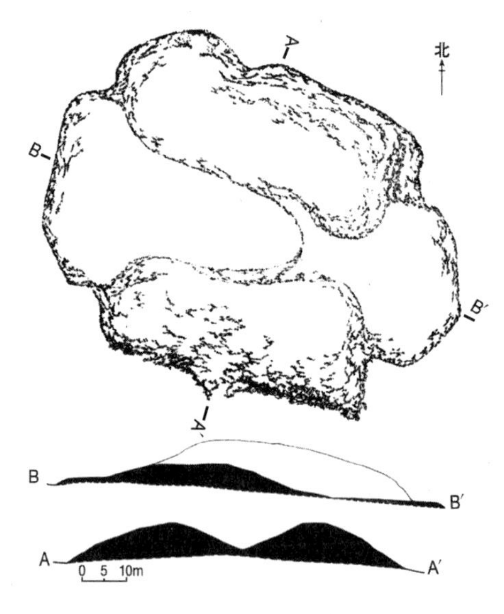

이것은 서천왕릉의 실측도인데 가운데 키 모양의 도구盜溝가 보인다. 그리고 그것은 서북에서 동남으로 뻗어있다. 사진은 남쪽에서 찍은 것이지만 파헤쳐진 모습이 쌍묘처럼 보인다.

여기서 출토된 유물은 와건瓦件과 기물器物인데, 와건 중에는 와당을 포함하지 않는다. 와당(수막새)은 고구려의 경우 대강 4세기 초부터 발견되는 것으로 보아 이 무덤은 3세기 말의 것으로 추정하기도 한다. 그리고 금도금 기물의 도금기술수준이 미흡하다고 보아 시대가 4세기로 내려올 수는 없다고 보는 것이다. 이 묘는 사계에서 서천왕 왕릉으로 보는데 이견異見이 없다.

독자들은 미천왕의 생부이자 자기의 동생인 돌고咄固를 죽인 천하에 막돼먹은 폭군, 봉상왕을 기억할 것이다. 봉상왕이 그렇게 터무니없는 폭정을 행하고 고구려 인민의 민심이 이반되자, 당시 중원의 패자를 꿈꾸고 있었던 모용외慕容廆(모용황의 아버지)에게는 더없이 좋은 기회라고 판단되었던 것이다. 선비족 모용부 추장 모용외는 봉상왕 2년 8월에 고구려를 친다. 이때 신성新城(무순에 있다) 태수太守, 북부소형北部小兄(작명爵名) 고노자高奴子의 탁월한 전략으로 모용외는 패배의 고배를 마신다.

그러자 모용외는 봉상왕 5년 가을 9월에 요동의 고구려성들을 자극하지 않고 곧바로 국내성 부근의 고국원을 친다. 그때 묘용외는 고국원에서 이 장쾌한 서천왕묘, 즉 봉상왕의 아버지묘를 발견하고, 봉상왕과 고구려를 능욕하는 방법으로 서천왕묘를 파헤치는 치사한 짓을 감행한다. 전쟁을 치르기 위하여 끌고온 병사들로 하여금 전쟁은 아니하고 묘를 파헤치게 하는 것이다. 그러니까 이 서천왕의 묘가 파헤쳐진 것은 정확하게 AD 296년의 사건이었다.

이때 가을비가 쓸쓸히 내리는 가운데 묘를 파헤치는 병사 중에 폭사자가 발생했다. 천벌을 받을 짓을 했으니 뒈질 수밖에! 그리고 "또한 광내壙內로부터 음악소리가 들려왔다亦聞壙內有樂聲"고 『삼국사기』는 적고 있다(현재 이 서천왕릉이 광실묘라는 것을 생각할 때 이러한 『삼국사기』의 기록도 꽤 정확한 사실에 기초하고 있음을 알 수 있다). 모용외는 귀신의 진노가 자기에게 내리는 소리를 들은 것이다. 물론 광내에서 음악소리가 들렸다는 소리는 멀리서 고구려군이 군악을 연주하면서 기습을 한 사건을 의미할 수도 있다.

그러나 모용외는 공포에 휩싸였고, 그 길로 퇴각했다. 하여튼 모용외 부자는 양대에 걸쳐 서천왕과 미천왕의 묘를 파헤치는 파렴치한 짓을 했다. 결국 모용씨는 이러한 파렴치한 행동으로 천벌을 받아 패망한 것이다. 국제관계에 있어서도 "도덕성의 하락"은 장기적으로 보면 결국 그 국가의 쇠락을 의미하는 것이다.

독자들은 돼지인연으로 주통촌의 여인에게서 낳은 교체郊彘(발기의 조카), 즉 제11대왕 동천왕이라는 인물을 기억할 것이다. 동천왕은 매우 후덕하고 심성이 착한 인물이었다. 이 동천왕의 아들이 중천왕中川王이고, 중천왕의 아들이 서천왕이다. 그러니까 주통촌의 여인으로부터 시작한 혈통은 고구려가 내실을 다질 수 있었던 매우 탄탄한 왕의 계보를 형성했다. 동천 → 중천 → 서천의 삼천三川은 모두 명군이었고, 외척이나 귀족들의 텃세에 휘말리지

나는 불행하게도 무순에 있는 고이산성 즉 신성新城(고구려에서 새롭게 수축한 성이라서 그런 이름이 붙었다)에 가보질 못했다. 이 사진은 내가 EBS 독립전쟁사다큐를 찍을 때 들렀던 무순撫順의 모습이다. 밤늦게 도착하여 아무것도 보지 못했으나 시내를 관통하는 혼하渾河의 모습은 아름다웠다. 강변부지에 모여 춤추고 있는 중국시민들의 모습이 평화로웠다. 봉상왕은 자기를 구해준 고노자를 신성태수로 삼아 모용씨를 꼼짝못하게 만들었다. 『삼국사기』는 이렇게 써놓고 있다: "고노자는 선정을 베풀어 위성威聲을 떨쳤다. 모용외는 다시 침입할 생각을 못했다. 王以高奴子爲新城太守, 善政有威聲, 慕容廆不復來寇。" 무순에서 고노자를 생각하자!

않고 왕권을 꾸준히 강화시켜나가는 현명한 정책을 유지했다.

서천왕은 외척을 재상의 반열에서 제외시킴으로써 권력독점을 방지하고, 연나부와 비류나부가 서로 견제케 만들어 조정의 세력균형을 도모했다. 그리고 과감한 경제정책으로 서민들의 삶을 윤택하게 만들었다. 이러한 내실을 바탕으로 북방정책을 수립했고 숙신肅愼(이때 "숙신"이라는 개념은 함경도 이북지역의 "읍루"와 상통하며 후대의 여진이다)을 성공적으로 정벌·제압하였다.

그리고 모용씨를 꼼짝 못하게 만들었으며, 요동의 중요한 요새인 신성新城(무순 지역: 지금도 그 성이 남아있다. 현도성의 평지성과 짝을 이루는 산성으로 이해하면 된다. 고이산성高爾山城이라고도 한다. 고이高爾는 고려이니, 고려산성이라는 뜻이다)을 두 차례나 친히 행행行幸하여 고구려거점을 확실하게 보강하였다. 이런 서천왕이 봉상왕이라는 천하에 몹쓸 아들을 둔 덕분에 무덤이 파헤쳐지는 비운의 왕이 된 것이다. 자식교육이 얼마나 중요한 것인가? 오늘의 한국인들에게도 귀감이 되는 스토리가 아닐까, 나는 그렇게 생각한다.

국동대혈로 가는길: 압록강 강변북로. 강건너 보이는 쪽이 북한. 그곳에도 물론 강남대로가 있다. 1970년대 중반까지만 해도 강북에서 강남을 한없이 부럽게 쳐다보았다고 한다. 지금은 그 역전逆轉이 이만저만하지도 않다. 강남사람들은 강북을 한없이 부럽게 쳐다보고 있는 것이다.

국동대혈

오늘이 집안에 머무는 마지막 날이었다. 그래서 부리나케 장천리長川里 1호분을 가보고 싶었는데, 이미 해가 저물어 가고 있어 불가능하다고 했다. 여기는 오후 3시면 벌써 해가 저물기 시작한다. 그래서 우리는 국동대혈國東大穴을 택했다. 빠스로 압록강변을 따라 동북쪽으로 쭉 가다 보면 한 17㎞ 쯤 떨어진 곳에 국동대혈로 올라가는 계곡이 나온다(63쪽 지도 참고).

강변도로는 압록강 리버사이드를 의미하니까 그 건너편으로 북한사회의 광경이 그대로 펼쳐지고 있었다. 북한을 이렇게 가까이서 볼 수 있다는 것, 참 감회가 새로왔다. 한강 북쪽 강변도로에서 강남 서울을 내다보는 것과도 같은 그런 풍광이었다.

집안 시가지를 떠나자마자 북한 만포滿浦시에 있는 큰 공장이 있는데 이춘호할아버지 말로는 독일이 지어준 타이어공장이라고 했다(나중에 조사해보니

북한의 만포시 시멘트공장. 건물도 깨끗하고, 그런대로 공장이 잘 돌아가고 있는듯이 보였다.

동야련창銅冶煉廠, 즉 구리생산공장이었다). 조금 지나니까 "압록강대교"라고 아주 멋들어진 글씨로 돌에 새긴 인상적인 팻말이 나온다. 그런데 실제로 다리는 외나무다리같은 느낌이 드는 소박한 강 다리였다. 지금도 물자수송트럭들이 다니는 모양이다. 압록강대교를 지나니깐 또 큰 공장이 나오는데 시멘트공장이라고 춘호할아버지가 말했다. 그러다가 춘호할아버지는 날 쳐다보더니 이런 말을 건넨다.

"선생님, 꼭 한번 여쭈보고 싶은 말이 있습네다."

"말씀해 보세요."

아주 심각한 듯한 표정을 지었다.

"내가 사는 여기가 도무지 모르갔씨요, 중국땅입네까? 조선땅입네까?"

집안集安에서 태어나서 집안에서 자랐다는 할아버지가 이런 질문을 하는 것이다. 나는 뭐라 할 말이 없었다.

“일전에 저 공장에 불이났을 때두 소방차가 중국에서 건너가 꺼줬시요. 여기서 살다보면 강건너메하구 여기하구 구분이 안가디요.”

“그래도 강건너 이곳은 중국땅이지요. 아저씨같은 사람이 그렇게 생각하니깐 중국정부가 동북공정이니 뭐니 떠들잖아요?”

“내 말은 빨리 하나가 돼야된다 그말입네다. 이게 뭔 짓이꼬. 국경이라 그어놓고 사람을 죽이고 살리고 하니 말입네다. 일로 몰래 도강한 사람을 아가리를 쇠꼬창이루 찍어 데려가군 해요. 그저 왔다갔다 하면 될일가지구, 뭔 짓인지 모르갔시요.”

“압록강대교”라고 바위에 새긴 글씨가 보통 명필의 글씨가 아니다. “심붕제沈鵬題”라고 써있어 심붕이라는 인물의 이력을 찾아보니 “중국서협주석中國書協主席”으로 되어있다. 중국서도협회 회장인 것 같은데 협회회장 글씨 치고는 정말 잘 쓴 글씨라고 객관적으로 평가할 만 하다. 이 지역은 포도의 집산지이다. 그래서 아줌마·아저씨들이 펴놓고 있는 것이 포도를 그자리에서 압착기로 짜서 원액을 추출한 것이다. “포도원즙葡萄原汁”이라고 써놓았고, 그 옆에는 “가정여관家庭旅館”이라고 써 놓았으니 민박도 한다는 얘기일 것이다.

할아버지의 이런 투정은 우리민족의 한이자 외지에 사는 조선족의 애절한 마음을 드러내고 있었다.

하염없이 자전거 타고 강둑을 달리는 사람들, 무엇인가를 머리에 이고 가는 여인, 들판에서 뛰놀며 연날리는 아이들의 모습 … 나는 차를 세우고 망원렌즈로 다 담고 싶었지만, 그런 광경을 다 놓치고 말았다. 날이 저물고 있기 때문에 어물쩡거릴 수가 없었다. 그리고 길이 좁아 길 옆에 뻐스를 세울 공간이 없었다. 국동대혈이고 뭐고, 그런 것보다는 동포들이 사는 모습들을

이것은 새로 놓은 압록강다리(中朝公路新橋)

카메라에 담는 것이 더 중요한 일 같았다. 그러나 여정이란 정해놓으면 어찌 할 수가 없다.

북한이 뭐길래 그토록 내 마음을 설레게 할까? 만포 강변에 비친 북한동포들의 삶의 모습은 내가 본 어느 장면 보다도 더 자연스러웠다. 강건너 시선을 전혀 의식하지 않고 자기 삶에 열중하고 있는 모습이었다. 망원으로 땡길 수 있는 그런 거리였다. 괜히 북한땅을 쳐다보면 가슴이 뛰고 눈물이 나오는 것은 도대체 무엇 때문일까?

북한과 중국을 왔다갔다 하는 구 압록강철도교
集安通朝鮮滿浦鐵路橋

"저것 보시유! 저게 북한 사람들이 굴리는 옥수수꼬댕이 자동차라우!"

춘호할아버지가 가리키는 곳을 쳐다보니 실제로 작은 삼륜트럭같이 생긴, 짐을 싣고 가는 자동차인데 연기가 짐칸 앞쪽에서 펄펄 올라왔다. 도무지 상상하기 어려운 충격적인 광경이었다.

나는 중고등학교시절에 전차종점이 있는 돈암동에 살았는데, 동네할아버지들이 얘기하는 것을 곧잘 들었다. 일제시대 때는 뻐스가 석탄을 때서 굴러갔다는 것이다. 도무지 그 말이 상상이 가질 않았다. 그런데 그 뻐스가 힘이 없어 미아리고개를 넘어갈 때는 사람들이 내려서 뻐스를 밀고 갔다고 했다.

자동차가 기적 같이 옥수수깡 연기를 뿜어대며 굴러가고 있다. 운전칸 바로 뒷켠에 실제로 불을 때는 보일러가 설치되어 있다. 연료가 옥수수 꼬댕이만은 아닐 것이다. 트럭 짐칸에 앉아있는 사람은 민간인이다.

나는 이런 말이 공연한 말이거니 했다. 그런데 내 눈 앞에서 그 실제광경을 목도하고 있는 것이다. 춘호할아버지 말로는 빠삭마른 옥수수깡을 계속 땐다는 것이다.

나는 도무지 이해가 가질 않았다. 그런데 연기가 펄펄 올라오고 자동차는 그 힘으로 꽤 빨리 달리고 있었다. 휘발유를 아끼느라고 옥수수깡으로 자동차를 굴리고 있는 사회! 아마도 이런 사회는 아프리카 오지에도 존재하지 않을 것이다. 나는 진정 그런 사회에 가서 살아보고 싶었다. 어떻게 말라빠진 수수깡을 불사르며 자동차를 전진시키고 있는가? 그것도 하이테크라면 하이테크일 것 같다. 아라비아사막의 베두인족에게도 그런 독특한 삶의 광경은 없을 것이다.

김일성대학에서 날 초청해 주기만 한다면 나는 군말없이 가서 살면서 학생들을 가르칠 것이다. 인류사에서 유례를 보기 힘든 독특한 사회, 상상을 초월하는 극단적 문명과 반문명이 공존하는 사회, 그 사회 속에서 "아我"를 버리고 굴러다녀 보고 싶었다. 김정은 동지! 날 한번 데려가보우! 남·북의 진정한 화해와 교류를 위하여 내가 할 수 있는 일이 있다면 뭐든지 하갔수다.

"국동대혈國東大穴"이라는 것은 고구려의 제사풍속과 관련이 있는데 이 "국동대혈"의 문헌적 근거는 중국의 정사인 『삼국지三國志』 중의 한 지志인 위지魏志("위지"의 본래 이름은 "위서魏書"인데 "위지"라고 칭하는 것은 탁발씨의 북위를 다룬 『위서魏書』와 구분하기 위함이다)의 기전체紀傳體 장르인 열전 속에 나온다. 이 열전을 우리가 보통 "위지동이전"이라고 부르는데, 그 전체이름은 "오환선비동이전烏丸鮮卑東夷傳"이다. 그 동이전 기사 중에 "고구려"조가 따로

연기가 누워있는 것을 보라! 그만큼 빨리 달리고 있는 것이다. 앞에는 한 남자가 자전거로 달려오고 있는데 앞에 장바구니가 달려있다. 자전거도 주요 운송수단임을 알 수 있다. 트럭 탄 사람을 보면 앞에 두 사람, 뒤에 두 사람만 군인이고 나머지는 모두 민간인이다. 마을뻐스 역할을 군용트럭이 해주는 것이다. 뒷칸에 앉아있는 사람들은 연기 때문에 괴로운 모습이지만 그래도 차를 탔다는 안도감에 행복해보인다. 집을 보면 정말 리얼한 북한주민지구인

것을 알 수 있다. 아무도 내가 이렇게 망원으로 땡겨 찍으리라고 상상도 못했을 것이다. 빨래도 널려있고 배추밭도 아주 잘 가꾸어놓았다. 김장을 앞두고 있다. 그리고 빈곤끼는 있다 해도 깨끗하고 알뜰한 느낌이 든다. 『후한서』 고구려전에도 고구려사람들은 깨끗한 것을 좋아한다고 했다(潔淨自喜). 담벼락 쌓은 것을 보아도 고구려솜씨가 엿보인다. 맞배지붕의 용마루 끝이 살짝 올라가 있는 것도 고구려적이다. 조금만 자유롭게 해주면 금방 잘 살 수 있는 사람들이련만 …

설정되어 있다. 보통 "열전"이라는 것은 인물중심의 바이오그라피류이다. 물론 사마천이 열전이라는 장르를 만들면서 인물외의 주제별 제목도 집어넣긴 했지만, 하여튼 『삼국지』에 "동이東夷"라는 지역의 풍속에 관한 상세한 보고서가 들어갔다는 것은 매우 이색적이고 이례적인 것이다.

『삼국지』는 우리가 알고 있는 『삼국지통속연의三國志通俗演義』와는 구분되어야만 하는 정사 『삼국지』이다. 그러니까 오나라, 촉나라, 위나라가 분립되어 정鼎의 형상을 이루고 있던 시대의 역사를 기록한 것이다. 삼국이 정립되니 만큼, 중원중심의 사고가 깨지고 자기들이 차지하고 있는 영역과 그 주

보라! 이 아름다운 압록강의 정경을! 왜 압록인 줄 아는가? 청동오리의 목덜미에 번쩍이는 녹색과 같은 빛깔의 강이라는 뜻이다. 아~ 압록이여! 이 강변으로 미천, 서천, 중천, 동천, 국원國原, 국양國壤, 국강國岡이 펼쳐져 있는 것이다.

이것이 내가 가고 있는 강변북로와 평행으로 뻗어 있는 철도이다. 이 철도가 바로 223쪽의 구철교를 지나 만포시로 들어간다. 어렵게 뻐스를 정차시키고 내가 직접 이 사진을 찍었다.

변부, 그러니까 중원이라는 좁은 센타centre가 아닌 광활한 주변의 페리페리periphery에 대한 관심이 증폭되었다는 것을 의미한다. 그래서 조조曹操, AD 155~220는 동북지역에 대한 특별한 관심을 가졌던 것으로 보인다.

그들을 효율적으로 통제하기 위해서는 우선 그들을 정확히 알아야 한다고 본 것이다. 그러나 무엇보다도 중요한 것은 고구려의 태조대왕 때 동한정권이 오금을 펴지 못했던 추억을 그들이 간직하고 있었다는 사실일 것이다. 그러니까 위나라는, 일본이 조선을 침략하기 전에 사코오 카게아키酒匂景信를 보내 조선의 고토를 정탐했듯이, 그리고 세키노 타다시關野貞의 탐사팀이 대규모 조사연구를 체계적으로 행하였듯이, 고조선-부여-고구려패러다임에 관한 대규모 리서치를 감행하였던 것이다.

『논형論衡』이라는 책은 후한 초기의 사상가로서 실존성이 확실한 왕충王充, AD 27~100이라는 사람이 30여 년간 사색한 것을 집대성한, 합리주의·실증주의를 표방하면서 세속유가를 비판한 위대한 책이다. 이 책 「길험」편에 고구려건국과 관련된 기사가 있다. 이 책은 자그마치 『삼국사기』보다 1,100년 전에 쓰여진 것이므로 역사적 가치가 높다. 그런데 이 책에는 원래 탁리국橐離國이라는 것이 있었고 그 국왕의 여종이 임신한 난생의 아들이 동명이고 그 동명이 건국한 나라가 부여라고 했다. 고구려라는 음과 관련짓자면 오히려 탁리는 구려와 가까우므로 고구려지역의 동명이 부여를 세웠다는 의미도 된다. 하여튼 탁리국에서 나와 부여를 세운 동명, 북부여에서 내려와 고구려를 세운 추모鄒牟, 그리고 고조선을 세운 단군, 그리고 부여의 별종이라고 말한 백제의 시조, 이 모든 설화는 상호관련성이 있다. 중요한 것은 왕충 시대에 이미 "북이北夷"의 건국설화가 황제黃帝나 후직后稷의 설화와 동일한 가치선상에서 논의되고 있다는 것이다. 이 동굴도 그런 설화를 간직하고 있는 것이다.

조조가 활약하던 시대는 고구려의 고국천왕, 산상왕시대였다. 조조의 정신을 계승한 「위지동이전」에 관해서는 우리는 끝없이 질문을 던질 수밖에 없다. 실제로 일관된 답사팀이 쓴 것일까? 간접적 정보수집인가? 언제 어떻게 그 정보체계가 성립한 것인가? 하여튼 「위지동이전」은 우리민족에 관하여, 자내의 기록이 아닌 자타自他의 시각에서 쓰여진 최초의 인류학적 연구보고서an anthropological research paper라 할 수 있다. 우리는 그 정보의 가치를 높게 평가하지 않을 수 없다. 그것이 아무리 소략하고, 또 부정확한 내용을 포함한다 할지라도 2·3세기 시대의 조선문명 전반에 관하여 이만큼이라도 포괄적인 정보를 이방인의 시각을 빌어 획득할 수 있다고 하는 것은 참으로 두고두고 해석의 여지를 남기는 사건일 수밖에 없다.

『삼국지』의 정보는 그 이전의 『사기』 『한서』 『후한서』의 정보와는 차원을 달리하는 것이다. 내가 보기에 한국사학계는 아직도 「위지동이전」에 관한 연구를 포괄적으로 행하고 있질 못하다. 국사학도들이 중국사전반과 한학의 깊은 소양을 가지고 있는 자가 드물기 때문에 깊이있는 언어의 치밀한 향연을 베풀고 있질 못한 것이다. 한국의 사학도가 개척할 영역은 아직도 드넓고 드넓다는 것을 알아야 한다.

"국동대혈國東大穴"이란 "국내성 동쪽에 있는 큰 구멍"이라는 뜻이다. 이 위치는 분명 국내성의 동쪽이다. 「동이전」의 기술은 다음과 같다.

> **其國東有大穴, 名隧穴, 十月國中大會, 迎隧神還于國東上祭之, 置木隧于神坐。**

이런 구문도 정확한 해석이 필요하다. 역사학을 하는 사람들은 한문을 "두리뭉실" 읽는 습관이 있다. 고전한문은 기본적인 의미단위가 하나의 실러블이다. 한문은 반드시 그 원칙하에서 해석해야 하는 것이다. 일례를 들면 "十月國中大會"를 요새 말처럼 "시월에 국중 대회가 있는데"라는 식으로 해석하면 안된다. 한글자 한글자를 따로 해석해야 하는 것이다. 여기서 "중中"은 전체라는 뜻이다. 바른 해석은 다음과 같다: "시월에 나랏사람 전체가 크게 모여." 전문을 해석하면 다음과 같다.

그 나라(=국내성) **동쪽에는 큰 구멍이 있는데, 그것을 이름하여 수혈**(=땅구멍)**이라고 한다**(그러니까 "수혈"은 고유명사화 되어 있다). **매년 시월이 되면 나랏사람들이 전체가 크게 모여 그 땅구멍신**(=수신)**을 모시는 제식을 올리고, 그 땅구멍신을 나라 동쪽의 꼭대기에 모시고 올라가 제사를 지낸다. 그리고 그 제사지낸 자리에는 나무로 만든 땅구멍신을 안치해 놓는다.**

여기서 우리는 너무도 많은 정보를 캐낼 수 있다. 이 기사는 맥락적으로 "동맹東盟"이라는 제천祭天행사와 연관된 것으로 기술되고 있다. 즉 고구려인들은 땅신과 하늘신의 제사를 같은 맥락 속에서 연결된 하나의 패러다임으로 인식했다는 것을 알 수 있다.

보기싫게 허연 페인트를 칠해놓고 "선인거仙人居"니 "린룡혈麟龍穴"이니 하는 글씨를 써놓은 그 밑으로 뚫려있는 자연석굴이 바로 수신隧神을 모시는 곳이다. 아마도 이곳에서 수신을 모시기 위해 무녀나 박수가 며칠을 재계하였을 것이다. 이것은 "동맹東盟"이라는 제천행사와 연관된 행사였다. 이것은 이미 『삼국지』 이전에 『후한서』에 언급되고 있다. "동맹"이라는 명칭은 시조왕 "동명"과 관련있을지도 모른다. 『양서』에는 "동맹"을 "동명"으로 말하고 있다(以十月祭天大會, 名曰東明).

즉 제천의 조건이 땅신을 모셔내어 하늘의 응답을 끌어내는 것이다. 하늘을 감응케 만드는 것은 땅이다. 땅신은 땅속 깊이 숨겨져 있으므로 그 신을 모셔내는 작업은 땅구멍 즉 "수혈隧穴"에서 이루어져야 한다. 땅구멍에서 모셔낸 땅신을 산의 정상에 모셔놓고 하늘신에게 제사를 지내는 것이다. 하늘을 초월적인 존재가 아닌, 땅과 감응하는 하나된 천지코스몰로지의 축으로서 인지했다는 것을 알 수 있다.

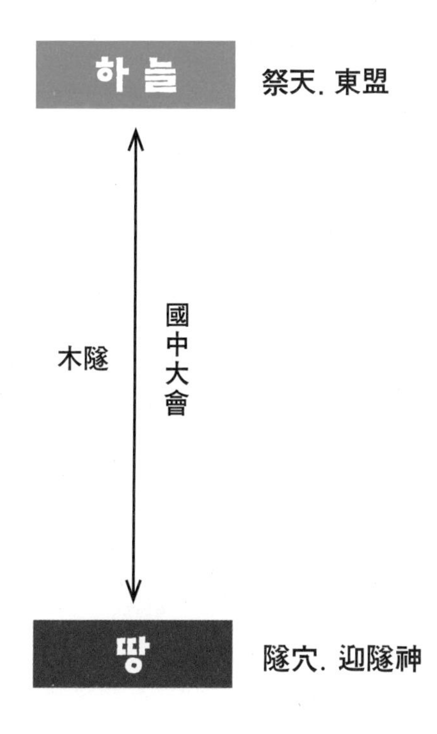

제일 마지막에 "목수木隧를 신좌神坐에 안치한다置木隧于神坐"라는 표현이 있는데, 바로 우리나라 국토 방방곡곡에 서있는 목장승의 유래를 정확히 알 수 있게 해주는 대목이다. 하늘에 제사 지낸 자리에 목수木隧를 세우는 것이다. 목수는 조선왕조에서 쓰는 그런 작은 나무위패가 아니라, 호분석과 같은 느낌이 드는 목장승이었던 것이다. 우리나라 장승이 모두 "천하대장군天下大將軍" "지하여장군地下女將軍"이라 하여 암수를 쌍으로 모시는 풍습으로 되어 있는데, 이는 바로 여기서 유래한 것이다. 지하여장군은 바로 수신隧神(땅구멍신)의 상징인 것이다. 과연 우리나라 장승문화가 고구려 동맹제천의식의 유습이라는 것을 아는 자가 몇명이나 될까? 고구려는 한반도 전체의 문화 구석 구석에 아직도 살아있는 것이다.

2006년 3월 일주일간 나는 새만금방파제에서 풍찬노숙하면서 대법원의 최종판결을 앞두고 노무현 대통령에게 새만금 갯벌을 살리는 새로운 결단을 내릴 것을 촉구하는 가슴이 찢어지는 시위를 했다. 여기 보이는 장승들은 새만금 갯벌 즉 땅의 신, 따님, 수신을 지키기 위한 지킴이들이 세운 예술품이다(해창 갯벌에 설치). 한국인들은 지금도 땅을 지키기 위해 장승이라는 심볼을 사용한다. 이것은 "목수木隧를 신좌神坐에 놓는다"는 『삼국지』의 고구려기사와 동일한 스트럭쳐의 행위예술인 것이다.

나는 바로 이 수혈을 찾아 나서고 있는 것이다. 입구에 팻말이 없다. 춘호할아버지는 자기는 실제로 올라가본 적은 없다고 했다. 춘호할아버지가 자신있게 그냥 올라가라 했으면 아무 일도 없었을 것이다. 그런데 춘호할아버지가 입구에 있는 집에 들어가 문의를 한 것이 산통이 났다. 입구에 있는 자가 바로 무면허 통행료징수 산적놈이었던 것이다.

이 흑돼지처럼 생긴 산적놈이 나오더니 국동대혈까지 자기가 꼭 안내를 해야 하며 한 사람 앞에 50원씩 입장료를 받아야 한다는 것이다. 그래서 깎아줄테니 400위앤을 내놓으라는 것이다. 그런데 입장료에 관한 아무런 공식적 팻말도 없었고, 그 규정에 관한 제도적 장치가 없었다. 그런데 방원장은 천성이 착한 사람인지라, 그리고 일체 권력과시가 없는 사람인지라, 그의 말에 순순히 따르기만 하는 것이다.

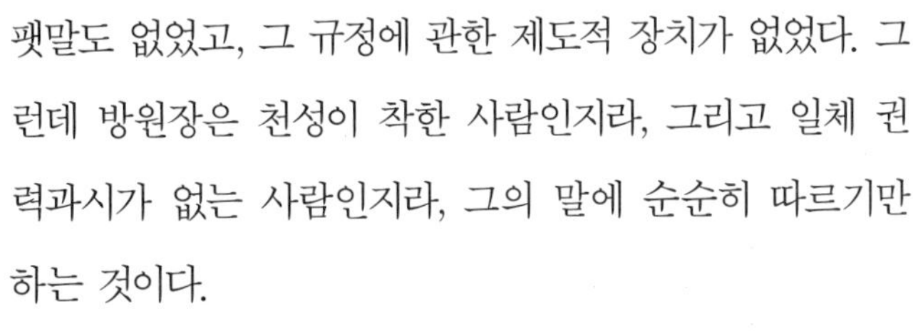

나는 "400위앤"을 그 산적놈에게 낸다는 것이 가슴에 걸리고 또 걸렸다. 우리 동네 시장에 농산물을 내다 파는 중국할머니는 통배추 두 통에 "1위앤"을 받는다. "400위앤"이라면 한 트럭은 될 것이다. 이 날도둑놈이 아무 근거 없이 우리한테 400위앤을 뜯어먹는다? 내 감각에는 도무지 소화할 수 없는 부조리였다.

내가 입구에 서있는데 빼스가 한 대 섰다. 한신대 답사팀이었다. 인솔자가 전호태교수였는데 난 하도 오랫만이라 알아보지도 못했다. 각 대학에서 관심있는 연구자들이 모인 답사팀이었다. 전교수는 날 알아보고 빠스를 세운 것이다. 젊은교수들과 나는 인사를 나누었다. 그런데 나중에 알고보니 이 산적놈이 빠스가 잠깐 길거리에 주차했다고 50위앤을 받아냈다는 것이다.

하여튼 중턱까지 올라갔는데, 신성한 수혈을 배례拜禮차 가는 판에 이 흉칙한 산돼지놈과 같이 간다는 것이 마음에 걸렸다. 나는 무엇이든지 내 상식에 어긋나는 부조리가 걸리면 행동이 진행이 되질 않는다. 한국 같으면 조목조목 선후를 따져볼 수도 있겠지만 남의 나라에서 내 논리만을 관철할 수도 없는 노릇이었다. 부화가 치밀어 올랐다. 나는 결단을 내렸다! 올라가지 말자!

나는 올라가던 우리 대원들을 다 불렀고 산적놈하고 담판을 했다. 도대체 네가 우리한테 400위앤을 받을 권리가 어디에 있으며, 우리는 전문학자들이래서 너의 도움을 전혀 필요로 하지 않는데 왜 따라오는가? 조목조목 따졌다. 그리고 우리 팀 중에는 중국공산당 당원으로서 높은 지위에 있는 사람도 있다고 호통쳤다. 이것이 어떤 사적집단이 저지르는 부패라면 우리는 참을 수 없다고 소리쳤다. 그랬더니 이놈이 자기가 돈을 받을 수 있는 법적 근거는 없다고 고백하는 것이다. 당신들끼리 올라가도 할 말은 없다고 했다! 그 위축된 모습이 갑자기 불쌍하게 보이기도 했다. 그러나 나는 참을 수가 없었다.

"할말이 없다면 더 이상 말하지 말고 그대는 하산하라! 그대가 하산하면 내가 내려가서 순수하게 그냥 친구로서 100위앤은 주겠다."

방원장은 나의 "화남"의 심각성을 깨닫고 그 친구를 데리고 같이 하산했다. 나중에 방원장의 말을 들어보니, 지금 이 국동대혈을 한국사람들이 많이 찾아오니까, "개발" 중이라는 것이다. "개발"이라는게 국가에서 조직적으로 행하는 것이 아니라, 업자에게 이권으로 주고 마는 것이다. 그러니까 국동대혈 부근에 불상 몇개 만들고 울타리치고 설명간판 붙여놓고 입장료를 받게 하는 것이다. 한국 무당들이 오면 제사지내는 것도 또 돈을 와장창 뜯어낼 것이다. 지금 그런 업자공사가 진행 중인데, 그 업자가 이 산적같은 친구에게 미리 돈 받으라고 지시를 내렸거나, 이 자가 알아서 미리 받아처먹고 있는 것이다. 이렇게 고구려유적들은 순수성을 침해받고 상업화되어가고 변질되어가고 있는 것이다. 중국중앙당국에서 이런 부정적 현실을 좀 인식하여 주었으면 한다.

나는 산적을 떼어내는 데는 성공했으나 또 하나의 난제에 부딪혔다. 한참을 올라오다 보니 갈림길이 나오는 것이다. 도무지 어디로 가야할지 종잡을 수가 없었다. 그래서 양쪽으로 갈라져서 탐색해보기로 했다. 그 산적친구는 내려가면서 화가나서 길도 안 아르켜주고 내려간 것이다. 나는 자눌·자현과 함께 오른쪽으로 올라가 탐색했는데 또 그 깊은 산중에 거대한 행길을 내는 공사를 하고 있었다. 심산유곡이 다 망가지고 있는 것이다.

원기왕성한 자눌이 탐색한다고 먼저 뛰어갔는데 한참 있어도 되돌아오질 않았다. 그래서 계곡이 트인 곳에 가서 되돌아오라고 소리를 질렀는데도 메아리치는 소리가 없었다. 나는 갑자기 겁이 덜컥났다. 마구 뛰어가다 절벽에서 실족이라도 한 것이 아닐까? 결국 자눌은 돌아왔지만 나는 그를 찾아 헤매다가 허리를 다쳤다. 나는 요즈음 몇 년간 허리가 나빴는데 거의 완벽하게 다시 복구를 한 판에 다시 다친 것이다.

↑내가 열심히 국동대혈산을 올라가고 있다. 아무 소리도 들리지 않는 구중심처였다. 산적 청년을 떼어버리고 난 후, 이렇게 대책없이 올라오다가 길을 잃을 뻔 했다.

↓길들이 이토록 처참하게 파헤쳐지고 있었다. 도무지 이런 대로가 이 심처에 왜 필요하단 말가?

하여튼 산적을 떼어낸 대가가 좀 있었던 셈이다. 노무현대통령이 임기 막판에 북한산 국립공원 입장료를 없앴는데 그것은 노무현정권이 한 일 중에서 시민의 가슴에 남는 아름다운 일이다. 사실 그러한 결정에 이르게 하는데 나의 건의도 크게 작용했다. 정말 잘 없앤 것이다. 불필요한 공사를 하지 않게 되고, 시민의 자율적 의식을 높히는 좋은 계기가 된 것이다.

국동대혈은 산꼭대기에 위치하고 있었는데 꼭 북한산 대남문 옆에 있는 문수사(주석하시던 대종사 큰 스님, 혜정慧淨스님께서 입적하신 것에 대해 이 자리를 빌어서나마 조의를 표합니다. 혜정스님은 인품이 출중하신 진정한 대덕이셨다) 경내에 있는 거대한 석굴 같은 모습이었다. 앞이 탁 트인 대혈이었다. 여기 고구려인들이 크게 모였을 것이다.

수신혈은 밖에서 보면 작은 구멍이지만 실제로 안은 매우 널찍하다. 내가 굴로 기어들어오고 있다. 이런 곳에서 호랑이와 곰이 재계를 하고 있었을 것을 한번 생각해보라. 나는 젊었을 때 만신 김금화 선생과 이런 적막한 곳에서 제를 지낸 적이 있었다. 그때 나는 영기라는 것을 실제로 느껴보았다.

목수木隧를 세우고 제천의식을 행하였던 곳. 대혈산의 정상인데 압록강이 한눈에 굽어 보이는 명당이었다. 『양서梁書』에 보면 동맹제천의식을 행할 때 모인 사람들이 모두 비단에 수놓은 의복을 입고 금과 은으로 치장했다고 했으니(皆錦繡金銀以自飾) 얼마나 화려한 축제였나 하는 것을 알 수 있다.

수혈의 안쪽: 『구당서』『신당서』에 보면 해마다 10월에 왕이 이 동굴에 왔다는 기록이 있다. 내가 서있는 이 자리에서 해마다 고구려왕이 제사를 지냈던 것이다.

그런데 진짜 수혈隧穴은 그 옆으로 돌아가는 길목에 숨겨져 있었다. 입구는 매우 나즈막하고 조갑지가 살짝 입을 벌린 듯한 형상인데 그 안을 들어가니 거대한 동굴이 있었다. 컴컴해서 아무것도 보이지 않았는데 수신隧神은 바로 이곳에 계셨다. 고구려인들은 주몽을 낳은 유화부인을 지모신으로 승격

시켰다 했는데, 그 동굴에 들어가 그 신성한 분위기를 감지한 나의 제자 자눌은 그 컴컴한 동굴 속에서 "유화부인이 주몽을 낳는 듯한 자궁의 통증을 느꼈다"고 했다. 그의 표현이 절절하다.

나는 사실 이 동굴 속에서 단군신화에 나오는 곰과 범이 같이 쑥과 마늘을 먹으면서 백일을 견디어 내야만 했던 그 컴컴한 동굴을 연상했다. 사실 그 신화를 자세히 살펴보면 환웅은 "백일동안 햇빛을 보지 말라"고 말했으나, 실제로 곰이 사람이 된 것은 21일만이었다. 백일을 다 견딘 것이 아니었다. 백일이라도 견딜 자세였기에 21일만에 득탈케 하여 준 것이다.

그렇다면 호랑이는 얼마 머물렀을까? 사나흘을 못견디고 튀쳐 도망갔을 것이다. 고구려와 고조선은 하나의 축으로 연결되어 있다. 사실 단군엄마가 탄생한 그 동굴은 대흥안령 꼭대기 쯤에나 있었을 것이다. 여기 동굴 꼭대기에는 「동이전」에서 말한 제천행사를 하던 곳이 있었다.

이날 저녁은 압록강변 식당가에서 매우 맛있게 먹었다. 15명이상이 앉아 먹을 곳을 찾는 것도 쉽지 않았다. 그런데 내가 싸고 맛있는 곳을 찾아 내었다. 춘호할아버지가 좋다고 소개한 조선족사람 집은 엉망이었다. 하여튼 조선족

계열의 사람들이 관광지에서 운영하는 곳은 불안한 요소가 많다. 너무 미원 등 첨가제를 많이 쓰고 맛이 과도하게 맵고 짜다. 그리고 식당 분위기가 정갈하지 못하다. 한국사람들은 어딜가나 와일드하고 끈끈하기는 한데 음식의 전문성이 부족하다. 나의 취향에는 잘 맞지 않는다. 중국에서는 역시 소박한 중국집일수록 성공률이 높다. "샤오리하이시엔사오카오小利海鮮燒烤," 값싸고 맛있는 집이었다!

이날 밤, 자눌이 안마집을 가자고 해서 10명이 갔는데 한 사람 앞에 100위앤 달라는 것을 70위앤으로 깎아 지압을 받았다. 정말 엉터리안마였다. 요즈음 성실한 안마집을 중국에서 찾기는 힘든 것 같다. 내가 중국을 처음 방문했을 때 산똥 칭따오에서 받았던 안마는 평생 잊기어려운 예술이었다. 그러나 지금은 안마가 건성이다. 그래도 잠을 잘 자는데는 도움이 된 것 같다.

이날 저녁 음식은 해물요리중심이었는데 정말 정갈했다. 우리가 부엌에 들어와서 음식자료를 고를 수 있었고 요리방식도 주문하면 말대로 다 해주었다. 나의 아내 최영애 교수가 시시콜콜한 이야기를 중국말로 다 설명해주니깐 주인이 아내를 중국사람으로 생각했다. 성공적인 긴 하루의 기아끝에 침샘을 자극한 맛있는 음식의 추억처럼 아름다운 것은 없으리라!

10월 6일, 월요일. 장천1호분

아침에 좀 흐리다가 너무도 화창한 가을 날씨로 변했다

원래는 이날 아침 바로 집안을 떠날 계획이었으나 집안에 남겨둔 숙제를 해결하지 않고서는 떠날 수 없을 것 같았다. 날씨가 너무 좋았고, 연길가는 길이 멀다고는 하나, 대로이니 만큼 좀 늦게 떠나도 상관이 없었다. 눈을 뜨자마자, 어제 밤에 헤어진 이춘호할아버지를 다시 불렀다.

"오늘 한나절만 다시 수고해주세요."

나의 가슴에 남은 응어리가 하나 있었다. 영~ 풀리지 않는 숙제였다. 이 숙제를 내 힘으로 풀 길은 없겠으나 그 현장을 꼭 한 번 가보고 싶었던 것이다. 아침 일찍, 어제 올라갔던 압록강변을 다시 따라 올라가 8시 55분, 드디어 우리는 장천에 도착할 수 있었다. 그 문제의 장천1호분! 도굴사건으로 처참하게 다시 파손된 장천1호분! 지금 이 고분이 어떠한 모습으로 파괴되어

압록강변 장천長川분지의 너른 들. 지금 포도밭으로 뒤덮여 있다. 마주 보이는 것이 북한땅 백두산 줄기. 그 웅장한 자태와 포도 넝쿨의 아침햇살 반사가 진실로 강렬한 이미지를 형성하고 있다.

있는지조차 우리는 알 수가 없다. 내부공개를 일체 안 할 뿐더러, 사진자료도 구해볼 수 없으니 알 수가 없는 것이다.

이 사건에 관해, 나에게 석연히는 풀리지 않는 미스테리가 많다. 내가 제1권

에서 이미 진술하였지만(pp.289~293) 이 사건은 한·중 양국이 철저히 협력하여 풀어야만 할 과제상황이다. 쉬쉬 덮고 말 일이 아니다. 도굴꾼들을 사형시켜버리고 끝내버릴 성질의 사건이 아닌 것이다. 한국 내에 이 사건을 사주한 주범(=진범)이 엄존한다면 인터폴시스템을 활용해서 끝까지 추궁하면 충분히 그 주범을 잡아낼 수 있을 것이다.

상식적으로 생각해보면 중국인이 이러한 범죄를 계획했으리라고 상상키 어렵다. 죽음을 각오하고, 몇 억이라는 거금을 들여서, 그것도 무슨 금동부처나 어디 내다 팔 수 있는 보석류의 문화재도 아닌, 벽화 돌덩어리를 뜯어낸다는 것은 상식적으로도 논리적 맥락이 성립하지 않는다. 집안集安이라는 똥뻬이 시골에 방치된 무덤 속의 벽화를 뜯어내는 일에 목숨과 거금을 걸 중국인은 존재할 것 같지를 않다.

그러면 한국인이라고 치자! 어느 고대사에 미친 광인이 있어 수억을 들여 이 벽화를 뜯어온다? 이것도 도무지 상상하기가 어렵다. 1600년 이상의 세월을 거친 벽화라는 것은 시공의 조건이 바뀌면 금방 퇴락하기 마련이다. 그 누가 그 벽화를 집에 몰래 모셔놓았다 할지라도 아마 지금쯤 흔적도 없이 사라져 버렸을지도 모른다. 그것은 도무지 팔 수도 없는 물건이다. 이 사건으로 인하여 중국은 동북공정의 구실만 강화시켰고, 집안박물관에서 한국인이 겪는 수모를 정당화시켰다. 도무지 집안 지역에서 한국관광객들이나 연구자들이 대접받는 상황은 국제적 상식을 밑도는 수준의 것이다.

조선일보사가 개최한 "아~ 고구려"전도 지금 생각해보면 기본적으로 해야 할 일을 한 것일 뿐이고, 너그럽고 크게 생각하면 중국정부도 그러한 한국의 국민적 열기를 반갑게 생각해야 할 것이다. 중국인 당사자들이 벽화고분의 자료들을 치열하게 객관화 시키지 않는 이상, 그러한 전시회가 우리나라에서라도 계속 열려서 탄탄한 연구자료와 기초 사진자료가 축적될 수 있도록 도와주어야 할 일이다. 고구려전시회와 미친놈 도굴사건과는 근원적으로 무관한 것이다. 양자를 연관시키는 것 자체가 속 다른 의도를 내포하고 있지 않은 한 도무지 정당한 것으로 간주할 길이 없다.

말단의 도굴꾼들만 서둘러 사형시키고 이 사건을 끝까지 추궁하지 않았다는 것 자체가 이 사건에 감돌고 있는 미스테리를 그 어느 누구도 해결할 길이 없다는 것을 의미한다. KAL기폭파사건, 문세광저격사건, 아웅산사건 등등의 수없는 정치사건들이, 그 속에 미스테리가 숨겨진 채 흘러가버리기만을 기다리고 있듯이, 이 사건도 그냥 흘러가버리기만을 세인들이 바라고 있는 것이다. 우리는 결국 그러한 사건이 일어나고 있는 시대의 그릇된 인식구조, 인간세의 문제를 바라보는 시각의 저능함을 한탄할 수밖에 없다.

내가 지금 이렇게 장황하게 장천1호분의 도굴사건을 이야기하고 있는 것은

삼엄한 경비시스템으로 접근 못하게 막아놓은 장천1호분의 모습. 『구당서』에 있는 고구려 법률이 생각난다: "고구려의 법률은 다음과 같다. 1) 반란을 음모하는 자가 있으면, 많은 사람을 불러모아 횃불을 들게 하여 다투어 지지게 한다. 온몸이 진무른 후 목을 베고 가산은 모조리 국가가 몰수한다. 2) 성을 지키다가 항복한 자, 전쟁에 임했다가 패배한 자, 사람을 죽인 자, 겁탈한 자는 모두 참형에 처한다. 3) 물건을 훔친 자는 그 물건가치의 12배를 물게 한다. 4) 고구려의 소나 말을 죽인 자는 노비로 삼는다. 이상의 법률시행이 매우 준엄하였으며 법을 어기는 자가 거의 없었다. 심지어 길가에 떨어진 물건도 줍지 않았다. 其法: 有謀反叛者, 則集衆持火炬競燒灼之, 燋爛備體, 然後斬首, 家悉籍沒。守城降敵, 臨陣敗北, 殺人行劫者斬。盜物者, 十二倍酬贓。殺牛馬者, 沒身爲奴婢。大體用法嚴峻, 少有犯者, 乃至路不拾遺。"

무엇보다도 이 장천1호분이라는 특이한 벽화무덤의 세계사적 가치에 대한 각별한 애착심이 있기 때문이다. 이 장천1호분 하나만 가지고도 "고구려학高句麗學Goguryeo Science"이 성립할 수 있다. 그만큼 장천1호분은 고구려문명의 다양한 시공의 가능성을 포섭하는 총체적 문화의 장the comprehensive cultural field of the Goguryeo civilization in various time and space이다.

모든 고구려벽화를 통틀어 이 장천1호분만큼 다양하고 생생하게 그 총체적

문명의 모습이 밀집되어 있는 상황은 없다. 장천1호분은 고구려벽화의 황좌 皇座를 차지하고도 남는다. 그렇게 중요한 고분이 황당한 미친놈들의 광신적 광포에 의하여 파괴되었다니, 우리는 공분을 참을 수 없는 것이다. 우리가 갔을 때 장천1호분은 높은 철망으로 가려져 있었고 삼엄하게 세콤같은 경비 장치가 되어 있었다. 동네에서도 어느 정도 격리되어 있는 곳이래서 도굴꾼들이 며칠 작업을 해도 별 주목을 받지 않았을 수도 있는 그런 분위기였다. 참으로 안타까웠다.

장천1호분을 이야기하기 전에 내가 이야기하고 싶은 것은 "고구려재즈 Goguryeo Jazz"라는 말이다. 우리는 벽화고분이든, 왕릉이든, 무명의 적석총이든지간에 학자들이 카테고라이즈 해놓은 틀에 맞추어 그 성격을 규정하는 것을 매우 유식한 식자적 행동이라고 생각한다. 일차자료를 주무르는 소수의 중국학자들, 그들에게 있어서 고구려는 어디까지나 동북변방의 문명이다. 그 이느 누구도 고구려를 자기의 핏줄이라고 생각하지 않는다.

동북공정이라는 목적론적 가치를 연구의 동기로 삼는 중국연구자들에게 있어서도 고구려는 어디까지나 객체화되어야만 하는 소외대상이며 자기실존의 그룬트Grund로서의 내재화된 일체감을 지니지 않는다. 그러나 한국인에게 있어서 고구려는 누구에게나 "나의 역사"이며, "나의 핏줄"이며, "나의 본원"이며, "나의 실존"이다. 그것은 객체화될 수 없는 존재의 투영이다.

중국학자들에게 있어서 고구려를 중원의 변방에서 명멸한 문명으로 간주할 경우, 그 탐구방식의 특징은 암암리 "중원중심사고"의 정당성에 모든 것이 예속된다는 것이다. 그리고 중원의 역사발전도식, 그 카테고리에 맞추어 모든 것이 분류되고 설명되고 크로놀로지화 된다.

이것은 후한양식이다, 이것은 북위양식이다, 이것은 중국 어느 지방의 특색이다, 이것은 5세기 말의 양식이다 등등 운운하면 아무도 끽소리 못하고 그 권위에 복속하고 만다. 사실 우리나라 고대사의 문제는 이병도사학의 문제만은 아니다. 고대사뿐만 아니라 역사 전반에 깔려있는 새로운 세대의 학자군에게 나타나는 "과학적 학문방법"이 더 큰 왜곡을 수반하고 있을지도 모른다.

이들은 이병도시대의 식민지사학의 인식틀을 가진 학자군들에 비해 레토릭이 훨씬 더 세련된 듯이 보이고, 아주 과학적 학문방법에 의하여 그 주장이 성립된 듯이 보이고, 또 객관적 자료에 의존하는 듯이 보인다. 그러나 실제로는 소화된 자기세계관을 확보하지 못한 상태에서의 "객관성"이란 결국 객관성이 우월한 듯이 보이는 중국역사방법에 예속되는 것을 의미할 뿐이다.

나는 후학들에게 고구려의 자료를 해독하는 데 있어서 일체의 기존의 규정성에서 벗어나서 자유롭게 생각하는 습관을 기를 것을 당부하고 싶다. 그리고 권위를 자랑하는 신세대 전문가들의 레토릭을 당연한 전제로 받아들이지 않기를 당부한다.

예를 들면, 단실묘에서 쌍실묘로의 변화과정은 현재 학계에서 규정하고 있는 방식으로만 변화했을까? 쌍실묘 다음에 단실묘가 나타날 수도 있는 것이고, 묘도, 용도, 측실, 이실의 변화 또한 일정한 크로놀로지의 룰을 고수하고 있는 것도 아니다. 적석묘와 봉토묘의 관계, 석광, 석실, 그리고 벽화묘실의

장천1호분 전경. 남쪽에서 찍은 것이다. 절첨방추형截尖方錐形의 의미를 알 수 있을 것이다. 서쪽으로 묘도의 입구가 보인다. 이것도 부부의 묘일 텐데 고구려의 결혼풍습을 한번 살펴보자! 『수서』에 이런 기록이 있다: "장가시집 가는데 복잡한 예를 거치지 않는다. 남자여자 본인이 서로 좋아하면 곧바로 혼례를 치른다. 남자의 집에서는 돼지고기와 술을 보낼 뿐이다. 재물을 혼수로 보내는 예가 없다. 그런 식으로 재물을 취하면 딸

팔아먹는다고 사람들이 모두 부끄럽게 여긴다. 有婚嫁者, 取男女相悅, 然卽爲之。男家送猪酒而已, 無財聘之禮。或有受財者, 人共恥之。" 너무도 발랄한 인간세의 모습을 그리고 있다. 고구려사회는 경직된 예도 ritualism에 얽매인 사회가 아니었다. 이 무덤 안에 그려진 그림들은 그러한 발랄한 인간학vivid anthropology의 축제로 이해되어야 한다.

↑나일강 하류에 위치한 적석총인 피라미드형 무덤(대개 고왕국Old Kingdom과 중왕국Middle Kingdom시기)이 신왕국New Kingdom에 이르게 되면 변화를 일으킨다. 나일강 상류의 룩소르(=테베Thebes) 서쪽 5km에 위치한 네크로폴리스necropolis인 왕들의 계곡 Valley of the Kings에 새로운 형태의 집약적인 "불멸의 장소Place of Immortality"가 등장한다. 내가 걸어가고 있는 길 아래로 보이는 것이 왕들의 계곡이고 군데군데 구멍 뚫린 곳이 보인다. 그 구멍이 묘도이다. 제일 꼭대기에 알 쿠른Al-Qurn(뿔The Horn)이라는 산이 보이는데, 그 산을 피라미드로 생각했고, 그 밑에 묘실만을 건설하는 것이다. 신왕국 18대 왕조로부터(BC 1550년경 시작) 20대 왕조(BC 1070년경 마감)에 이르는 62개의 묘지(현재까지 발견된 것)가 이곳에 집중적으로 건설되었다.

↓아래 사진은 계곡의 묘실입구들을 보여준다. 한 중앙에 보이는 구멍이 람세스 6세, BC 1151~1143의 묘도이고, 그 앞에 그 유명한 투탄카문묘로 들어가는 지하계단이 있다.

위 사진은 람세스 멘투헤르케페셰프Rameses Mentuherkhepeshef(KV19)와 투트모시스 4세Thutmosis Ⅳ(KV43)의 무덤으로 가는 길이고, 아래 사진은 메렌프타Merenptah(KV8)의 묘도 앞에서 찍은 것이다.

내가 왜 이렇게 갑자기 에집트의 묘제를 운운하는가? 고왕국에서 신왕국으로 오면서 적석총에서 봉토석실묘형태로 묘제가 바뀌었고, 봉토석실묘가 되면서 다양한 부장제도와 정교한 벽화가 나타난다는 것이다. 이 변화는 고구려묘제의 변화와 비슷하다는 것을 내가 말하려는 것이다. 그러나 고구려의 벽화는 삶을 말하는데 에집트의 벽화는 죽음을 말한다. 그것이 다르다!

내가 지금 그 유명한 투탄카문의 현실, 그의 관이 놓여있던 바로 그 엄숙한 자리에 서있다. 에집트학 발굴전문가인 하워드 카터Howard Carter, 1873~1939가 20여 년의 피눈물나는 고생 끝에 문제의 투탄카문묘로 들어가는 입구계단을 발견한 것은 1922년 11월 4일의 기적과도 같은 사건이었다. 카터는 발견하는 순간 다시 묘도를 밀봉해버리고 비밀리에 지기들과 발굴계획을 세운다. 우선 당대 최고의 사진사 해리 버튼Harry Burton을 부른다. 버튼은 아무도 무덤에 손을 대기 전에 묘실 4개의 사진을 구석구석 정밀하고 세밀하게 찍는다. 그리고 그 무덤을 청리淸理하는데 10년의 세월을 소요한다. 우리는 우선 이러한 자세를 배워야 할 것이다. 20년의 환영이 현실로 나타났는데도 그토록 치밀하게 준비하여 접근한 것이다. 북벽 벽화에는 내 바로 앞에 있는, 머리에 띠 두른 남자가 투탄카문인데, 생전의 왕의 옷을 입고 장궤를 들었지만 이미 신의 세계에 들어왔고 여신 누트Nut가 그를 환영하고 있다. 그 다음의 장면은 네메스nemes 머리장식을 한 투탄카문이 오시리스를 껴안고 있고 그 뒤에 투탄카문의 분신인 카Ka 투탄카문이 따라붙고 있다. 투탄카문은 이렇게 해서 오시리스와 하나가 되어 저승의 존재가 되어간다. 젊고 우아했던 투탄카문의 죽음을 이렇게 아름답게 표현한 것이다.

관계가 대강의 상대적 선후를 가릴 수는 있으나, 절대적 선후가 있는 것은 아니다.

한마디로 고구려는 재즈인 것이다. 상황적 변수가 무궁무진하며, 그 예외적 정황을 소화해가는 방식 또한 무한하게 자유롭다. 정밀한 멈추개턱의 적석방식과 호분석의 공존은 고구려인들의 자유로운 사고를 대변하는 것이다.

과연 불교적 양식화가 소수림왕 2년 이후에만 등장할 수 있는 것일까? 고구려인들에게 불교란 무엇일까? 연꽃문양이나 비천상이 꼭 불교의 수용이후에만 나타나는 것일까? 불교의 수용이란 과연 어떤 프로세스를 거친 것일까? 장천1호분이 고구려 초기일까, 중기일까, 말기일까? 강서대묘가 오회분보다 앞서는 것일까, 뒤지는 것일까? 장천1호분과 안악3호분의 선후관계는 어떻게 되는 것일까? 어느 누구도 이러한 문제를 절대적으로 규정할 수 있는 권위는 존재하지 않는다.

자크 데리다Jacques Derrida, 1930~2004의 말대로 우리 인간의 모든 사유방식의 기저에 놓여있는 "짝對binary opposites"에서 하나를 주요센터로서 인식하면 다른 하나는 변방화되고to be marginalized 마는 것이다.

중원을 센터로 생각하면 동북은 마지날marginal하게 되고, 동북을 센터로 생각하면 중원이 마지날하게 된다. 그러나 이것은 실제로 객관적 주종主從을 가릴 수 없는 "하나"이다. 고구려재즈라는 것은 이러한 스트럭쳐structure, 즉 인식의 에피스템episteme, 시대의 디스꾸르를 근원적으로 해체시키는 것이다. 장천1호분은 고구려재즈의 대표적인 벽화분이며, 인류예술의 최고경最高境의 하나라고 나는 자신있게 말할 수 있다.

장천1호분은 집안시에서 동북쪽으로 25㎞ 떨어져있는 압록강변 청석진靑石鎭 황백향黃柏鄕 장천촌長川村에 있다. 1983년 조사로 이 장천고분군만 해도 105기의 적석총, 방단方壇적석총, 방단계제階梯적석총, 봉토분이 있었다고 했다. 현재는 120기가 확인되었다. 장천1호분은 높은 구릉에 위치하고 있으며 장천고분군 중에서는 가장 큰 규모의 분묘 중의 하나이다.

후림자구에서 빨래하고 있는 동네 아줌마

후림자구後林子溝라는 시냇물을 가운데 두고 동서로 2호묘, 1호묘가 같이 짝을 이루고 있는데 그 직선거리는 173m 정도 된다. 2호묘가 1호묘보다 더 크다. 2호묘는 둘레가 143m, 높이가 6m인데, 1호묘는 둘레가 88.8m, 높이가 6m이다. 그러니까 집안 본령의 적석묘에 비하면 싸이즈가 아담한 것이다. 장천1호분은 묘도, 전실, 용도甬道, 현실玄室의 4개부분을 확실하게 갖춘 절첨방추형截尖方錐形의 봉토석실묘이다.

이 묘의 특징은 전실과 현실의 4벽과 천장(조정藻井), 그리고 용도의 양벽, 그리고 석문石門 정면 및 관상棺床 표면에 모두 채색벽화그림을 빼곡히 그렸는데 그 내용이 너무도 많은 내용을 밀도있게 담고있다는 것이다. 공간의 변화와 시간의 변화를 한 장場에서 볼 수 있도록 그리는 시공착종時空錯綜의 입체적 회화수법을 사용했을 뿐 아니라 다양한 양식을 구사하고 있다는 것이다. 형상이 청석淸晰하고, 색택色澤이 선려鮮麗하며, 내용이 신영新穎하다.

이 분묘는 일제시대 때는 눈길이 미치지않고 그냥 넘어가서 조사의 대상이 되질 않았다. 그런데 1970년 큰 비로 봉토가 무너지면서 묘문墓門이 노출되자, 그해 8월에 처음으로 길림성박물관과 집안현문물보관소에서 청리淸理를 진행하였다. 그때만 해도 문화대혁명이 한참 진행중인 시기였으니 제대로 된 시설과 물자지원이 공급되었을 리 만무하다.

그것은 마왕퇴발견보다도 2년을 앞서는 대사건이었으나 이것은 이미 일찍 도굴되어 유물이 없었으니 그 중요성에 관하여 크게 주목을 끌지 못했던 것이다. 최초의 발굴당시 엄밀한 사진자료만 확보했더라도 오늘과 같이 빈곤한 벽화자료만 우리에게 제공될 리 만무하다.

이 벽화에 관하여 모든 것을 다 말할 수는 없다. 단지 몇 가지 대표적인 것만을 언급하고 넘어가려 한다. 벽화는 현실보다는 전실에 더 화려한 내용이

장천2호분도 절첨방추형의 봉토석실벽화묘이다. 현실과 묘도가 있고 묘도 양옆으로 측실이 있다. 묘도는 서향이다. 묘도의 길이는 5.3m, 측실은 북변 1.52m, 남변 1.58m, 폭이 1.14m, 높이 1.26m이다. 현실은 동서 3.6m, 남북 3.48~3.52m로 거의 정사각형이다. 두 개의 측실에 모두 왕王 자로 도안된 직조비단문양이 벽에 그려져 있는데 왕이라는 수없이 많은 글자 하나하나 위에는 세 구슬이 그려져있다. 연변緣邊에는 운문화식雲文花飾과 용문龍文의 당초문대唐草文帶가 있다. 이 분묘의 벽화는 양식적이다.

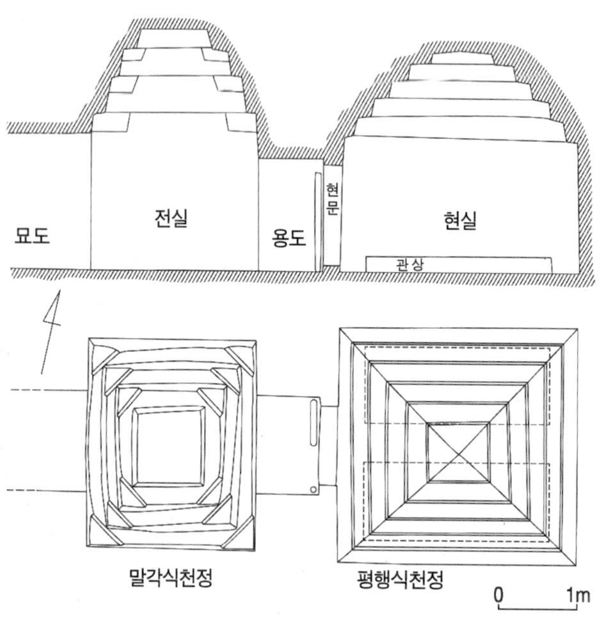

장천1호분: 서향의 묘도 입구를 보여주는 사진이다. 그 아래 측면도와 부감도가 있다. 항상 쓰이는 용어의 개념을 정확히 이해할 필요가 있다. 용도甬道(=사잇길)는 연도羨道라고도 한다. 현문은 현실 바로 앞에 달려있다.

→

전실에서 현실로(서西에서 동東으로) 들어가는 입구에 용도가 시작되고 그 양옆으로 두 지킴이가 있다. 많은 사람들이 이 두 상像을 모두 남자로 보고 두 역사力士라고 말하는데, 이들은 사천왕과 같은 역할을 하는 역사가 아니다. 그리고 오른쪽(우리가 바라보면서)의 상은 분명 여인이다. 다음 페이지에 더 자세한 모습이 실려있다.

집중되어 있다. 그 전체적 구조는 묘도가 서쪽을 향하고 있다는 사실만 기억해주기 바란다.

그러니까 이 묘는 정서향에서 약간 남쪽으로 틀어진 서향묘이다. 묘도는 길이 1.4m, 폭 1.53m, 높이 1.9m이다. 전실은 길이 2.37m, 폭 2.90m, 높이 3.35m이고 천정은 4층 말각쌓음으로 이루어졌다. 용도(일본식 표현은 연도羨道)는 길이 1.12m, 폭 1.34m, 높이 1.62m이다. 현실의 현문은 두 개의 석재 여닫이문이고(하나만 남음), 현실의 길이는 3.3m, 폭 3.2m로서 정방형에 가깝다. 높이는 3.05m이다. 천정구조는 5층의 평행쌓아올림이다(말각의 엇갈리는 방식이 아니다. 도면 참고).

우선 현실로 들어가는 전실 동벽, 즉 용도가 시작되는 양옆으로 후대의 사천왕에 해당되는 두 지킴이가 크게 서있는데 왼쪽이 남자시종이고 오른쪽이

여자시종이다. 둘 다 좌임의 웃도리를 입었는데 여자는 옷깃 동정을 검정색과 자주색의 이중으로 하여 맵시를 냈다. 남자는 몸빼형으로 발목을 조인 바지를 입었고, 여자는 치마를 늘어뜨렸다.

남자의 웃도리도 다이아몬드식의 일정한 기하학문양으로 점철된 무늬를 지니고 있는데 비단으로 짠 것임에 분명하다. 남자는 콧수염이 있고 입술이 큰데 반해 여자는 입술이 작고 붉게 칠하여져 있다. 그러나 여자는 팔뚝을 걷었는데 그 모습이 매우 우람차다. 두 손을 모아 배에 얹고 공근시립恭謹侍立하는 모습인데 이 현실지킴이 모습이 말해주는 것은 매우 의미심장하다.

우선 이들은 무기를 들고있지 않다는 의미에서 대적적이 아니다. 귀신을 막거나 외부의 침입을 막는 무관武官의 상징성이 없다는 것이다. 현실의 주인의 심부름을 받들기 위하여 대기하는 자세인 것이다. 다시 말해서 무덤의 인식구조가 대적적antithetic이질 않다는 것이다. 천당과 지옥과 같은 별세계가 아닌 평화로운 현실의 익스텐션일 뿐이다.

그리고 문지기로서 남·여가 좌우로 동등하게 서있다는 것은 고구려사회의 남녀관계가 대등한 관계였다는 것을 말해주는 것이다. 장천1호분의 가장 큰 특징 중의 하나가 인물들이 신분에 따라 확대되거나 축소되는 그런 현상이 없다는 것이다. 모든 인간이 대등한 이미지로 등장한다는 것이다. 고구려사회의 매우 건강한 원래적 가치관을 드러내는 것이다.

그 전실 동벽 용도가 시작되는 곳 위로 제1대들보에 중앙의 현무는 보이지 않고 좌청룡 우백호가 있고 정가운데 두 마리의 주작이 쌍으로 서로를 쳐다보고 있다. 이 단계에만 해도 현무의 이미지가 아직 구체적인 형상을 가지고 있지 않았을 수도 있다. 그 위로 제2대들보에 희대의 문제작이라고 일컬을 수 있는 속칭 예불도禮佛圖라는 것이 있다.

예불도의 왼쪽 부분. 좌대에 앉아있는 것이 부처, 그 옆에 있는 것이 이 무덤의 남주인, 그 뒤에 따라오는 여인이 여주인이라고 말하나, 나는 좌대에 앉아있는 것이 이 무덤의 주인이고, 주변의 방문객은 이 주인을 공경하는 사람들이라고 볼 수도 있다고 생각한다. 밑의 개는 주인이 기르던 애완견 삽살개?

이 문제작에 관하여 대부분의 사람들이 별 생각없이 가운데 좌대 위에 앉아있는 것은 부처의 모습이고 그 좌대 밑에 양옆으로 앉아있는 개같이 생긴 동물은 입을 벌리고 혓바닥을 길게 내놓고 있는데 그것이 수미좌須彌座의 호법사자護法獅子라고 한다. 그리고 왼쪽에 남자와 여자가 직접 손으로 일산을 들고 시립侍立하고 있고 그 뒤로 두 시녀가 흰 수건을 손에 감고 서 있다.

그 반대편인 오른쪽으로는 같은 구성의 사람들이 배열되어 있는데 남자와 여자의 모습이 엎드려 큰절하는 모습을 곡진하게 그려내었다. 동일한 팀 4명의 행동의 시간의 추이를 나타낸 그림일 수도 있으나 복장은 정확하게 일치하지 않는다. 오른쪽으로는 하늘에서 두 비천飛天이 우아한 자태로 옷자락을 휘날리며 춤을 추고 있다. 머리 뒤로는 광배가 있다. 중간중간의 빈 공간에는 구름과 연꽃봉오리 장식이 있고, 그 대들보의 아랫쪽으로는 6개의 거대한 만개연꽃이 그려져있다.

이 그림을 놓고 소수림왕 2년에 불교가 전래된 후 고구려귀족사회에 부처 신앙이 어떠한 모습으로 파급되어 실생활에 파고들었는지를 보여주는 좋은 예라고 말한다. 살아서 예불을 올린 부부가 죽어서도 계속 부처님을 공양하여 극락정토에 가고자 하는 종교적 열망을 나타낸 것이라고 한다.

나는 이러한 해석이 매우 그럴싸하게 들릴 수도 있다고 생각한다. 또한 장천1호분의 벽화가 전체적으로 종교적 냄새가 없는 것도 아니다. 그러나 고구려인들의 발랄한 삶의 표현이라는 원초적 주제를 생각할 때, 이것을 도식화된 신앙의 예불도라고 규정하는 것은 별로 의미있는 해석이라고 생각되지 않는다.

우선 좌대 위에 앉아있는 사람을 부처님으로 본다는 것은 많은 문제가 있다. 합임습衽의 옷은 일종의 관복이며 두 손을 서로 잡고있는 모습이나 다리를 꼰 모습이 제대로 된 결가부좌의 수행모습

전실 동벽 모사도. 자세히 들여다보면 그 구조가 다 드러난다. 독자들도 세밀하게 찾아보는 수고를 같이 해야 이해가 잘된다. 앞으로 나오는 장면들도 우선 모사도를 자세히 분석할 것. 오른쪽 문지기는 여자를 남자로 잘못 그렸다.

이 아니다. 기본적으로 세속인의 살아있는 모습이지 부처라고 생각되지는 않는다. 수염이 그려진 모습이나 관복이나 푸른 잎새의 덮개를 쓰고 있는 모습은 안악3호분이나 덕흥리벽화분의 주인그림과 양식적으로 대차가 없다.

이 그림은 오히려 이 벽화분묘의 주인을 나타냈거나, 주인이 죽어서 부처화되었거나, 하여튼 다양한 해석의 가능성을 열어놓고 해석할 수 있다는 것이다. 그리고 이 분묘는 소수림왕 2년 이전의 것일 수도 있다고 비정하는 것은 얼마든지 가능하다. 그리고 이 동벽의 주인이 쳐다보고 있는 전실의 벽화는 자신의 생전의 삶의 발랄한 모습이다. 그에게 극락의 정토는 발랄한 이생This Life의 생동감 있는 생명의 율동이지 시간을 초월한 정태적靜態的 세계가 아니다.

북벽을 가득 메운 소위 백희도百戱圖의 모습과 배불도가 나타내고자 하는 종교적 엄숙주의는 잘 매치가 되질 않는다. 그러기 때문에 이 장천1호분묘는 고구려문명의 알파오메가를 다 담고 있으며 시기적으로도 3세기에서 5세기를 카바할 수 있는 어떤 해석의 폭을 가지고 있다.

"백희百戱"라는 말은 한대 문학가 장형張衡이 지은『서경부西京賦』에서 언급한 당대 장안의 잡기표연雜技表演의 수십 종의 절목을 총칭하여 "백희"라 부른데서 생겨난 말인데, 여기 장천1호분의 백희도는 고구려인들의 토속적 삶의 모습이지 중국적인 잡기가 고구려에 전래된 것으로 해석되어서는 아니된다. 오히려 한대 화상석에 나오는 놀이 유형이 고조선–부여–고구려의 영향에서 생겨난 것일 수도 있는 것이다.

고구려분묘의 씨름이 오늘날 우리 민족에게 그대로 전승되어 있는데 비하여, 한족에게 그러한 전통이 부재하다는 것도 재미있는 사실이다. 씨름 하나의

전실의 북벽을 가득 메운 백희도. 오른쪽에 남자 지킴이 시종이 보인다. 이 장천1호분 전실북벽도야말로 인류사의 가장 위대한 회화라고 나는 확신한다. 피카소의 『게르니카』보다도 이쾌대의 『군상』보다 더 위대한 작품이라고 말하고 싶다. 『게르니카』『군상』은 삶의 아픔을 그렸지만, 이 『백희도』는 삶의 기쁨을 그렸다. 전자는 한 시대의 사건을 암시하고 있지만 후자는 고구려 전문명의 시공을 압축시켰다. 이러한 그림을 그린 사람들이 바로 우리의 조상이라는 것이 기쁘지 아니 한가? 不亦悅乎! 이 위대한 회화의 빈 공간에는 연꽃봉오리가 여기저기 흩날리고 있다.

놀이가 정확하게 2천 년을 같은 형태로 지속하고 있다는 것은 참으로 놀라운 문명의 연속성이다.

이 북벽을 가득 메운 "놀이의 코스모스The Cosmos of Play"는 인류사에서 유례를 보기 힘든 걸작이며 대작이며 밀도가 높은 풍작(풍요로운 작품)이다. 이 작품을 관상하기 위해서는 정가운데를 갈라놓고 생각하는 것이 좋다. 그런데 가운데 아무런 선線도 표시하지 않았다. 상면上面은 온갖 놀이에 관한 것이고 하면下面은 기본적으로 수렵을 중심으로 한 것이다. 광활한 사나이의

다이내미즘이 아래에 펼쳐지고 그 위로 아기자기한 삶의 재미가 수놓아지고 있는 것이다.

제일 먼저 눈에 띄는 것이 나무이다. 우선 사람들이 무슨 종교적인 의미를 지니는 신목神木으로 생각하거나 우주의 중심축으로 거창하게 생각할 수도 있겠으나 이것은 매우 단순한 나무이다. 이 나무의 왼쪽에는 주인이 의자에 앉아있다(고구려인들은 의자생활을 했다는 것을 알 수 있다). 그런데 다리 부분만 보이고 상체는 지워져있다.

그런데 그 밑으로 연변사람들이 지금도 잘 잡아먹는 잘생긴 황구가 한 마리 앉아있고 그 뒤로 남자시종이 멋드러진 화개華蓋를 받치고 있고 그 뒤로 여자시종이 흰 수건을 팔에 감고 시립하고 있다. 그 뒤로는 아래위로 두 팀의 가무연주팀이 있다. 아래팀은 긴 도포를 입은 악사가 거문고(생긴 것이 가야금보다는 거문고에 가까우나 술대를 안쓰고 손으로 친다)를 튕기고 있고 그 앞에는

『백희도』 전체에서 남자주인만 등장하고 여자주인이 등장하지 않는다. 세칭 예불도도 단순히 예불장면으로만 볼 수 없는 이유 중의 하나가 될 수도 있다. 전 그림에서 가장 두드러지는 인물상은 이 여인인데, 이 여인은 여주인이 아니라 노래부르는 여인이다. 혹은 안주인이 손님을 모셔놓고 노래를 부른다면 어떠할까? 음대 성악과 교수를 부인으로 둔 남자의 파티에 부인이 창자로 등장할 수도 있지 않겠는가? 고구려는 재즈! 『삼국지』에 다음과 같은 얘기가 있다: "고구려인들은 노래부르고 춤추기를 좋아한다. 나라 곳곳 읍락에 밤늦게까지 남녀가 무리지어 놀며 서로 노래부르며 즐긴다. 其民喜歌舞, 國中邑落, 暮夜男女群聚, 相就歌戲。"

무용수가 멋드러지게 붉은 긴 소매를 휘날리며 춤을 추고 있다(『주서周書』의 고구려의상 기술에 비추어볼 때 이 무희들은 실상 여자가 아니라 남자들이다. 고구려에서는 남자 무용수가 많았던 것이다. 그 얼마나 콘템포러리한 광경인가?).

위의 팀은 가장 오른쪽에 비파 같은 것을 치는 악사가 있고 중간에는 노래를 부르는 긴 주름치마를 입는 창자가 있고 그녀를 마주보고 역시 남자 무용수가 춤을 추고 있다(소매가 긴 적삼, 통 넓은 대님바지, 노란 가죽신, 흰 허리띠가 남복의 특징이다). 왼손은 소매 밖으로 나왔고 오른손은 소매 속에 감추어져 있는 모습이 오늘날 살풀이춤에서 보는 어떤 디프 스트럭쳐와 일맥상통한다.

황구가 의젓하게 앉아있으면 주인이 있다는 것을 의미한다. 그 뒤로 시종과 무악舞樂이 곁들여져 있는 것이다. 악사 밑으로 잘생긴 백마가

멋있는 안장과 함께 대기상태로 있는데 이것은 주인이 백마를 타고 이 장면으로 놀이구경을 나왔다는 것을 의미한다.

자아! 이제 우리는 나무와 그 뒷배경을 설명해야 한다. 나무는 신단수가 아니라 원숭이놀이(후희猴戲)를 위하여 설정된 나무이다. 나무뿌리쪽을 보면 원숭이가 기교를 부리며 앉아있는 모습이 보이고 나무기둥 중간에도 원숭이가 꼬리를 치켜올리고 나무를 타고 있다. 그 나무 앞뒤로 크고작은 두 사람이 있는데, 나무 앞쪽에는 남자가 무릎꿇고 앉아있고 뒤쪽에는 훤칠한 여자가 서있다. 이 두 남녀가 바로 원숭이곡예 조련사인 것이다.

그 뒤로 큰 의자에 청라관青羅冠을 쓰고 새깃을 꽂은 지체높은 자가 앉아 그 곡예를 엔조이하고 있는데(무릎을 약간 구부렸다) 그는 이 장면에 초대된 손님the main guest이다. 『삼국지』에 보면 고구려인들은 인사를 할 때 한 발을

구부리고 한 발을 뒤로 뻗친다고 했는데 아마 이 손님의 자세가 상견례의 자세일 수도 있다. 손님 뒤로 훤칠한 두 시종이 수건 들고 서있는데 앞은 남자이고 뒤는 여자이다. 이렇게 남녀가 구분없이 같은 일을 한다는 것이 고구려사회의 특징이다.

그런데 손님과 시종 사이에 한 남자가 재주를 부리고 있는데 공중에 다섯 개의 나무공이 떠있고 양손에 두 개의 나무공이 또 있다. 이 사람이 바로 오늘날 서양서커스에서나 볼 수 있는 저글러juggler인데, 그 저글링의 원조가 우리 고구려인 것이다. 일곱 개의 공을 쓴다는 것은 고구려 저글러의 기술이 얼마나 고매했는가를 보여준다(생각해보면 이것이 나무공이 아니라 우리가 어려서부터 놀던 "오재미"일 수도 있다. 우리가 생활 속에서 즐기던 오재미가 고구려유희로부터 내려오는 전승이라는 사실은 우리민족문화의 놀라운 연속성을 나타내는 것이다).

저글러의 공 앞으로는 상서로운 난조鸞鳥가 날아가고 있고, 그 뒤로는 어떤 사람이 곤봉으로 하늘에서 바퀴를 굴리고 있다. 이것은 굴렁쇠를 하늘에서 돌리는 묘기 같기도 하고, 요즈음의 접시돌리기 비슷한 묘기일 수도 있다. 손님 밑으로는 한 남자가 절을 하고 있고(한 다리를 뻗친다. 跪

拜申一脚), 뒤에 시종이 있다. 이 쇼에 초대된 다른 한 팀의 손님일 수 있다.

왼쪽의 악사팀 윗쪽을 보면 바퀴를 놓고 한 사람은 앞에서 당기고 뒤에서는 끌어 잡아당기고 하는 줄다리기식의 바퀴놀이를 하고 있고, 그 옆으로는 두 남자가 막 뛰어가는데 뒷 사람이 나무를 들고가면서 앞 사람을 터치하려고 하고 있다. 요즈음의 "다방구"와 같은 놀이인 것 같다.

그리고 그 옆으로 씨름장면이 있다. 그것은 각저총에 잘 그려져 있는 씨름장면과 동일하고 오늘 이만기가 빛낸 씨름경기와도 완전히 구조적으로 동일하다. 몽고, 중국, 일본에는 씨름이 현존하지만 모두 떨어져서 붙는 방식이다. 처음부터 허리에 맨 띠를 잡고 시작하는 "띠씨름"은 고구려에서 오늘 한국에까지 전승된 유니크한 것이다. 벽화 속의 씨름꾼들의 신체형상(하체가 두텁고 상체가 넓다)도 오늘 우리나라 씨름꾼과 형체를 공유하는데, 우리가 알고 있는 씨름기술이 그들에게도 있었던 것으로 보인다.

그 씨름장면 밑으로는 다루기 힘든 말을 두 사람이서 길들이고 있는데 손님이 타고온 말일 수도 있다. 바로 씨름장면에서 백마를 거쳐 그 밑으로 시선을 돌리면 두 사람이 백마를 타고 가는 장면이 나온다. 이것은 무엇을 의미하는가? 움직이는 시간을 한 공간에 압축시킨 장면이다.

각저총角抵塚(JYM0457)은 우산하묘구에 속하며 무용총의 남동에 병렬하고 있다. 절첨방추형 봉토석실벽화묘인데 직경이 15m, 높이가 4m 정도이다. 묘도, 전실, 용도, 현실을 갖추고 있는데 현실의 동벽에 유명한 씨름장면이 있다. 이 묘의 주인은 지체 높은 굉장한 무인武人이었음에 틀림없다. 씨름장면은 거대한 신수神樹 밑에(그 아래가 신성하다는 의미일 것이다: the sacred place) 두 사람이 맞붙고 있는데 그 앞에 백발장로의 심판이 지켜보고 있다. 이것은 당시의 고구려씨름이 엄격한 룰을 가지고 있었고 정확한 기술과 점수와 승패가 엄존했다는 것을 의미한다. 선수 위에는 네 마리의 까치가 목을 길게 뽑고 주시하고 있어 긴장감을 더해주고 있다.

씨름은 선씨름, 띠씨름, 바씨름으로 나뉘는데 우리가 현재 행하는 씨름은 띠씨름에서 진화한 것으로 바씨름 중 왼씨름(샅바로 오른쪽 넓적다리에 매고 상대방이 왼손으로 잡는다)이다. 일본의 스모는 선씨름으로 일정한 구역 밖으로 밀쳐내는 것을 승패의 주요기준으로 삼는다. 나의 스승 후쿠나가 미쯔지福永光司는 문명을 말馬의 문화, 배船의 문화로 분류했는데, 한국의 씨름은 말문화에 속하고 일본의 씨름은 배문화에 속하는 것으로 문명사적으로 확연히 구분된다. 우리 씨름은 각저총의 띠씨름을 계승한 것이며, 상대방을 밀쳐내는 것이 아니라 상대방을 땅에 메치는 것이다. 기마민족의 육박전이다. 이 각저총의 무인 주인과 맞붙고 있는 상대방의 얼굴이 서역인 같이 보여 서왕모의 세계로 왕생하는 관문의 게임이니 하는 매우 종교도식적인 설명을 하는데 그것은 해설자의 저급한 사유를 나타낼 뿐이다. 상대방이 죽음의 세계의 문지기라 한다면 종교적인 초월의 열망이 아닌 죽음의 사자까지도 충분히 메칠 수 있는 묘주인의 자신감을 나타내는 고구려 예술가의 명작회화라 할 것이다. 오시리스를 씨름으로 메쳐버리고 죽음마저 극복하는 삶의 의지를 나타내었다고 나는 말하고 싶다.

고구려화공들에게는 시간과 공간이 서로 교직되어 있는 것이다. 이 주인과 손님은 놀이구경을 끝내고 사냥을 나가고 있는 것이다. 그 사냥터가 바로 하단에 전개되는 광활한 벌판의 세계이다. 주인 말 밑으로 황구가 달려가고 있는 모습이 있는데, 아까 앉아있었던 황구가 이제 같이 주인을 모시고 사냥을 나가고 있는 것이다.

아까 설명한 신단수 밑에 보면 한 남자가 손에 매를 들고 있는데 이 사람은 매사냥꾼이다. 앞에 두 마리의 꿩이 날아가고 있는데 그 두 마리의 꿩은 매에게 붙잡힐 것이다. 그 뒤로 오른쪽 끝으로는 한 남자가 세차게 말을 달리고 있다. 그 앞으로 사슴이 달려가는데 사슴의 목을 화살이 이미 관통하고 있다.

『삼국사기』 유리명왕 22년 12월조에 보면, "왕이 질산質山 북쪽에서 전렵을 행하여 닷새가 되도록 돌아오지 아니 하였다"라고 쓰여져 있다. 고구려왕들은 친히 들판에 나가 국민들이 궁금할 정도로 전렵을 즐기곤 했다. 3대대무신왕 3년 9월에 골구천骨句川에서 전렵을 행하다가 신마神馬를 얻어 거루駏驤라 이름하였다고 했다. 사냥을 통해 신령스러운 동물을 얻는 것을 왕권의 신성함의 상징으로 여겼다. 그 동물들은 대개 백색이다.

태조대왕 10년 8월에 대왕은 동으로 수렵하여 백록白鹿을 얻었다. 차대왕 3년 7월, 대왕이 평유원平儒原에 전렵할 때, 백호白狐(백여우)가 울면서 뒤를 따라오자 활을 쏘았으나 맞추지 못했다는 기록이 있다. 차대왕은 그것이 불길한 징조이니까 근신하라고 충고하는 무사巫師까지 죽여버린다. 차대왕은 결국

국민의 뜻을 대변한 명림답부에게 죽임을 당한다.

중천왕 15년에는 왕이 기구箕丘에서 사냥하여 흰 노루白獐를 잡았다 했고, 서천왕 7년 4월에는 신성新城에 행행行幸하여 사냥하다가 흰 사슴白鹿을 얻었다 했다. 광개토대왕도 정전征戰중에도 꼭 잊지 않고 사냥을 한 후 왕도로 돌아왔다는 비문의 기록이 있다(田獵而還).

여기 보이는 사냥의 장면으로 미루어볼 때 장천1호분의 주인공은 왕일 수가 있다. 그 스케일로 볼 때 거대한 시스템을 동원하는 능력이 있는 인물인 것이다. 장천2호분에도 남쪽의 측실에 왕王 자 문양이 가득 새겨져 있는데 이 장천구역도 하나의 왕에 의하여 지배된 곳일 수가 있다. 고구려에서는 왕의 의미가 지역의 수장을 의미할 수도 있다.

지금 이 벌판 동물의 야수들에게 천지개벽의 울림이 들려오는 듯 모든 들짐승, 날짐승이 고구려인들의 말발굽소리에 경공만상驚恐萬狀으로 날뛰고 있다. 그 앞뒤를 말탄 고구려인들이 협공을 하고 있는 것이다. 지금 하단 왼쪽 오른쪽 거대한 고목나무가 있는 주변을 집중적으로 살펴보자!

제일 위에는 거대한 멧돼지가 힘차게 달려가고 있는데 그 똥구멍에 이미 화살을 맞았다. 그런데 또다시 그 멧돼지에게 활을 당기면서 말을 달리는 용맹스러운 고구려인이 붉은 옷을 입고 있다. 그 뒤로 사냥개 두 마리가 같이 달려가고 있다. 그런데 놀라운 것은 활쏘는 사람이 등자鐙子가 없이 말을 타고 있다는 것이다.

276쪽 벽화 부분의 정확한 모사도. 앞에서 이미 언급하였듯이 고구려 청년의 필수교양은 "송경습사誦經習射"였다. 다시 말해서 오경을 외우고 활쏘기를 배우는 일이었다. 고구려의 건국자 주몽朱蒙의 이름도 부여국의 속언俗言으로 "활을 잘 쏜다善射"는 의미였다(『위서』, 『삼국사기』에 그렇게 기록되어 있다). 오늘날도, 올림픽경기에서 궁술종목은 한국의 청년남녀들이 압도적인 제패권을 보유하고 있다.

이것은 이 시대가 등자가 보편화되기 이전의 시대라는 것을 의미한다. 3·4 세기경으로 볼 수 있다. 그런데 달려오는 멧돼지 아가리에 창을 박고 있다. 이것은 참으로 위험천만한 순간이다. 내 친구 사냥꾼의 이야기를 들어보면 달려오는 멧돼지를 정면에서 쏘는 담력이 사냥꾼의 최고경지라고 한다. 결코 쉽지 않다는 것이다.

그 하단에는 달려가는 암사슴을 쏘는 장면이 있고(사냥개가 달려가는데 사슴은 이미 공포에 싸여있다), 제일 하단에는 등어리에 화살이 꽂힌 호랑이를 또다시 정면에서 쏘는 장면이 있다. 이것은 호랑이를 뒤에서 쏘고 다시 말을 타고 앞으로 와서 호랑이의 마빡에 두번째 결정타를 메기는 장면이다. 가공스러운 고구려인의 위력과 담력을 나타낸 박력극치의 다이내믹 씬이라 할 것이다. 이러한 절박한 순간과 대조적으로 코믹하게도 놀란 곰이 고목의 동굴속에 들어가 끽소리 않고 숨죽이고 웅크리고 있는 모습도 가관이다. 고구려인들은 어떤 상황에서도 골계의 감각을 상실치 않는다. 이 장면은 단군신화와 관련하여 생각해볼 수도 있다.

왕들의 계곡 한가운데 자리잡고 있는 신왕국 20왕조 람세스 3세Ramesses III의 묘도 초입부분(KV11). 람세스 3세는 BC 1194~1163년 동안 재위하였다. 왕들의 계곡 무덤 중에서는 후대에 속하는 편인데 묘도가 상당히 길다. 정면에 보이는 그림은 람세스 3세가 저승의 신 오시리스Osiris에게 제물을 바치고 있다.

이런 식으로 벽화를 분석하다 보면 끝도 없는 해석의 미로를 헤매게 된다. 내가 말하고 싶은 것은 고구려인들이 얼마나 삶의 생동감을 중시했는가,

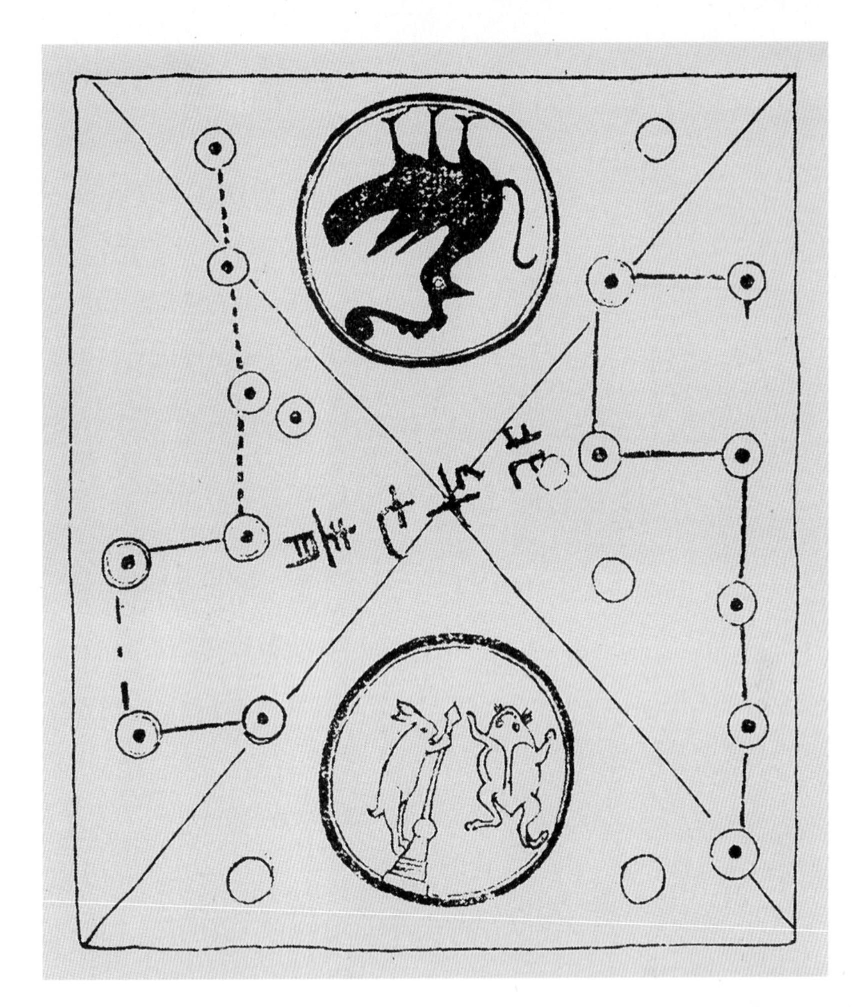

현실 천정: 섬여(두꺼비)는 못생긴 느낌을 준다. 원래 상아嫦娥(중국인은 “상아”라고 보통 말하는데 우리는 항아姮娥라는 발음을 선호한다)는 너무도 아름다운 여인이었는데 예羿의 부인이었다. 서왕모가 예에게 불사약을 주었는데 항아는 그 불사약을 훔쳐 먹고 달로 도망갔다. 그러나 항아는 두꺼비로 변신되었다. 옥토끼설화는 달을 바라보며 그 착시에서 생겨난 듯, 특별한 논리구조가 없다. 항아를 도와 항상 절구를 찧고 있는데 떡麻糬을 만든다고 한다. 달에 옥토끼와 두꺼비가 같이 나타난 모습은 마왕퇴 관덮개그림에도 있다. 그 그림에는 섬여가 주고 옥토끼는 사이드로 그려져 있다. 북두칠성이 두 개 그려진 것은 천체운행의 시간성을 압축한 것이다. 북극성을 중심으로 천체가 돈다는 것을 확연하게 인식하고 있는 것이다.

그들이 얼마나 자신있고 박력있고 여유롭고 풍요로운 삶을 이 세상에서 향유하려 했는가, 바로 그 엘랑비탈을 나타내려 했다는 것이다.

베르그송의 말을 빌리자면 고구려인들은 시간을 공간화한 것이 아니라, 공간마저도 시간화했다. 시간의 공간화는 시간을 무생명화시키는 것이다. 그러나 공간의 시간화는 시공을 모두 생명화시키는 것이다. 이러한 엘랑비탈을 그린 사람들에게 있어서의 종교적 감성은 결코 인도유러피안적 사유에서 파생된 무시간적 열반을 추구할 까닭이 없다는 것이다. 고구려벽화에서 그들은 결코 종교적 주제나 초월을 그리지 않았다. 그들의 관심은 어디까지나 현세의 지속Duration of this Life-World이었다.

현실의 묘정에는 인상적인 그림이 있다. 해와 달이 그려져 있는데 해 속에는 까만 3족오가 그려져 있는 것은 여타 해그림과 공통이다. 그런데 달그림 속에는 절구를 찧고 있는 옥토끼그림이 섬여蟾蜍(두꺼비)와 함께 그려져 있다. 중국에는 섬여만 그려질 때가 많은데, 옥토끼설화는 특히 조선인들의 민담에 보편적으로 나타나는 것이다. 그리고 해와 달 양쪽으로 북두칠성이 정확하게 그려져있고 "북두칠청北斗七青"이라는 글씨마저 주서로 쓰여져있다. 칠청이라고 하는 것은 별점을 치는 사람들이 샘물로 그 북두칠성을 보면 파란 색깔을 띠기 때문에 그렇게 표현한 것으로 보여진다. 하늘의 세계와 땅의 세계를 하나로 관통시킨 것이다. 하늘이나 저승이 초월의 세계가 아닌 것이다.

270쪽의 두 고구려 가무연주팀 장면의 자세한 모사도. 남녀 혼성 구성과 사이사이 공간에 있는 만개한 연꽃과 그 봉오리의 모습이 매우 인상적이다. 흥을 돋우는 연출 효과를 내고 있다.

장천4호분

장천1·2호분을 본 김에 장천지역에 있는 고분을 몇 개 더 보고 싶었다. 장천 고분군만 해도 120기가 있다 했으니 참으로 놀라운 것이다. 그리고 장천고분군은 통구고묘군洞溝古墓群과는 별도의 고분군이다. 사람들은 어차피 내부를 볼 수 없는데, 다 똑같이 생긴 봉분껍데기만 봐서 뭔 소용이 있겠냐고 말한다.

그러나 역사는 지리地理("땅의 이치"라는 뜻으로 하늘의 질서인 천문天文과 짝으로 쓰였던 말이다)이다. 지리는 발로 밟아보지 않으면 소용없다. 풍수쟁이가 지도만 보고 명당을 잡을 수는 없다. 산은 밟어봐야 숨은 명당이 드러난다. 아무리 거들떠보지 않은 허름한 곳이라도 가봐야 그 지리를 파악할 수 있다. 고적古跡이 위치한 산하를 쳐다보는 것만으로도 그 고적은 가치를 발한다. 정경일 교수가 장천4호분의 풍광이 매우 좋다고 말했던 것이 기억났다. 가자!

빠스를 돌려 내려와 동네사람들에게 장천4호분이 어디있냐고 물으니, "멀다"

장천마을의 정다운 얼굴들

고 대답했다. 시골 사람이 "멀다"고 하면 진짜 먼 것이다. 그래서 갈 엄두도 못내다가, 아무리 생각해도 지도상으로 보면(우리가 학술논문에 있는 자세한 지도를 카메라에 담아왔다) 멀리 있을 것 같질 않아, 다른 방식으로 물어보았다.

"몇분이나 걸립니까?"

"5분."

아마도 관광객들이 평소 5분 걸음도 멀다고 투덜거렸던 모양이다.

장천촌은 집안시 청석진靑石鎭의 관할인데 집안시에서 25㎞ 떨어져있는 압록강 우안右岸의 분지이다. 3면이 산으로 둘러쳐져 있고, 남으로는 압록강에 빈瀕하고 있는데, 동서 길이가 3㎞, 남북 폭이 1㎞ 정도 되는 충적분지沖積盆地이다. 이 분지는 매우 풍요로운 곳이며 독립적 지형을 가지고 있어 작은 하나의 독립왕국을 형성할 수도 있는 곳이다. 북부의 산파山坡에서 남북으로 흘러내려 압록강으로 들어가는 꽤 넓은 계절천이 있는데 항상 말라있기 때문에 동네사람들이 건구하乾溝河(깐꺼우허)라고 부른다.

장천4호분 올라가는 길을 나보다 앞서 동네 양들이 올라가고 있다. 고구려의 양고기, 산삼, 산더덕은 유명했다. 그 에너지로 고구려 철기군의 용맹을 떨쳤다.

이 건구하의 서쪽에 있는 작은 산파山坡 꼭대기, 그러니까 압록강쪽으로 시야가 탁 트여 장천분지가 한눈에 내려다보

장천촌 풍경

장천4호분 올라가는 길

이는 명당 중의 명당인 곳에 장천4호분이 자리잡고 있었다. 동네를 지나 버겁게 산비탈을 올라 4호분에 도착했을 때 나는 충격에 휩싸였다. 보이는 광경의 파노라마가 너무도 광활했고 시원했다. 마치 『사운드 어브 뮤직』에 나오는 아름다운 초원 언덕을 경쾌히 걷고 있는 주인공처럼 느껴졌다. 정말 아름다웠다. 모처럼만에 느껴보는 고국의 산하였다. 아~ 고구려! 아~ 조선이여!

장천4호분 또한 매우 중요한 벽화묘이다. 장천1호분과 관련해서 연구할 소재가 많은 고분이었다. 이 4호묘의 서북 100m에는 장천3호 계단적석광실

장천4호분 전경. 팻말에는 다음과 같이 쓰여져있다: "장천4호묘. 편호CM004, 고구려귀족묘장. 절첨방추형봉토석실묘. 봉토둘레길이 60m, 높이 3m. 쌍실동봉, 장방형 묘실, 말각첩삽정. 묘실 내 그림은 연화와 인물 등이 보인다. 연대 약 6세기.長川4號墓: 編號CM004, 高句麗貴族墓葬。截尖方錐形封土石室墓。封土周長60米, 高3米。雙室同封, 長方形墓室, 抹角疊澀頂。墓室內繪側視蓮花人物等。年代約6世紀。" 연대는 단언하기 어렵다.

묘가 있고, 동남쪽 바로 눈에 보이는, 10m 가량 떨어진 곳에 장천5호 계단적석석광묘가 있다. 그리고 건구하를 동서로 격하여 장천2호묘를 바라보고 있다. 그러니까 이 묘들은 모두 어떤 내재적 핏줄이나 지연의 관계가 있는 무덤들이라는 것을 알 수 있다.

장천4호묘는 일체 우리의 관심 밖에 있었던 무덤이었다. 일제시대 때 조사의 대상이 되질 않았던 무덤이다. 1984년, 집안시문물보관소가 장천고묘군을 일괄적으로 조사할 때, 비로소 이 분묘가 봉토석실벽화묘라는 것을 알았고, 1990년에야 비로소 길림성문물고고연구소와 집안시문물보관소가 공동으로 이 내부를 조사하고 청리작업을 했으나, 그 작업의 내용은 아직도 발표되질 않았다.

4호분 바로 밑에 자리잡고 있는 장천5호분. 그 뒤로 우람찬 만포의 백두산산맥이 보인다.

내가 앞서, 투탄카문묘를 발견한 하워드 카터가 그 최초의 순간부터 신경 쓴 것이 사진기록이었다는 것을 이야기했다. 특수조명에 의하여 있는 그대로의 모습을 찍으면서 하나하나 접근해가는 것이다. 지금은 디지털카메라가 조도가 낮은 곳에서도 어느 정도까지는 높은 해상도를 과시하는 영상을 담을 수 있기 때문에 과거보다도 상당히 유리한 조건에서 영상기록할 수가 있다. 사진을 우선 수없이 찍어놓아야만 나중에 사진분석을 통해서도 많은 사실을 추후에 발견할 수 있게되는 것이다.

내가 안타깝게 생각하는 것은 한국이나 중국의 발굴팀이 발굴작업과 동시에 조명기구와 해상도 높은 카메라를 가지고 일단 사진자료를 풍부하게 확보해야만 한다고 하는 원칙을 무시하는 듯한 발굴을 감행할 때가 많다는 것이다.

그리고 값비싼 유물이 안 나오면 무시하고 마는 것이다. 나중에 슬슬 정리하면 된다고 생각한다. 그러나 뭐든지 발견했으면 그 당장에 최상의 사진을 확보해야만 한다. 벽화는 특히 그러하다.

장천4호 벽화묘는 두 개의 석실을 갖춘 쌍실묘인데 묘도가 각기 분리되어 있다는 것이다. 그러니까 남북으로 배열된 독립된 2개의 묘실이 한 봉분 속에 있는 것이다. 그 전체둘레는 60m 정도인데 봉토의 높이는 지표에서 3m 정도이다. 이 묘의 발굴내용이 공표되고 있질 않기 때문에 그 자세한 정황을 내가 말할 수는 없다.

벽화내용이 장천1호분과 연속성을 지니는 상당히 풍요로운 내용의 작품들이라는 것은 틀림이 없다. 그러나 불행하게도 석회바탕 위에 그린 그림이라서 습기나 도굴에 노출되어(양 묘실이 다 도굴되었다. 서남각에 도동盜洞이 있다) 만환불청漫漶不清하다는 것이다. 흐릿흐릿 불분명하게 퇴락해버렸다는 것이다. 그러나 이런 상황일수록 더욱 세밀한 사진자료를 당초로부터 남겼어야 하는데, 애석하게도 그런 작업을 했을 것 같지를 않다. 다시 밀봉된 흙 속에서 벽화는 사라지고 있는 것이다. 아니 흙 속에서 고구려가 사라지고, 우리의 현존재의 의식을 구성하고 있는 기나긴 무의식담론이 사라지고 있는 것이다. 애석한 일이다!

서울의 "하나원"에서 복무하고 있는 공무원들은 북한에 관계되는 어떤 소리만 들어도 신선감이나 설레임은 없을 것 같다. 그러나 우리 범용한 인간들은 아직도 북한의 산하만 쳐다보아도 웬지 쓸쓸한 느낌이 들거나 서글픈 심사가 북받쳐 눈시울이 뜨거워진다. 그리고 북한사회의 모든 것은 아직도

오른쪽으로 장천4호묘 봉분이 있고 그 아래 전개되는 장천과 북한 산하. 나는 이런 생각을 해본다.
만약 지형이 압록강 중심으로 뒤바뀌었다면 북한땅에 고구려유적이 더 보존되었을 텐데 …

호기심의 대상이다. “종북좌빨”을 돼지멱따듯 외쳐대는 종남우빨들에게 고국의 산하조차 저주의 대상일지는 모르겠으나 우리민족의 살길은 남·북이 하나되는 길 외로는 어떠한 다른 우회도로가 없다.

그것은 우리가 직시해야만 할 현실이요, 우리 실존의 본래의 모습이요, 우리 역사, 우리 민족의 원주소이다. 우리나라의 가장 파워풀하고, 가장 보수적이라면 보수적이라 할 수 있는 “전경련”과 같은 단체서도 남북의 대결이나 불화를 원하지 않는다. 어떻게 해서든지 평화로운 방법에 의하여 남북관계가 개선되고 합리적인 소통이 확보되기를 갈망하고 있는 것이다. 북한경제를 배제하면서, 남한경제만을 고립적으로 획책한다는 것은 너무도 아둔한 짓이다. 우리가 세계열강의 틈바구니에서 살아남을 수 있는 길은 남북의 소통으로 마켓의 규모를 키워야만 한다.

“남북통일”이라는 말은 당분간 쓰지 말자! “통일Unification”이라는 말은 두 개의 정체(폴리테이아*politeia*)가 공립共立할 수 없다는 것을 의미하며, 일자의 타자에로의 복속을 의미하며, 필연적으로 정치적 이데올로기문제를 수반하며, 또 도식적인 단계론을 제시하는 담론을 만들어내기 때문에 불필요한 소음만을 지어낸다. 우리가 지금 원하는 것은 통일이 아니다. 두 집을 한 집 만들자는 것이 아니고, 두 집이서 서로 사이좋게 지내자는 것이다. 그것을 나는 “남북화해South-North Reconciliation”라고 부른다.

우리가 원하는 것은 남북통일이 아니라 남북화해다. 남북화해란 구체적으로 무엇을 의미하는가? 그것은 매우 간단한 하나의 명제를 목표로 하고 있다: “자유왕래Free Comings and Goings.” 여행이든, 학술교류든, 편지든, 테레비든, 인터넷이든, 비지니스든 자유롭게 왕래하자는 것이다.

『수서』에 이런 말이 있다: "고구려사람들은 쭈그리고 앉아있기를 좋아한다.俗好蹲踞." 들판에 하염없이 담배를 피고 앉아있는 북한주민들.

개성 연변의 사람들, 꾸밈없는 모습이다.

개성시내, 통일다리 부근, 출근하는 주민들.

이상의 세 사진은 2003년 6월에 내가 직접 찍은 것이다.

대동강 입구인 남포갑문. 고구려배가 항상 이곳을 통해 드나들었다. 고려시인 정지상鄭知常의 시가 생각난다: "**비 갠 긴 강둑에 풀빛 짙은데 / 남포로 님 보내는 구슬픈 노래 / 대동강물이야 언제 마르리 / 해마다 이별의 눈물 보태는 것을** / 雨歇長堤草色多, 送君南浦動悲歌。大同江水何時盡, 別淚年年添綠波。" 이 사진은 2007년 10월 명창 안숙선 선생이 찍어준 것이다.

우선 자유왕래를 해야만 모든 것이 풀려나가고 녹아나가고 이해될 수 있는 것이다. 그런데 왜 자유왕래를 못하는가? 옆집 사람과 자유왕래하려면 가장 선행하는 조건이 무엇일까? 옆집 사람이 사는 삶의 방식이나 그의 가치관을 존중해줘야 한다는 것이다. 그 존재방식을 부정하면 만나는 매순간마다 쌈박질을 하게 되고 소통은 이루어지지 않는다.

자유왕래란 곧 "상호인정Mutual Recognition"을 의미하는 것이다. 우리가 소통을 못하는 가장 큰 이유가 바로 이 "인정"이라는 한마디에 걸려있다. 북한의 정치체제나 삶의 방식을 있는 그대로 인정해야 하는 것이다. 그것을 나를 기준으로 해서 바꾸려고 하면 왕래나 화해는 물건너간다. 옆집 사람 인정하는 것이 뭐가 그렇게 어려운가? 외국사람도 아니고 몇년 전까지 한 핏줄의 동포형제였는데? 같은 말을 하고, 같은 김치를 먹고, 같은 옷을 입고 사는 사람들인데!

이 모든 문제가 실은 "6·25"라는 비극적인 전쟁의 상처 때문에 아직도 풀리고 있질 않은 것이다. 여기서 내가 복잡한 정치사나 사상사의 모든 것을 말할 수는 없다. 그러나 나는 예수가 말했듯이, 조금만 생각을 바꾸면(메타노이아*metanoia*) 천국은 도래한다고 선포하고자 하는 것이다. 생각을 바꾸면 화해와 왕래는 얼마든지 가능한 것이다.

나의 아내와 최무영 교수는 부친이 평북 의주 고관면高館面 사람이라서 그런지 장천4호분에서 내려다보이는 북한의 산하를 바라보면서 너무도 격한 감정을 드러내었다. 사실 나는 장인 돌아가시기 전에, 한번 북한에 두고 온 가족을 만나게 해드리려고 적십자를 몇번 찾아간 적이 있다. 그런데 적십자에서는 일체 성의있는 자세로 우리의 신청을 고려하지 않았다.

뭔가 사정이 있었겠지만, 하여튼 차일피일하다가 장인은 기다림 속에 세상을 뜨시고 말았다. 장인은 누이동생이 꼭 살아있을 것이라고 하시면서 그토록 보고 싶어하셨다. 그리움 속에 그리움 속에, 사위가 그래도 유명인이니까, 남들이 다 만나는 방식으로 가족상봉이 가능하겠지 … 그렇게 기다리시다가 이 세상을 하직하시고 말았다. 그런 사람이 어디 한둘이리오!

우리는 장천4호분 앞에서 내다보이는 북한 산하를 향해 절을 했다. 남·북의 하나됨을 기원하면서! 아마도 고개를 숙인 순간, 나의 아내와 처남 무영군은 간절한 심사가 나보다는 더 짙었을 것이다. 아~ 고구려! 아~ 북한이여! 그대가 뭐길래 이토록 우리의 가슴을 찢어지게 만드는가!

염모총

장천1호묘와 4호묘를 보기 위해 아침에 올라올 때, 서둘러야 했기 때문에 집청공로集青公路(집안－청석진青石鎭 사이를 잇는 지방도로) 남측에 있는 무덤 하나를 지나칠 수밖에 없었다. 그러나 그 무덤은 나같은 사이놀로지스트에게는 매우 소중한 유적이었다. 모든 유적 중에서 나같은 철학도의 관심을 가장 강렬하게 끄는 것은 문자의 유무이다. 문자처럼 많은 것을 정확하게 전달하는 것이 없기 때문이다.

장천4호묘를 다 보고 돌아나오는 길에 나는 주저없이 그 남은 하나의 숙제를 풀어야만 했다. 그 무덤을 안 보고 집안을 떠난다는 것은 직무유기처럼 느껴졌다. 그것은 "모두루총牟頭婁塚"이라고 보통 알려져 있는데 정확한 이름은 "염모총冉牟塚" 혹은 염모묘라고 해야한다.

염모총은 국내성과 장천촌의 한 중간쯤에 위치하고 있는데 그 위치하고

만포시 일부. 오른쪽에 시멘트공장이 보인다. 전체가 강변에 떠있는 거대한 배처럼 환상적으로 보인다. 태극형으로 굽이치는 곳에 생긴 모래톱지형 위에 도시가 자리잡고 있다.

있는 동네를 하해방촌下解放村이라고 부른다. 옛 이름은 "하양어두촌下羊魚頭村"이었다(62쪽 약도 참조). 장천에서 하해방촌으로 가는 길에서 보이는 풍경이 너무도 아름다웠다. 가을날씨가 너무도 쾌청했고 압록강변의 풍광이 너무도 상쾌한 빛을 발했고, 건너편 북한주민들의 모습이 너무 신선하게 비쳐졌다.

옥수수꼬댕이 자동차는 여전히 연기를 내뿜으며 열심히 달리고 있었다.

염모총은 큰길 옆에 거대한 두 미루나무숲에 가리어 잘 보이지 않는다(실제로 미루나무는 아니고 한 20그루의 나무가 두 뭉치로 나뉘어 있어 그렇게 보이는 것이다. 수종은 정확히 모르겠다). 염모총 역시 절첨방추형봉토석실묘截尖方錐形封土石室墓인데, 봉구封丘의 주장周長이 70m 정도이며 높이가 4m 정도이니까, 장천1호묘보다 약간 작다. 그런데 이 묘는 묘도墓道가 겉으로 나와 있고 그 안에 현실은 전후두방前後二室이 있는데 그 사이는 용도甬道가 있다. 그러니까 묘도, 전실, 용도, 현실이 한 축으로 중앙에 위치하고 있는 것이다. 묘도는 서남향으로 나와있다.

전실은 횡장방형이며 길이 2.9m, 너비 2.3m, 높이 2.9m이다. 현실은 방형이며 한 변 길이 3m, 높이는 2.9m이다. 묘도, 용도, 전후실이 모두 정제整齊한 석재를 쌓아 만들었는데, 백회를 발라 만질만질하게 되어 있으나 전혀 그림을 그린 흔적이 없다. 이미 옛날에 도굴된 묘이고, 후실에 두개의 석관상石棺床이 있을 뿐이다. 이 무덤은 왕릉도 아니고, 위치도 그렇게 화려하지 않은 곳에 자리잡고 있어 별로 중요하게 느껴지지 않을 수 있다. 그런데 왜 그렇게 염모총이 중요하다고 말하는가?

이 묘를 최초로 발견한 사람들은 장학량이 부저항장군이 되어있을 시기, 만주사변 이후에 일본학자들이 마음대로 이 지역을 드나들던 바로 그 시기에 분묘를 탐색한 일본학자들이었다.

1935년 5월, 위만주국의 안동성安東省 시학관視學官(일제시대 때 장학관을 이렇게 불렀다)이었던 이토오 이하찌伊藤伊八가 집안의 고구려문화유적을 탐방하였는데 당시 이 지역의 중학교교사였던 왕영린王永璘이라는 중국인이 하양어두촌에 묘가 하나 있는데 그 안에 묘지墓誌가 벽에 쓰여져있다는 제보를 한다. 그래서 그는 그 묘를 방문하여 그 사실을 확인하였다. 그는 같은 해 9월, 사계의 권위있는 일본학자를 불러 같이 탐방한다.

이케우찌 히로시池內宏, 1878~1952(동경대학 조선사 담당), 우메하라 스에지梅原末治, 1893~1983(경도대학 교수), 미카미 쯔기오三上次男, 1907~1987(동경대학 교수), 하마다 코오사쿠濱田耕作, 1881~1938(경도대학 교수), 쿠로다 겐지黑田源次, 1886~1957(경도대학에서 심리학, 생리학을 전공. 초대 나라국립박물관 관장) 등이 이토오 이하찌의 안내로 묘도를 지나, 전실에 들어갔을 때 전실 앞 쪽, 그러니까

염모총 묵서. 밑으로 용도가 시작되는 입구가 보인다. 오른쪽에서 왼쪽으로 쓰여진 종서인데, 제69행부터 제79행까지는 거의 글씨가 보이지 않는다. 그러나 이 사진이 언제 찍힌 것인지는 몰라도 타 부분은 꽤 많은 글씨가 판독 가능하게 보인다. 이런 전체 이미지사진이 아닌 부분적인 정밀사진을 찍어놓았으면 오늘날 많은 글씨가 복원과 추론의 대상이 될 수 있을 텐데 … 아쉽다.

전실에서 현실로 들어가는 용도甬道가 시작되는 부분, 그 꼭대기 상단의 벽에 좌우로 기다랗게 선을 그어 정갈하게 쓴 묵서제기墨書題記가 있는 것을 발견하였던 것이다.

이 제기題記는 그러니까 우리나라 정자누각 사방 천장쪽으로 붙어있는 누기樓記와 비슷한 것인데 벽에 직접 쓴 것이다. 그 폭길이가 214㎝나 되며 아래위 너비는 30㎝ 정도, 매 행에 10자가 들어가는데 79행이 있다. 글자들은 정갈한 계격界格 속에 들어가 있다. 그런데 79행 이외로 제수題首 2행이 있으므로 원래 800여자가 확실하게 쓰여져 있었다(정확하게는 803자 혹은 804자로 추측된다). 오른쪽에서 왼쪽으로 진행되는 수서竪書이며 글씨체는 예서체 한자인데 매우 공정유창工整流暢한 고서법의 고품격을 유지하고 있다.

이토오 이하찌 일행이 이 묵서장문을 발견했을 때, 우메하라와 미카미는 묘의 내외실측을 담당했고, 이케우찌, 하마다, 쿠로다, 이토오는 묘지의 해독을 담당했다. 이들은 이 최초의 해독의 결과, 이 묘의 주인공이 모두루牟頭婁라고 결론지었다. 그래서 이 묘를 "모두루총"이라고 명명한 것이다. 이케우찌와 우메하라는 이 연구결과를 『통구通溝』라는 책으로 발표하였다(일만문화협회日滿文化協會에서 나온 책으로 상권은 1938년, 하권은 1940에 출간됨).

그런데 그 후 1940년 7월, 중국의 저명한 사학자 라오 깐勞幹, 1907~2003(호남 장사인, 자는 정일貞一, 북경대학 역사학과 출신. 그 당제堂弟가 중국철학사의 대가 라오 쓰꾸앙勞思光이다)은 통구지역을 실지답사 하고서 새로운 석문과 해석을 제시하였다.

라오 깐은 이 묘는 고구려의 대형大兄(제3급벼슬)인 염모冉牟의 묘이며, 모두루는 이 묘지의 작자作者에 불과하다는 신설을 발표하였다. 지금 이 묘지의 문장을 놓고 이러한 논의가 생겨나는 가장 큰 이유는 이 묘지의 글자가 지워진 것도 있고 애매한 것도 많아 문장이 끊어져 있기 때문이다. 일본학자들이 『통구』에 발표한 석문은 800여 자 중에서 291자밖에 되지 않는다. 그런데 라오 깐은 41자를 더 읽어내었고 해박한 고전지식과 문헌지식을 바탕으로

염모총 가는 길

이러한 새로운 결론을 도출하였던 것이다.

그리고 라오 깐은 입지立志의 시기가 호태왕의 사후, 장수왕의 전반 생애의 사건이라고 단정지었다. 즉 염모는 광개토대왕시기로부터 장수왕시기에 걸쳐 중요한 관직을 점했던 인물이었다는 것이다.

1978년 6월, 집안현박물관 직원들이 이 분묘에 대해 화학적 보존처리를 했다. 그 후로도 일본의 사학자 사에키 아리키요佐伯有淸(북해도대학 교수)와 타케다 유키오武田幸男(동경대학 교수)는 계속해서 이 묘의 주인은 모두루이며 염모는 모두루의 일족 조상일 뿐이라는 취지로 계속 일본인 초기학자들의 입장을 고수하는 설을 발표하였다.

1994년 봄·여름에 집안에 비가 너무 많이 내려서 염모총이 무너져 내리는 사고가 발생하였다. 그래서 집안시정부와 성문화청 문박처文博處는 이 염모총에 대한 보수를 행하였다(1994년 6월 22일부터 29일까지). 이때 방기동方起東, 손인걸孫仁杰, 지용遲勇, 장설암張雪巖과 길림성의 대학자인 경철화耿鐵華Geng Tie-hua, 1947~ 가 들어가 묘지를 다시 정밀조사를 하였다.

놀라웁게도 최초의 조사로부터 60여 년의 세월이 흐르는 동안, 묘지는 조금도 퇴락하지 않았으며 표면을 살살 벗겨내면서 많은 글자를 더 읽어낼 수 있었다. 껑 티에후아는 최종적으로 436자의 석문釋文을 제시하였다(그런데도 애석하게 우리가 해독에 참여할 수 있는 정밀한 사진자료는 제시하지 않는다. 중국인들은 "객관성의 공유"라는 의식이 부족하다). 이 자수는 전체 문장의 54.3%나 되는 것이다.

나는 이 염모총의 묘지해석에 관해서는 일본학자들의 주장이 무리가 있다고 생각한다. 애초로부터 빈곤한 자료에 기초한 해석이었으며 치밀한 토의를 거친 논의가 아니다. 그러나 물론 그들의 주장도 묵살될 성질의 것은 아니다. 대체적으로 보면 껑 티에후아의 해석이 가장 종합적으로 신빙성이 높다고 생각된다.

내가 생각하기에 이 염모총의 묵서는 광개토대왕비가 세워지고 난 후 장수왕이 천도하기 직전 쯤에 쓰여진 것이며(AD 420년대), 그 문헌으로서의 가치는 광개토대왕비를 제외하고는 가장 높다고 말할 수 있다. 더구나 무덤의 회벽에 붓으로 직접 쓴 사례는 중국역사에서 유례를 보기 힘든 독창적인 방식이며, 마치 현재의 종이 위 붓글씨를 바라보는 느낌이기 때문에 그 서체의 정갈함은 이루 형언하기 힘든 감동을 전한다. 예서체라고는 하지만 거의 오늘날 해서체의 정자에 가까운 것이다.

어떻게 이토록 위대한 사료가 무덤에 이런 방식으로 보존될 수 있었을까? 1600년의 세월을 견딘 고구려인들의 지혜와 독창성, 그리고 그들이 한자문화를 흡수한 방식의 주체성은 고구려패러다임의 중심성centrality을 입증하기에 충분한 것이다. 염모총의 묵서는 광개토대왕비의 위용을 문헌적으로 뒷받침하고 논리적으로 보강하며 그 시대정신의 보편성을 재확인시켜준다는 의미에서 참으로 놀라운 사료적 가치가 있는 것이다. 또한 광개토대왕비문이 미처 말하고 있지 못한 고구려 왕권 및 귀족의 권력구조의 사회적 맥락을 추론할 수 있는 많은 실마리를 제공하고 있다.

이 염모총 묵서의 저자인 모두루는 누구인가? 모두루는 자신을 염모의 "노객奴客"이라고 표현하고 있는데 그것은 결코 "노예"라는 의미는 아니다.

염모집안의 내력을 소상히 알고 있고 또 그것을 기술할 수 있는 지적인 능력의 소유자인 모두루가 천민일 수 없다. 그는 염모가의 뼈대깊은 가신家臣이었다. 이 모두루는 염모의 은혜를 깊게 입었다. 염모가 호태왕에게 모두루를 추천하여 외지로 나가 관직을 담당하게 했다. 그래서 모두루는 애석하게도 염모의 임종을 지켜보지 못했던 것이다.

묘지에서 모두루가 염모를 "대형大兄"이라고 부르고 있는데, 이것은 "큰형"이라는 뜻이 아니다. "대형大兄"은 고구려의 관직으로서 관작 중에서 제3급에 위치한다. 모두루는 염모의 집안이 멀리 고구려의 시조 추모왕 때부터 나라와 운명을 같이 한 그야말로 유서깊은 귀족이었음을 말하고 있다. 염모의 시조는 추모왕이 북부여를 떠나올 때 그를 같이 모시고 남쪽으로 내려온 개국공신의 한 사람이었음을 말하고 있다.

다시 말해서 주몽의 건국의 역사가 한 집안의 구체적 사건으로서 생생하게 기술되고 있는 것이다. 그리고 염모는 또 광개토대왕 치세동안 모용선비의 침공을 물리쳐 나라를 풍전등화의 위기에서 구했다고 적고있다. 국가의 운명을 건 일전 끝에 고구려의 승리를 가져오게 하여 이 공으로 염모일족은 북부여 경영의 중책을 맡게 되었던 것이다. 그래서 염모는 가장 믿을 만한 가신이었던 모두루를 북부여 지역에 파견하여, 지역경영에 참여케 했던 것이다.

처음부터 모두루는 자기를 "대사자大使者 모두루"라고 말한다. 모두루의 관직을 나타내는 "대사자"는 대형大兄이 제3급인데 비하여 제8급으로 5급이 낮다. 고구려관작은 12급으로 구성되어 있다. 모두루가 자신을 "노객奴客"이라고 표현한 것은 겸칭의 정중한 표현이다.

청나라때 대신들이 황상皇上 앞에서 자신을 "노재奴才nu-cai"라고 표현하는 것과 동일한 어법인데 이 청조의 습관도 고구려에서 전승된 것일 수 있다. 그러나 노객은 왕에 대한 표현으로 국한되는 것은 아니다. 8급이 3급에게 얼마든지 쓸 수 있는 말이다. 그런데 일본학자들은 "노객"이라는 표현은 모두루가 묘주에게 쓴 말이 아니라 "국강상대왕성지호태왕國岡上大王聖地好太王" 즉 광개토대왕에게 대하여 쓴 말일 뿐이라고 주장한다.

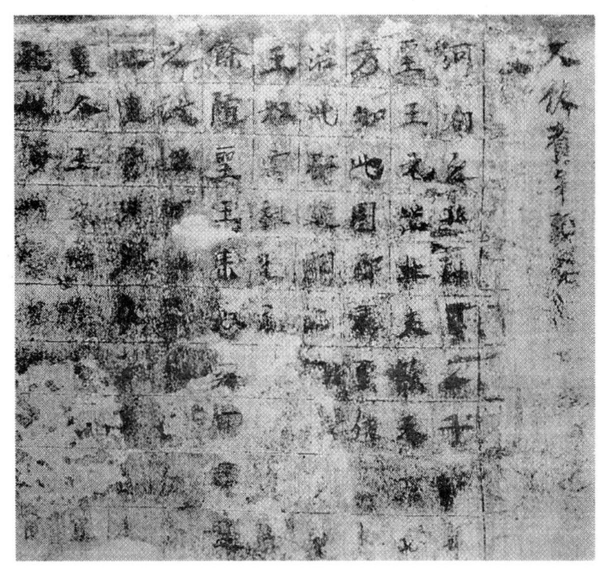
앞의 두 줄이 제목에 해당되는데 첫 줄이 大使者牟頭婁□□奴客이다. 둘째 줄의 첫 글자 "文"만 확인된다. 셋째 행이 본문 제1행으로 계산한다. "河伯之孫日月之子鄒牟"가 보인다. 한 행에 열 글자씩 진행되는데 이 사진에는 제10행까지 보인다.

하여튼 전체 묘지를 다시 일별해보면, 껑 티에후아의 해석에 의거하여, 다음과 같은 명료한 해석에 도달할 수 있다. 묘지는 다음의 여섯 부분으로 구성되어 있다.

1) 제1부분(제1~8행)

이 무덤의 주인공 염모의 조상들의 사적을 밝히고 있다.

고구려의 개국과 건도建都가 논의되고 있으며, "하백지손河伯之孫"이며 "일월지자日月之子"(해와 달의 아들)인 추모성왕鄒牟聖王은 북부여로부터 내려와서 홀승골성에 건도했다는 사적을 밝힌다. 그런데 노객 모두루의 선조가 북부여 시절부터 염모의 선조의 가신이었으며, 이 두 패밀리가 모두 추모왕이 북부여에서 내려와 고구려를 세우는 개국작업에 주된 역할을 했다는 것이다. 그러니까 염모패밀리와 모두루패밀리가 모두 북부여의 귀족이었던 것을 알 수 있다(귀족이 아니었더라도 추모성왕의 개국작업을 도움으로써 고구려에서는 개국공신의 지위를 확보한 패밀리들이었다).

그러나 모두루패밀리는 어디까지나 염모패밀리의 비호 아래 고구려에 정착했으며 그 상하관계는 계속 유지되었다. 모두루패밀리는 염모패밀리의 은공으로 계속 관직을 유지할 수 있었던 것이다. 이것은 주몽의 건국이 신화가 아니라 북부여 귀족들의 도움으로 성립한 역사적 사건이었으며, 꽤 복잡한 연맹세력들의 대규모 이동이 있었음을 암시하는 것이다. 고구려의 5부족, 연노부, 절노부, 순노부, 관노부, 계루부를 말한다면, 이 염모나 모두루는 5부족에는 편입되지 않는다는 것을 알 수 있다. 이들은 원래 북부여의 귀족인 것이다.

2) 제2부분(제8~23행)

대형大兄 염모의 공업功業을 찬양하고 있다.

호태왕의 치세기간에 염모패밀리의 전통적 관작은 염모 본인에게 계승되었으며, 제3급인 대형大兄에 이르렀다. 염모는 호태왕이 역모를 꾸민 반역도들을 평정할 때 호태왕을 도와 큰 공을 세웠다. 그래서 호태왕은 염모로 하여금 북방의 부여인을 다스리게 하고 서방의 모용선비와 남방의 한예韓穢를 안무按撫케 하여 그곳 국인들이 편안히 살게 하였다. 염모는 정치를 잘하여 농업을 발전시키고 백성들의 곤요로움을 제거시켰다.

3) 제3부분(제24~34행)

대형 염모의 인격을 찬양하고 있다.

대형 염모는 많은 공적을 세웠을 뿐 아니라, 그의 인격 또한 송양될 만한 가치가 있다. 그는 공의公義를 행하였으며 타인에게 이익을 가져오도록 했으며 충의의 인간이었다. 세상사람들을 행복하게 했으니 그의 성명盛名은 큰 산처럼 높았다.

4) 제4부분(제35~45행)

노객 모두루 본인은 대형 염모의 은혜를 깊게 입었음을 말한다.

염모가 노경에 이르러 수명을 다하게 되자, 모두루는 자기 패밀리가 대대로 염모 선조의 은공을 입었다는 것을 상기한다. 그것은 물론 고구려 선왕들의 백성을 향한 은덕의 마음이기도 했다. 광개토대왕의 치세에 염모는 모두루를 추천한다. 호태왕은 염모를 통해 모두루집안의 내력을 듣는다. 그리고 노객 모두루를 북부여 수사守事로 임명한다. 노객 대사자大使者라는 관직은 결국 대형 염모께서 주신 것이다.

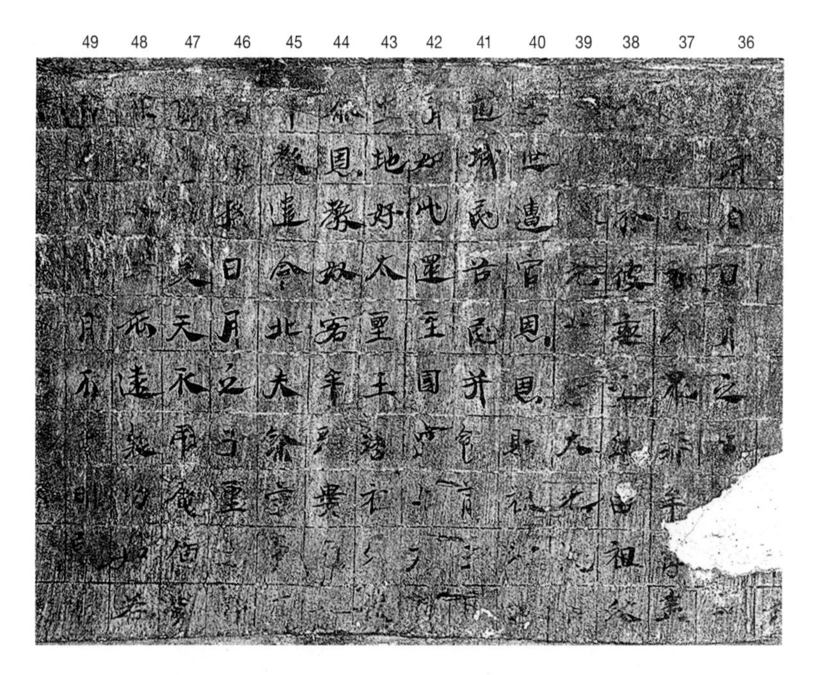

제36행에서 제49행까지 보인다. 중간 43·44·45행을 읽어보자! "聖地好太聖王緣祖父𠅘尒恩教奴客牟頭婁憑冉牟教遣令北夫餘守事河" 광개토대왕비도 격자를 만들었고 이 묘지도 격자를 그리어 글씨를 썼다. 고구려인들이 얼마나 정갈한 것을 좋아했는지를 알 수 있다.

5) 제5부분(제46~58행)

대형 염모의 죽음을 말하고 있다.

대형 염모는 평생 호태왕의 마치馬幟를 따라다녔다(옆에서 모시었다). 호태왕께서 승하하시자, 대형 또한 따라 저승으로 갔다. 노객은 저멀리 북부여에 있었기 때문에 그곳의 관리에 열중하여 대형께서 이런 불행을 당한지도 알지 못했다. 임종을 지키지 못했다. 돌아가시기 전에 한 번이라도 보았으면 좋으련만. 대형의 나에 대한 은덕은 부모의 그것을 뛰어넘는다. 감격의 눈물을 흘리지 않을 수 없다.

6) 제6부분(제59~68행)

대형에 대한 회념과 제도祭悼를 말함.

대형이 임종을 하셨으니 나는 누구와 더불어 돌아갈꼬! 생전에 우리는 같이 호태왕의 성지에 뛰어놀았다. 아~ 지금 당신이 사라지시다니! 나는 지금도 예전과 다름없이 그대에게 조배朝拜하오! 그리고 제물과 술을 헌상하오. 태양이 저 지평선을 치고 올라올 때, 노객은 저 푸른하늘 저 깊은 바다를 향해, 대형을 향해 배제拜祭하오 ….

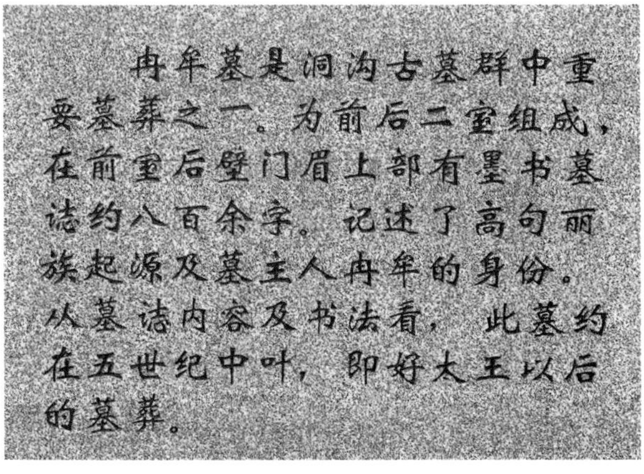

冉牟墓是洞沟古墓群中重要墓葬之一。为前后二室组成，在前室后壁门眉上部有墨书墓志约八百余字。记述了高句丽族起源及墓主人冉牟的身份。从墓志内容及书法看，此墓约在五世纪中叶，即好太王以后的墓葬。

염모총 초입에 써있는 석비의 내용은 다음과 같다: "염모묘는 통구고묘군 중 매우 중요한 묘장 중의 하나이다. 전실과 후실 두 방으로 구성되어 있다. 전실의 후벽 문미門眉 상부에 묵서 묘지 약 800여 자가 있다. 고구려민족의 기원과 묘의 주인인 염모의 신분 등 많은 주제를 기술하고 있다. 묘지내용과 서법으로 볼 때, 이 묘는 대략 5세기 중엽에 만들어진 것이다. 다시 말해서 호태왕 이후의 묘장이다." 이 묘와 덕흥리 벽화분(영락 18년), 안악3호분은 축성연대가 거의 확실한 것이다. 그래서 학계에서는 이런 묘들을 기준으로 해서 상대적인 묘제연대를 운운하게 된다.

이 염모묘의 묘지는 고구려인들의 의리감, 감성적 표현의 유연함이 유감없이 드러난 명문이라 할 것이다. 묘지문장은 빈 곳이 있다 해도 대체적으로 이러한 논리적 흐름에서 벗어나지 않는다. 추모성왕을 "하백지손"(하백의 외손) "일월지자"(해와 달의 아들)로 그리고, 또 "원출북부여元出北夫餘"라 했고, "천하사방의 사람들이 국군(추모성왕)께서 가장 성스러운 덕성을 갖추었다는 것을 잘 알았다"고 표현한 것은 광개토대왕비의 시작과 동일한 디스꾸르를 표방한다. 모두루시대의 보편적 담론이었음을 알 수 있다.

그리고 호태왕을 "국강상대왕성지호태성왕國岡上大王聖地好太聖王"이라고 표현함으로써 "대왕"과 "호태성왕"의 개념이 중첩되고 있는데 이것은 고구려가 강력한 제국으로서의 세계의 중심축임을 확인하는 절대적 명칭인 것이다. 하여튼 이 묘지墓志는 해석의 여지를 무궁무진하게 남겨두고 있다.

고구려인의 자기 역사에 관한 당대의 인식구조, 개국을 둘러싼 구체적 정황, 관제, 사회계층의 문제, 그리고 고구려사회를 알 수 있게 하는 많은 코드들이 이 묘지에 숨겨져 있다. 모두루는 대형 염모의 인격을 흠모하며, 그에게 입은 은혜를 생각하며, 그 회념과 애도의 절절한 심정을 감정이 흘러넘치는 필치로 표현하고 있다.

그리고 일체 벽화를 그리지 않은 담박한 회벽에 오직 이 묘지만을 써넣어 현란한 벽화를 대신했다고 하는 사실 자체가 5세기초의 고구려문명이 이미 고도의 추상성과 이지적 구체성에 도달했다고 하는 것을 상징하고 있다.

앞서 말했듯이 염모총은 큰길에서 보면 잘 보이지 않는다. 왜냐하면 그 앞에 큰 나무가 자라 그 무덤을 가리고 있기 때문이다. 그런데 재미있는 것은 묘도 바로 앞쪽으로 염모총과 똑같이 생긴 흙봉분의 묘가 하나 자리잡고 있다는 것이다. 바로 염모묘의 묘도를 지키고 있는 형국인데, 배총이라기보다는 형제묘와 같은 느낌이 든다. 이 또 하나의 봉토분이야말로 나는 모두루가 묻힌 곳이 아닐까, 그렇게 상상해본다. 그는 이 묘가 조성된 후 얼마 지나 죽음에 직면하면서 염모묘 앞에 자기를 묻어달라고 당부를 했을 것이다. 염모묘와 모두루묘는 이렇게 죽어서도 서로를 마주보면서 지키고 있는 것이다. 이 두 묘를 염모총과 모두루묘로 호칭해야 마땅하지 않을까?

염모총 속의 모두루묘지명은 마치 우리가 다산 정약용의 "자찬묘지명"에서 기술하고 있는 집안내력, 그리고 다산의 생애를 통하여 조선말기의 역사를 생생하게 느낄 수 있는 것과 똑같은 감성으로 고구려역사를 느낄 수 있게 만들어 주는 천하제일의 묘지명이라고 말할 수 있다. 우리는 염모총의 가치를 높게 평가하지 않을 수 없다.

호태왕비문의 몇 줄을 가지고 논쟁을 일삼을 것이 아니라, 모두루의 제기題記에 그려져 있는 고구려인과 고구려 역사, 그리고 고구려 우주의 실상에 관하여 보다 깊은 통찰력을 가져야 하리라고 생각한다. 광개토대왕비문, 염모총 모두루묘지, 충주 중원비, 마선비, 이런 자료들의 내용이 소화된 형태로 우리나라 중고생 교과서에 상세하게 실려야 할 것이다.

염모총 묘도를 마주보고 지킴이 노릇을 하고 있는 모두루묘

환문총 가는 길. 바닥에 깔려있는 돌이 모두 고구려무덤에서 나온 하란석(강돌)이다.

환문총

염모총에서 받은 나의 감동은 실제로 매우 큰 것이었다. 모두루! 그리고 집안 누대로 그의 상전집안사람이었으며, 또 친구처럼 진심으로 사랑하고 아끼고 존경하였던 인물, 염모! 그 염모가 자신이 외지에서 임직하고 있을 동안 소리 없이 세상을 떴다는 것을 알고 그 분묘의 전실 동벽, 제일 권위있는 자리(장천 1호분에서는 속칭 예불도가 있었던 자리)에, 눈물을 흘리며 묘지를 새긴 모두루의 가슴속 맺힌 한이 나에게 절절하게 전달되었다.

이 하해방촌은 국내성으로부터 7㎞ 떨어진 곳으로 또 하나의 독립된 왕국을 이루고 있는 충적분지이다. 이 지역에도 서로 내재적인 연결성이 있는 묘들이 51좌나 된다. 염모총에서 집청공로를 건너 한 500m 떨어진 곳에 또 하나의 유명한 벽화묘가 있다. 환문총環紋塚(JXM033)! 그것은 하나의 미스테리! 하해방묘구에서 가장 큰 묘에 속하며 의심할 여지없이 고구려왕조의 초기에 속하는 묘제였다. 나는 집안을 떠나기 전에 이 환문총을 마지막으로 보기로 작정했다.

환문총은 절첨방추형봉토석실벽화묘인데 둘레길이가 80m, 봉토의 잔고殘高는 3m 정도이다. 묘도와 현실로만 구성된 단실묘인데 묘도가 남서향으로 앉혀져 있다. 고구려묘는 대체로 서향이고 서남향까지 있는데, 드물게 남향도 있다. 단실묘라는 것은 역시 초기에 속하는 묘제라는 것을 말해준다.

묘도는 길이가 3.2m, 너비가 1m, 높이가 0.7~1.4m인데 그 바닥을 석재로 깔았고 기울기가 있다. 지면에서 파내려간 것이다. 현실은 정방형인데 한 변이 3~3.3m 정도 된다. 4벽이 반듯하질 않고 안으로 약간 기울었는데, 천정은 복두식覆斗式 조정藻井이다. 그러니까 돌을 동그랗게 쌓아 좁혀간 것이다(단면도 참조).

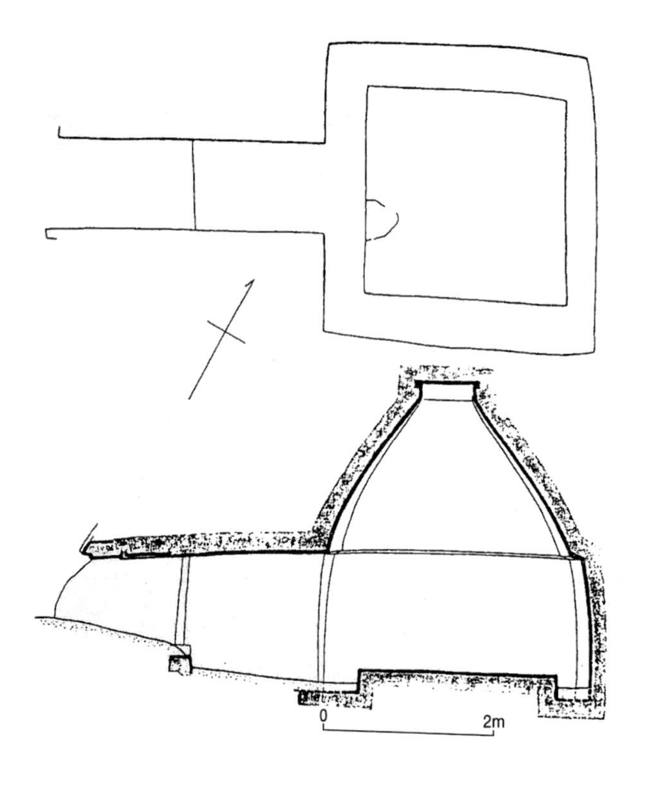

현실의 높이는 3.48m인데 그 중앙에 방형의 돌관상棺床이 있다. 한 변의 길이가 2.25m이고 두께가 0.26m이다. 그러니까 한 관상 위에 두 개의 관을 같이 놓았을 것이다. 두 이부자리를 깔지 않고 한 이부자리를 마련한 것이다. 이것도 초기특징일 수도 있다. 관상이 한 개라고 해서 이것이 한 사람의 묘일 수는 없다.

묘도와 현실의 석벽을 모조

리 백회로 바르고(관상까지도) 그 위에 그림을 그렸기 때문에 벽화가 보존되는 데는 불리하다. 아마도 이 현상을 발견하고 화공들이 나중에는 직접 돌벽 위에 그리는 방식을 선호했을 것이다. 백회는 그림 그릴 때는 매끄러워 좋지만 쉽게 떨어지게 마련이고 그렇게 되면 아름다운 그림도 금방 손상을 받는다.

묘도 양측에 각각 하나씩 괴수怪獸가 그려져 있는데 만환불청漫漶不淸하여 두부의 모습이 자세히 보이지는 않지만 묘도 입구를 향해 고개를 쳐들고 포효하는 모습이니 벽사辟邪의 상징이 있을 것이다. 괴수 몸 곁에는 신수神樹가 서있고 괴수 몸에는 호문虎紋, 환문環紋이 그려져있다. 그런데 이 양쪽 벽의 그림의 포국布局이 엄근嚴謹하며 공정工整하고 대칭을 이루고 있으며 색채가 선염鮮艶하고 기법이 난숙하여 괴수그림으로서는 매우 독특한 위상을 지니는 그림이다(사진자료가 없는 것이 통탄할 일이다!).

다시 말해서 이러한 괴수그림이야말로 고구려 고유의 관념을 나타내는, 외재화되지 않은 토속적 느낌을 담지하고 있다는 것이다. 그리고 사신류의 격식화된 그림이 도입되기 이전부터 이러한 괴수그림을 통하여 자신들의 토속신앙을 나타내고자 했을 것이다. 그런 토속적 민화가 오히려 초기분묘임에도 불구하고 난숙한 느낌을 던져주고 있다는 것은 사상사적으로 중요한 의미를 지닌다고 볼 수 있다.

현실의 네 벽의 윗대가리 부분은 양방梁枋(대들보)이 그려져 있고 네 구텡이에는 기둥이 받치고 있는데 공포형식으로 되어있다. 주거환경은 다 두공斗拱의 목조집이었다는 것을 알 수 있다.

양방은 새끼용龍문양으로 장식되어 있는데 후대의 거대한 비단뱀들이 꿈틀거리는 식의 꼬임이 아니라 매우 현대적인 감각의 기하학적 양식화로 처리되고 있다. 암홍색의 반리문蟠螭紋이 대들보그림을 구성하고 있다. 구름 사이에 용이 달려가는 모습이다. 반리蟠螭 혹은 반규蟠虯라 하는 이 문양은 묵선으로 윤곽을 구륵勾勒했다(가장자리를 짙은 선으로 처리). 그런데 이 분묘에서 가장 특징적인 것은 현실 4벽면이 모두 20개 정도로 일정하게 배열된 채색 동그라미로 구성되어 있다는 것이다.

21세기적 고구려패션

이 동그라미의 분포가 균일하고 배열이 정제整齊하며 크기와 간격이 상동相同하다. 이 동그라미 벽문양 때문에 우리가 이 무덤을 환문총(동그라미문양 무덤)이라고 부르는 것이다. 일본학자들이 1935년 9월에 이 무덤을 처음 발견했을 때, 실측을 하고 그렇게 이름지었던 것이다.

환문총 한 벽면의 모습. 환문총에 관해서는 사진자료가 극소하다.

한 동그라미는 정원正圓이며, 직경이 18.5cm이다. 외연(제일 바깥 굵은 선)은 두껍게 칠한 조묵선粗墨線이고, 그 안으로 암홍색, 옅은 남색, 황색, 남색藍色, 자색紫色의 동그라미가 겹겹으로 그려져있고 한가운데는 황색 동그라미가 색칠되어 있는데 그 한가운데는 작은 구멍이 있다. 그것은 마치 콤파스의 축과도 같은 것이다. 실제로 콤파스와 같은 기구를 사용하여 그렸다고 생각된다.

4벽에 다 동그라미를 그렸다는 사실자체가 매우 추상적이고 독특하며 컨템포라리 예술작품을 보는 듯 하다. 이것은 비교적 초기의 묘인데 왜 이런 독특한 발상을 했는지 도무지 추측하기가 어렵다. 오히려 예술성이 높다고 평가할 수도 있다. 이것이 바로 내가 "고구려재즈"를 말하는 이유이다. 상식적으로 기하학적 문양이라고 하는 것은 문화가 발전하면서 고도의 추상성이 발달했을 때 생겨나는 발상이다. 사실적 그림의 감각적 얽매임에서 벗어나고자 하는 관념적 해탈의 심사가 있을 때만 발전하는 양식이다.

그러나 고구려벽화는 이러한 우리의 상식적 논의를 거부한다. 여기서 보이는 환문은 전 세계 어느 곳에서도 볼 수 없는 독창적인 것이며 고구려무덤 중에서도 비슷한 유형이 전혀 타 무덤벽화에서 발견되지 않는다. 환문총은 그 자체로 유니크한 것이다.

그런데 이 환문들 사이 회벽에 은은하게 비추는 그림들이 있다. 매우 세밀한 텃치로 그려진 인물형상이 있는 것이다. 남벽에는 보다 선명하게 나타난다. 그런데 그 인물들의 복식이 각저·무용 2총의 벽화에 있는 복식과 아주 유사하다. 그렇다면 원래 벽면에 인물화를 그렸었는데, 그 인물화를 완성하는데 실패했거나, 그 주인집에서 마음에 안든다고 거절했거나 해서, 다시 그 위에 덧칠을 하고 아예 추상적인 환문의 발상을 한 것이 아닌가 하고 추론해 볼 수 있다. 하여튼 이 문제는 영원한 수수께끼로 남는다. 그 수수께끼 때문에 고구려인들은 끊임없이 재즈를 연주할 수 있는 것이다.

그리고 묘실의 윗쪽 천정부분에는 고졸한 기법으로 그려진 사신도상의 잔존형태가 남아 있다. 그런데 백회탈락이 엄중하여 그 벽화전모를 파악할 길이 없다. 잔존부분에서 청룡의 긴 꼬리의 신형身形이 남아있고, 백호의 경우는 발톱의 날카로운 모습이 남아있다. 그 필법이 고졸하여 분명 사신총이나 오회분 4·5묘에 선행하는 사신도라는 것을 자신있게 말할 수 있는데, 그림이 고졸하다 해서 유치한 것은 아니다. 오히려 박력있는 고유의 관념을 나타낼 수도 있다.

여기서 중요한 것은 고구려의 벽화그림이 중원의 양식에 따라 연변演變한 것이 아니라는 사실을 우리는 재확인해야 한다. 하여튼 이 벽화는 사실적 삶의 그림에서 문양적 도식화로 넘어가는 중간단계의 벽화문화 변천과정을 설명해주는 많은 비밀을 함장하고 있다고도 말할 수 있겠지만 실상 그 역으로의 발상도 얼마든지 가능하다. 고구려예술가들은 즉흥성이 강했기 때문에 그 당장당장의 발상을 연역적 권위체계에 얽매이지 않고 자유롭게 표현했던 것이다. 전체가 색채 선명한 환문으로 둘러싸인 묘실은, 오히려 간결명쾌簡潔明快하고 부귀고아富貴高雅한, 요즈음 품위있는 벽지 바른 방의 느낌을 자아냈을 수도 있다. 고구려의 문화는 이렇게 끊임없이 우리의 상상력을 자극한다.

1935년 일본학자들이 처음 발굴한 다음, 1938년『조선고적도보』에 실린 사진

옛 온양나들이를 연상케 하는 민교가삼거리 풍경

연변 가는 길

이제 집안을 떠날 때가 되었다. 집안을 떠나기 전에, 집안의 묘소들을 방문하고 연구하는데 도움을 주었던 가장 기초적인 중국자료 3권만을 여기 소개해둔다. 내가 참고한 책은 실로 수백 권이 되지만, 여기 소개하는 3권의 책은 오리지날 리서치를 행한 중국학자들의 기초자료로서 고구려무덤과 그 문화를 이해하는데 불가결의 서물이다. 이 책을 만든 중국학자들의 노고에, 비록 그들의 관점이 "동북공정"이라는 틀을 깔고 있다 할지라도, 경의를 표한다.

1) 孫仁杰·遲勇, 『集安高句麗墓葬』, 香港亞洲出版社, 2007.
2) 張福有·孫仁杰·遲勇, 『高句麗王陵通考』, 香港亞洲出版社, 2007.
3) 耿鐵華, 『高句麗古墓壁畫研究』, 吉林大學出版社, 2008.

1)은 아주 기초적인 자료이고 2)는 왕릉비정에 문제가 많은 작품이고 3)은 학문적 관점을 가지고 쓴 격이 있는 기초자료이다.

드디어 춘호할아버지와 이별할 때도 되었다. 그는 우리에게 너무도 충실하게 복무해주었기 때문에 우리는 그가 생각한 것보다는 훨씬 후하게 대접해 드렸다. 나는 장천리1호분을 떠나 오면서 그에게 물어보았다.

"나쁜 놈들이 저 무덤에 들어가 벽화를 떼어갔다는데 어떻게 생각하오?"
"아~ 돈 준다니깐 한 짓이겠지. 목숨 날아갈 줄도 모르고 쯧쯧쯧 …"
"그 벽화가 지금 어디있소?"
"제자리에 가있는 것이같디."
"제자리라니?"
"남조선 가있어도 제자리 아니갔소?"
"큰일 날 소리 하지 마소. 무덤안에 있어야 제자리디! …"

우리의 뻐스는 드디어 11시 50분 집안을 출발하였다. 춘호할아버지와 헤어진 곳은 집청공로와 민교가民橋街가 만나는 삼거리였다. 북한으로 들어가는 철도 건널목이 있는 곳이었다. 그 삼거리 읍내 분위기가 마치 옛날 내가 천안에 살면서 항상 다녔던 "온양나들이"라는 길목을 연상케 했다. 아련한 추억이 고구려 옛 도읍지를 떠나는 나의 심정에 어른거렸다. 옛 채석장이 있는 오녀봉국가삼림공원을 지날 때는 그 오색 단풍의 만추 빛깔은 눈이 부셔서 숨을 쉬지 못할 정도였다. 드넓은 만주땅은 눈부시도록 아름답다.

우리는 연길로 돌아가는 뻐스간에서 내내 학술토론 세미나를 했다. 사실 뻐스간에 있는 마이크를 활용하여 서로 돌아가면서 의견을 발표하면 사실 따로 학술대회를 여는 것보다 훨씬 더 친밀하고 정직한 의견교환이 이루어질 수 있다. 그 뻐스안에 있는 사람들은 다 석학이었고, 또 고구려를 느끼고 난 후

집안지역 고구려왕릉의 석재를 채취한 오녀봉의 불타오르는 듯한 단풍

말할 수 없는 홍분과 열정으로 가득 차 있었다.

무영이 부인 이금숙교수는 인문지리학자로서 고구려라는 땅에 대한 느낌을 토로하였다. 그리고 무엇보다도, 어려서부터 왜곡된 역사 속에 갇혀 살아온 자신의 인식체계에 대한 분노를 표출하였다. 최무영교수도 고구려역사를 신화적 표현의 몇 줄로 인식했던 자신의 오류와, 그 오류를 조성하게 만든 우리나라 사학계의 "역사쓰기" 전반에 대한 불신감을 표현했다. 이토록 어마어마한 대규모의 역사적 사실을 있는 그대로의 진실로서 보여주지 않고, 마치

다섯 개의 봉우리가 저 멀리 보인다

신화적 표현의 몇 줄인 것처럼 의식에 새겨놓았던 우리나라 역사학의 기만성에 대한 참을 수 없는 분노를 표명했다.

최무영교수가 경기고등학교 시절부터 『삼국유사』를 다 읽고 학교 웅변대회인지 백일장대회인지에서 일등상을 타곤했던 것을 내가 기억한다. 무영이는

그를 아는 친구들 사이에서도 천재 중의 천재로 꼽힌다. 경기 중·고등학교 시절부터 과외 한번 안하고, 집에서도 평범하게 생활하면서, 상이란 상은 다 타는 천재였다. 수학적인 머리가 뛰어나서 물리학을 전공했고, 장학금으로만 스탠포드대학 박사까지 무난히 끝냈지만, 그는 본시 문과적인 재능이 뛰어난 사람이었다. 그만큼 독서량이 엄청나다. 속독, 다독의 박학지사다. 그런 천재가 요번 여행을 통하여 처절하게 자신을 반성하는 기회를 얻었고, 기술된 역사가 얼마나 허구적일 수 있는지를 철저히 반성하게 되었다니 하여튼 "고구려 기행 약발"은 참으로 무서운 것이다.

통나무 남호섭사장은 고구려는 가치의 체계였다는 것을 말하고, 그 가치는 누가 전승하느냐에 따라서 승계될 뿐이라는 것을 강조했다. 역사적 사건들은 그 역사가 이루어진 바로 그 공간에 켜켜이 누적된다. 그것은 한 공간에 누적된 땅의 역사이다. 집안에는 집안에 누적된 고조선–부여–고구려–청나라–현대 중국에 이르는 땅의 역사가 엄존한다. 그런데 인간세의 역사란 또다른 측면이 있다. 일정한 공간에 고착되지 않은 문화공동체에 계승되는 역사가 있다. 현재 한반도의 역사는 땅에 누적된 역사와 문화공동체에 계승되는 역사가 대부분 일치하는 역사이다. 양 측면이 모두 내면화되어 한국민족의 아이덴티티를 형성시켰다. 그러나 재미있는 것은 집안지역의 경우 땅의 역사와 문화공동체에 계승되는 역사가 괴리현상을 일으킨다.

문화공동체에 계승되는 자기 아이덴티티는 어디까지나 중원의 계승자로서의 자기인식이다. 집안 땅의 역사는 타자화된다. 그러나 집안사람들, 더 넓게는 똥뻬이의 중국사람들은 집안이라는 땅의 역사를 자기의 것으로 받아들여야 한다. 그래서 그 역사를 지키고 그것을 자기문명의 전승으로 만들 의무가 있다.

이것은 북아메리카대륙에 살고있는 백인들이 인디언의 역사를 자기역사로 받아들여야 하는 것과도 같다. 집안의 고구려의 역사는 이제 어차피 집안의 중국인들이 지킬 수밖에 없다.

남 사장의 발언은 심오한 보편주의자의 발상의 일각을 토로한 것이지만 그가 말하는 주장은 현실적으로 실현시키기가 매우 어렵다. 환인지역이나 집안지역의 주민들은 고구려유적에 대한 존재의 동질감이나 아이덴티티를 느끼는 사람은 별로 없다. 단지 관광상품일 뿐이다. 현재 중국역사교과서에 고구려는 중국역사의 한 주류로서 등장하지 않는다. 전혀 관심 밖이다. 중국인들의 의식세계 속에 고구려는 존재하지 않는다. "만주인"이라는 아이덴티티조차도 현재 남아있지 않다.

우리나라 사람으로서 만주어·몽고어를 깊게 연구하신 분은 서울대학교 언어학과의 성백인成百仁선생님이다. 지금은 은퇴하셨지만, 그 분은 나의 보성고등학교 국어선생님이셨다. 그분이 내가 고2 땐가 담임을 맡으셨기 때문에 나를 잘 기억하신다. 내가 대만 유학했을 때도 성백인선생님은 타이뻬이에 오셔서 연구활동을 계속하셨다. 만주말을 일상적으로 쓰는 몇 안되는 사람들이 타이뻬이에 살고 있었기 때문에 그들의 언어를 조사하셨다. 성백인 선생은 매우 진지한 언어학자였다. 그런데 만주말도 사라진 것이다. 중국인들은 고구려를 살려낼래야 살려낼 길이 없다.

고구려는 오직 한국인들에게만 전승된 것이다. 우리는 압록강 건너를 바라볼 때 가슴이 뛰었던 것처럼, 고구려를 바라보면 무조건 가슴이 뛴다. 피가 끓어오르는 것이다. 고구려의 전승은 오직 우리 조선인의 가슴 속에만 남아있는 것이다. "고구려 말" 자체가 우리 "조선어" 속에 살아있는 것이다. 동북공정은 발상 자체가 잘못된 것이다. 동북공정을 하면 할수록 수혜자는 우리 한국사람일 뿐이다. 문제는 고구려가 어느 나라의 것이냐를 따질 것이 아니라, 현재 지리적으로 중국영토 내에 편입되어 있는 고구려의 가치를 중국이나 한국이라는 민족국가적 편협한 경계성을 떠나 동아시아의 새로운 보편적 가치로서 부활시키는 어떤 새로운 인식의 틀이 필요할 뿐이다. 아마도 남 사장의 발언의 궁극적 의도는 이러한 보편주의적인 가치계승에 있었을 것이다.

방호범원장은 "동북공정"에 대한 오해가 있어서는 아니된다고 말했다. 그것은 어디까지나 편협한 생각을 가진 소수학자들이, 똥뻬이의 문화와 경제성장을 활성화시키고자 하는 중앙의 정책에 과도하게 반응한 것일 뿐이며, 현재 한국인들이 생각하는 것과도 같은 그러한 무게중심이 가있지 않은 공정이라고 말했다. 현재 중국은 동북공정을 과도하게 밀고나가면 부질없이 주변국가들의 반발만을 초래한다는 것을 잘 알고 있다고 말했다. 그리고 고구려문명을 찬양만 할 것이 아니라, 왜 그토록 강성했던 대국이 그토록 허망하게 무너졌냐를 반성하고, 오늘 조선반도에서 벌어지고 있는 현실적 문제들에 대한 보다 심각한 반성이 필요하다고 말했다. 과연 남한과 북한이 서로를 포용하지 못하면서 일관된 동북아정책이 어떻게 가능하겠으며, 고구려정신 계승 운운하는 것이 가능할 수 있겠냐고 반문했다.

자눌은 고구려문명에 대한 보다 적극적인 이해와 홍보가 필요하며, 고구려가 결코 중원문명의 변방이 아니라 고조선을 계승한 독자적 세계의 센터라는 것을 보다 강렬하게 주장할 필요가 있다고 말했다. 그리고 기자조선은 부정되어야만 한다는 논지를 폈다. 기자라는 은나라의 유민이 조선의 통치자로서

"봉해진다"는 것 자체가 논리적으로 불가능하며 역사적 실정에 들어맞지 않는다는 것이다.

나는 기자라는 은나라의 문명가치체계가 조선으로 유입되었다는 것을 부정할 필요는 없으며, 오히려 기자의 분봉이라는 관념을 역으로 해석하여 확고한 고조선의 실체를 입증할 필요가 있다고 말했다. 기자를 보낼 정도로 조선은 당대의 거대한 문명국이었던 것이다. 기자의 "봉封"이라는 표현은 중원중심사고에 젖어 있는 사가들의 기술방식의 오류일 뿐이라고 나는 말했다.

이렇게 열띤 설전이 오가는 가운데 우리의 배꼽시계가 지나치게 돌아갔다. 우리는 고속도로변에서 도무지 마땅한 음식점을 찾을 길이 없었다. 그래서 백산에서 국도로 들어갔는데 국도를 한참 가다가 매우 이상적인 음식점 하나를 발견했다. 우리는 배가 너무 고팠다. 음식점이 모여있는 곳도 아니고 휴게실도 아닌, 아주 외딴 곳이었는데 국도에 아주 아담한 음식점이 자리잡고 있는 것이다. 빠스를 주차하기에도 문제가 없는 곳이었다. 온 가족이 같이 아기자기하게 운영하는 그런 곳이었다. 음식이 얼마나 정갈하고 맛있는지! 정말로 중국요리의 진가는 시골일수록 더 잘 드러난다. "지아시앙차이꾸안家香菜館"이라는 곳이었는데 정말 "지아츠앙家常"(평상적인 가정요리)이라는 말에 매우 어울리는 곳이었다. 최고급 일품요리를 20개정도 시키고 술을 2병이나 마셨는데도 가격이 650위앤 밖에는 나오지 않았다. 그 집에서 끓여준 양탕羊湯(양고기와 뼈로 끓이는 후어꾸어火鍋)은 천하일품이었다. 이 점심은 무영이 부부가 냈다.

빠스 안에서 밤이 깊어갈 때, 우리는 노래를 불렀다. 나는 빌리 할러데이의 『썸머타임』 등을 소화한 재즈로 불렀는데, 돌아가면서 부르는 노래 솜씨들이

모두 만만치가 않았다. 방호범원장은 북한노래를 주제별로 너무도 많이 외우고 있어서 엄청난 인기를 끌었다. 그리고 최무영은 스탠포드대학의 합창부 출신이래서 창법이 독특했고 또 타인의 노래에 화음을 잘 맞추어 주었다. 그래서 인기가 높았다.

그런데 이날 모든 사람을 경악과 충격 속으로 빠뜨린 위대한 노래가 하나 있었다. 많은 대화를 유발시킨, 슬픈 사연이 담긴 우리 굿거리가락의 민요였다. 자눌이 부른 『진주 난봉가』였다. 나는 앞쪽에 앉아있었는데 어두컴컴한 알타미라동굴과도 같은 뒷켠에서 갑자기 터져나오는 자눌의 노래는 예상 외로 우리의 가슴에 충격으로 다가왔다. 술이 약간 얼근하게 취한 목소리에, 눈치 안보고 목이 터지라 애절하게 부른 자눌의 창법은 모든 사람의 폐부를 찌르는 날카로움이 있었다.

자눌은 연세대학교에서 신학대학 학생이면서도 음대중심의 "연세콘서트콰이어"의 중심 멤버로 활약했고 경동교회 성가대의 주요멤버로 이름을 날린 탁월한 미성의 테너이다. 뭐라 할까? 파바로티 목소리보다는 플라시도 도밍고의 인간적인 톤에 가까운 테너였다. 그가 부른 『진주 난봉가』! 나는 70년대 한국에서 살지를 않았기 때문에 이 노래를 잘 몰랐다. 그런데 진실로 이 노래를 들으면서 우리민족의 "한恨"과 7·80년대 군사독재정권과 투쟁하던 대한민국 학생들의 "한"에 대해 많은 것을 생각할 수밖에 없었다.

올도담도 없는집에서 시집살이 삼년만에
시어머니 하시는말씀 얘야아가 며늘아가
진주낭군 오실터이니 진주남강 빨래가라

진주남강 빨래가니 산도좋고 물도좋아
우당퉁탕 두들기는데 난데없는 말굽소리

곁눈으로 힐끗보니 하늘같은 갓을쓰고
구름같은 말을타고서 못본듯이 지나더라

흰빨래는 희게빨고 검은빨래 검게빨아
집이라고 돌아와보니 사랑방이 소요하다

시어머니 하시는말씀 얘야아가 며늘아가
진주낭군 오시었으니 사랑방에 들어봐라

사랑방에 올라보니 온갖가지 술을놓고
기생첩을 옆에끼고서 권주가를 부르더라

건너방에 내려와서 아홉가지 약을먹고
비단석자 내어메어 목을메어 죽었더라

진주낭군 이말듣고 버선발로 뛰어나와
너이럴줄 내몰랐다 사랑사랑 내사랑아

화류객정 삼년이요 본댁정은 백년인데
너이럴줄 내몰랐다 사랑사랑 내사랑아

이 노래 가사에서 가장 문제가 되는 대목은 시어머니의 태도이다. 시어머니의 태도가 고의적인 악의를 품은 행동이었는가, 선의적인 권고가 우발적인 불행을 나았는가 하는 것이지만 이 노래의 전체적인 맥락에서 볼 때에는 시어머니는 권력의 상징이며 내방가사의 주체인 며느리의 한의 대상일 수밖에 없다. 시어머니는 의도적으로 교묘하게 며느리를 죽음으로 몰고간 것이다. 죽으리라고 까지야 생각했겠느냐마는 죽음으로 항거하는 며느리의 심정에 대해서도 시어머니는 냉냉할 수밖에 없다.

"집"을 묘사하는 표현양식도 모순된 명제들이 엇갈린다. "울도 담도 없는 집에서 시집살이 삼년만에 …" 이런 표현은 아주 가난한 초가삼칸에서 찌지리 고생하면서 산 며느리의 심정이 표현되고 있다. 그러나 아들과 관련되는 부분, "사랑방에 올라보니 온갖가지 술을 놓고 기생첩을 옆에 끼고서 …" 운운하는 광경은 안채와 사랑채가 분리된 아주 화려한 고대광실인 듯한 느낌을 준다. 추상화처럼 장면 장면마다 느낌을 극대화하기 위하여, 마치 고구려벽화에서 같은 화면에 신분의 차이를 사람을 크고 작게 그려 표현하듯이, 동일한 대상이 다르게 표현되고 있는 것이다. 실제적 정황을 말하자면, "울도 담도 없는 집에서 시집살이 삼 년만에"라는 것은, 며느리가 들어와서 죽으라고 노력한 끝에 불과 삼 년만에 번듯한 집이라도 마련하게 된 복며느리였다는 것을 암시하고 있는 것이다. 그렇게도 착하고 열심히 일하고 순종한 복며느리!

"진주남강 빨래가니, 산도좋고 물도좋아, 우당통탕 두들기는데, 난데없는 말굽소리 …" 우당통탕 두들기는 빨래방망이 소리와 난데없는 말굽소리는 화음을 형성한다. 그런데 "우당통탕"이라는 표현의 기대치와, "난데없는"이라는 극적인 전환의 긴박감은 사태의 진전에 놀라운 긴장감을 조성하고 있다.

"곁눈으로 힐끗보니, 하늘같은 갓을쓰고, 구름같은 말을타고서 …"

곁눈으로 힐끗 본다는 그 표현, 아내지만 남편의 모습조차 당당하게 대면할 수 없다. 3년만에 나타난 남편의 모습은, "하늘같은 갓," "구름같은 말"이라는 표현으로 이몽룡의 금의환향 보다도 더 화려하게 신격화되어 표현되고 있다. 한 여인의 가슴에 비친 사랑하는 남편의 모습이리라! 과거에라도 급제했을까?

그런데 "못본듯이 지나더라" 이 한마디는 듣는 사람에게 징소리와도 같이 찬물을 끼얹는다. 과연 남편이 말을 타고 못본체 지나갔을까? 그렇지 않으면 빨래터의 아낙 중에 자기 부인이 있으리라고는 생각하지도 못했던 것 아닌가? 아니! 남편이 무심코 지나치는 모습을 이 여인의 심정으로 그렸으리라! 어쩌면 못본 듯이 지나칠 수 있단 말인가? 서운한 낭군아!

마음이 급해졌다. "흰빨래는 희게빨고 검은빨래 검게빨아" 이 대목은 부인의 설레는 마음을 대변하고 있다. 옛날에 때빼기가 어려우니까, 흰빨래, 검은 빨래를 구분하여 대충대충 헹구면 우선 그런대로 빨아진다는 얘기, 즉 서두르는 여인의 심정을 표현한 것이다.

"집이라고 돌아와보니 사랑방이 소요하다"

그렇게 가슴 설레면서 기다렸던 낭군이 돌아와서 집안 분위기가 확 바뀌었다. "사랑방이 소요하다"는 뜻은 항상 냉냉하던 바깥채가 활기가 넘치는 듯 하다는 표현이다. 이때까지만 해도 이 여인은 남편에 대한 기대감으로 가득차 있었다.

"시어머니 하시는말씀. 얘야아가 며늘아가. 진주낭군 오시었으니 사랑방에 들어봐라"

"들어봐라"는 "들어가 봐라"의 준말, 고어적 표현이다. "얘야 아가 며늘아가" 아주 친절한 듯이 다정한 듯이 부르는 시어머니, 사랑방에 들어가 보라는 시어머니는 과연 그곳에 어떤 장면이 벌어지고 있었는지를 몰랐을까? 기생첩을 끼고노는 주안상을 누가 대령하였을까? 시어머니가 준비안시키고는 가능한 일이 아니다.

그런데 다정한 듯이 며늘아가를 불러 그리로 가보라고 하는 시어머니, 독심毒心일까? 무심無心일까? 며늘아기는 그런 장면도 견디어내기만 하는 지렁이같은 존재라고 생각했을까? 기생시중까지 같이 드는 것이 며느리의 본분이라 생각했을까? 시집살이 삼년만에 고대하고 또 고대했던 남편의 모습을 첫 대면하는 장면을 그렇게 연출시킨 시어머니는 "자신이 어떤 죄악을 저지르는지도 모르고 큰 죄악을 저지르는 모든 권력자"의 상징이리라!

"사랑방에 올라보니 온갖가지 술을놓고 기생첩을 옆에끼고 권주가를 부르더라." 이 난잡한 장면을 목도한 며느리! 모든 삶의 기대와 소망과 희망이 다 무너져버린다. 삶의 의미가 상실되어 버리는 것이다.

"건너방에 내려와서 아홉가지 약을먹고." 절망, 절망, 또 절망! "비단석자 내어메어 목을메어 죽었더라." 비단 천을 대들보에 매는 것과 목을 매는 것이, 같은 "메다"로 처리되었다. "목을 메어 죽었더라" 너무도 급작스럽고 단순하게 끝맺는 한 생명의 단절에 이 노래를 따라오던 사람들은 순간 생명이 딱 절단되는 강렬한 카타르시스를 체험한다. 아니! 이럴 수가! 그 급작스러운 전변이야말로 이 노래의 위대성과 심도, 한민족의 한의 깊이를 나타낸다. 아마도 "비단 석 자"라는 것은 이 여인이 시집올 때 가지고 온, 고이고이 간직해놓은 혼수였을 것이다. 남편과 가정을 위해 쓰려고 했던 비단천! 그 비단천으로 자기 목을 매게 될 줄이야!

이 모든 민요풍의 내방가사內房歌辭의 저변에는 "출가외인出嫁外人"이라고 하는 여성의 고독감, 고립무원의 한 존재로서 의지할 곳이 없이 내쳐진 들판의 생명, 끈질기게 뿌리내리며 스스로 개척해야만 하는 삶의 강인함이 어두운 기조로서 깔려있다. 그 고독은 무서운 고독이다. 모든 기대를 단절시켜야만 살아갈 수 있는 고독이다. 그러나 소망과 기대에 부풀었던 가냘픈 여인의 순결은 대들보에 내려진 비단천처럼 축 느러지고 만다. 그것도 서장도 막장도 없이.

"진주낭군 이말듣고 버선발로 뛰어나와 너이럴줄 내몰랐다"

후회! 또 하나의 절망! 그러나 남편의 절망감은 위선이 깔려있다. "너 이럴 줄 내 몰랐다"라는 표현은 이러한 사태진전의 가능성을 예견할 수도 있었던 어떤 소지를 스스로 만들어가고 있었다는 것을 의미한다. 모르고 저지른 죄악은 아니었다.

"화류객정 삼년이요 본댁정은 백년인데 너이럴줄 내몰랐다." 화류객정 삼년으로 본댁정 백년을 죽였으니, 본댁정 백년인들 무엇하랴! 이 노래는 "사랑사랑 내 사랑아"라는 속죄 톤의 가벼운 한마디로 끝나지만 시어머니와 남편의 죄악은 씻을 길 없는 업보로 여인의 가슴 속에 쌓여만 간다.

7·80년대 한국의 대학생들이 왜 이런 한恨의 노래들을 발굴해서 목터지게 불렀을까? 그 여인의 목맴과 인혁당동지들의 교수絞首는 결국 같은 한으로 다가왔을 것이다. 박정희군사독재정권을 유지시킨 자들의 모습이 바로 이 노래의 시어머니 상이었을 것이다. 저 어두운 빼스칸 뒷켠에서 피토할 듯 걸쭉하게 터져나오는 자눌의 난봉가는 조선역사의 장에서 억울하게 스러져간 모든

영혼을 불러내는 힘이 있었다. 갈라진 무덤에서 미천왕의 영혼이 우뚝 서기라도 할 듯한 마하트Macht를 과시했다.

국악쟁이들이 굿거리장단에 홀짝홀짝 커피를 마시듯이 부르는 미성과는 너무도 달랐다. 예술은 체험의 세계이다. 고구려 예술을 이해할려면 고구려를 체험해야 한다. 우리가 일방적으로 해석하는 것이 아니라 고구려가 우리

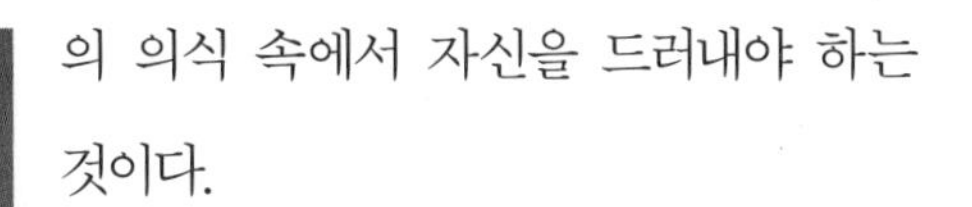

의 의식 속에서 자신을 드러내야 하는 것이다.

이도백하二道百河를 지나는데 달빛에 흰눈덮힌 백두산 정상이 어른거렸다. 연길에 밤 11시 30분에 도착하였다. 나의 인생을 혁명시킨 여행이었다.

— 4권으로 계속 이어집니다 —

←
한밤중에 이도백하 산정휴게실에서 찍은 백두산 준령.

→
다음 페이지의 사진은 고구려의 벌판.
돈화벌 발해 첫 도읍지 동모산이 보이는 곳이다.

도올의 중국일기 제3권 — 고구려재즈
Doh-ol's Diary in China

2015년 10월 30일 초판 발행
2016년 2월 2일 1판 3쇄

지은이 도올 김용옥
펴낸이 남호섭
편집책임 김인혜
편집·사진 임진권
편집·제작 오성룡, 신수기
표지디자인 박현택
인쇄판출력 발해
라미네이팅 금성L&S
인쇄 봉덕인쇄
제책 제일문화사
펴낸곳 통나무

주소: 서울시 종로구 동숭동 199-27
전화: (02) 744-7992
팩스: (02) 762-8520
출판등록 1989. 11. 3. 제1-970호
값 19,000원

ISBN 978-89-8264-453-5 (04910)
ISBN 978-89-8264-450-4 (세 트)